교양 있는 우리 아이를 위한
세계 역사 이야기 4
현대편 상

글_ 수잔 와이즈 바우어

수잔 와이즈 바우어는 미국의 소설가이자 교육자입니다. 자신의 어머니와 함께 홈스쿨링 책의 표준이 된 『잘 훈련된 정신(The Well-Trained Mind: A Guide to Classical education at Home)』이라는 책을 쓰기도 했습니다. 수잔 바우어는 버지니아에 있는 윌리엄&메리 대학에서 강의를 하고 있습니다. 수잔 바우어도 학교가 아니라 가정에서 교육을 받았습니다. 현재 그녀는 남편과 함께 집에서 4명의 자녀를 가르치고 있습니다. 수잔 바우어의 홈페이지는 다음과 같습니다.
http://www.susanwisebauer.com

옮긴이_ 최수민

1956년 태어나 성균관대학교 영문학과를 졸업했습니다. 옮긴 책으로 엘리스 워커의 『은밀한 기쁨을 간직하며』, 스티븐 킹의 『내 영혼의 아틀란티스』, 틱낫한 스님의 『화』, 마틴 코헨의 『철학을 의심하라』, 존 그리샴의 『크리스마스 건너뛰기』, 지주 코더의 『라이언보이』 등이 있습니다.

세밀화_ 정병수

전북 남원에서 태어났고 원광대 서양화과를 졸업했습니다. 『병팔이의 일기』, 『인디언 숲으로 가다』, 『행복한 세상 : 함께 나누는 우리 창작동화 10』, 『어린이 파브르 곤충기』시리즈 등에 그림을 그렸고, 《생각쟁이》 등 어린이 잡지에도 그림을 그리고 있습니다.

교양 있는 우리 아이를 위한 세계 역사 이야기 4

글_ 수잔 와이즈 바우어 | 옮긴이_ 최수민 | 세밀화_ 정병수 | 초판 펴낸날 2005년 7월 15일 | 개정판 1쇄 펴낸날 2005년 12월 30일 | 개정판 18쇄 펴낸날 2025년 2월 3일 | 펴낸곳 이론과실천 | 펴낸이 최금옥 | 등록 제10-1291호 | 주소 (07207) 서울시 영등포구 양평로21가길 19, 512호 | 전화 02) 714-9800 | 팩스 02) 702-6655

THE STORY OF THE WORLD VOL.4: 1850 to Present
by Susan Wise Bauer
Copyright ⓒ 2005 by Susan Wise Bauer
Korean Translation Copyright ⓒ 2005 by Theory & Praxis Publishing Co., Korean translation rights published by arrangement with Theory & Praxis Publishing Co. through Corea Literary Agency, Seoul

이 책의 한국어판 저작권은 Corea 에이전시를 통한 Peace Hill Press c/o Richard Henshaw Group과의 독점계약으로 도서출판 이론과 실천에 있습니다. 신저작권법에 의해 한국 내에서 보호를 받는 저작물이므로 무단 전재와 복제를 금합니다.

*값은 뒷표지에 있습니다.
*잘못된 책은 바꾸어 드립니다.

ISBN 978-89-313-8011-8 74900
　　　978-89-313-8007-1(전5권)

교양 있는 우리 아이를 위한
세계 역사 이야기 4
현대편 · 상

수잔 와이즈 바우어 지음 | 최수민 옮김

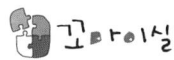

추천사

세계 역사와 문화에 대한 이해는 어린이의 필수 교양

세계화 시대를 맞아 세계를 상대하며 살아가야 할 우리 아이들에게 세계 역사와 문화에 대한 이해는 외국어 못지않은 필수 교양이다. 호기심 많은 아이들에게 세계사는 매우 흥미진진한 과목이지만 아이들은 이구동성으로 세계사가 너무 배우기 어렵다고 한다. 그 결과 고등학교에서 세계사를 선택하는 학생이 나날이 줄어들고 있는 형편이다. 이웃 나라 일본에서 세계사가 필수 과목이 되어 있는 것은 우리가 눈여겨보아야 할 대목이다.

수잔 바우어가 자신의 자녀에게 재미있는 이야기를 들려주듯이 쓴 이 책을 우리 아이들의 손에 들려 준다면 누가 세계사를 어렵다고 할까.

역사적 사실과 신화, 전설, 민담 사이를 종횡무진 오가며 인류 역사를 흥미진진하게 재구성해 놓은 이 책은, 단순한 세계사 지식을 보여 주고 있는 것이 아니라 역사를 해석하고 통찰할 수 있는 눈을 열어 주는 재미있는 안내서다. 쉽고도 기초적인 설명으로 세계사에 관심을 가진 아이들이라면 누구나 품기 마련인 의문들을 친절하고 흥미롭게 풀어 주고 있다. 또한 동서양의 고대 문명에 대한 아이들의 지적 호기심을 채워 주는 데서 한 걸음 더 나아가 새로운 탐구심을 끊임없이 불러일으킨다. 이 책 시리즈를 읽어 가노라면 아이들은 어느새 세계 문명과 역사에 대해 풍부한 교양을 갖춘 세계인이 되어 있는 자신을 발견하게 될 것이다.

영양 많고 맛있는 음식은 아이 어른 할 것 없이 누구나 즐기듯, 수잔 바우어의 책은 세계사에 대한 지적 호기심에 가득한 10대는 물론이고 그때의 지적 욕구를 채우지 못한 채 살아가고 있는 10년, 20년, 30년 전의 10대들에게도 더없이 반가운 선물이다.

2004년 1월
서원대학교 사회교육학부 교수 · 한국교육자료박물관장
허 원

추천사

어린이 역사 교육은 어린이의 눈높이에 맞추어야

초등학생인 내 아이가 다니는 학교에서 고학년 학생들을 대상으로 한 '역사 교실'을 1년 동안 지도한 적이 있다. 그러고 나서 깊이 깨달은 것은, 초등학생을 대상으로 한 역사 교육은 대학에서 고고학을 가르치는 것과는 전혀 다른 차원의 일로서, 대학 교수가 아닌 전혀 다른 전문가와 전문 도서 및 자료를 필요로 하는 일이라는 사실이었다.

어린이에게 인류의 역사를 쉽게 가르친다는 것은 매우 어려운 일이다. 그것은 과거의 역사가 현재를 사는 우리들에게 지니는 의미를 아이들의 눈높이에 맞추어 이야기해 주는 일이 쉬운 일이 아니기 때문이다. 그러나 이보다 더 어려운 일은 과거에 있었던 일들을 '쉽고도 재미있게 간추려 말해 준다'는 것이다. 사람들이 어떻게 해서 지금과 같은 문명사회를 이루고 살았으며, 유적이나 유물로 남아 있는 고대인의 생활이 어떠하였는가를 아이들의 언어와 사고방식으로 말해 준다는 것은 아무나 할 수 있는 일이 아니기 때문이다.

역사 교육의 목표, 특히 자라나는 아이들을 대상으로 한 역사 교육의 목표는 과거에 있었던 일을 이해하며 스스로 그 교훈을 깨우쳐 나가는 데 있다고 하겠다. 즉, 어린이를 위한 역사 교육은 교육이고 공부이기보다 우선 재미있는 역사 이야기 읽히기 혹은 들려주기가 되어야 한다는 것이다. 그런 점에서 수잔 바우어가 쓴 이 ≪교양 있는 우리 아이를 위한 세계 역사 이야기≫ 시리즈는 유익한 책이다. 이 책은 농경 사회의 등장에서 시작하여 역사상의 중요한 사건들을 어린이의 눈높이에 맞추어 알기 쉽고 재미있게 써 내려갔다는 점에서 보기 드문 책이다.

유사한 종류의 아동 도서에서는 흔히 출처 불명의 부정확한 정보가 눈에 띄기 마련이나, 이 책은 상당히 높은 수준의 지식과 정확한 정보를 쉽게 전달하고 있다. 고고학자이고 대학교수이기 이전에 초등학생 자녀를 둔 학부모의 입장에서, 이 책이 자라나는 자녀의 지적 성장에 도움이 될 것이라 믿으며 추천하는 바이다.

2004년 1월
서울대학교 인문대학 교수
이선복

* 일러두기
≪교양 있는 우리 아이를 위한 세계 역사 이야기≫는 수잔 와이즈 바우어 교수가 어린이가 세계 역사에 흥미를 가질 수 있도록 재미있게 엮은 이야기 책입니다. 그래서 어린이에게 쉽고 친숙한 용어와 단어를 선택하여 역사를 설명하고 있는데 대부분 그대로 따랐습니다. 또 역사 사실이나 연대 등도 대부분 수잔 교수의 서술을 그대로 따랐습니다.
* 본문의 삽화 중 세밀화로 된 그림은 새로 그려 넣은 것으로, 원서에는 없는 것임을 밝혀 둡니다.

자녀와 함께 이 책을 읽는 부모님께

《교양 있는 우리 아이를 위한 세계 역사 이야기》시리즈는 사랑스런 우리 자녀들이 '침 묻혀 가며' 읽어 주기를 간절히 기대하면서 쓴 것입니다. 또, 자녀들에게 '큰 목소리로' 읽어 주실 부모님들을 위한 것이기도 합니다. 1권 〈고대 편〉에서 3권 〈근대 편〉까지의 난이도는 다음 권으로 넘어가면서 조금씩 높아집니다. 제가 염두에 둔 독자 층은 1권 〈고대 편〉은 초등학교 1학년에서 4학년, 2권 〈중세 편〉은 초등학교 2학년에서 5학년, 3권 〈근대 편〉은 초등학교 3학년에서 6학년입니다. 그리고 이 4권 〈현대 편〉의 주 독자 층은 초등학교 4학년에서 중학교 2학년입니다. 그러나 어느 권이나 고등학생이 읽기에도 좋습니다.

〈고대 편〉에서 〈근대 편〉(기원전 5천 년부터 1850년까지)은 어린 자녀들이 함께 읽을 수 있도록 배려했습니다. 즉, 초등학교 3학년 언니나 형이 2권 〈중세 편〉을 들여다보고 있을 때, 1학년짜리 동생이 그 곁에 앉아서 함께 읽어도 좋을 만큼 이야기를 쉽게 풀어 썼습니다.

그런데 이 〈현대 편〉(1850년 이후)에 대해서는 따로 한 말씀 드려야겠습니다. 아직 초등학교 4학년이 안 된 자녀에게 〈현대 편〉을 읽히는 건 저로서는 좀 말리고 싶다는 것입니다. 왜냐하면 20세기가 워낙 폭력으로 얼룩져 있기 때문입니다. 영토를 건 도박 하며 수많은 나라들이 엉겨 붙어 서로 엎치락뒤치락하는 모습들이 전

부 그렇습니다. 대학교에 몸담고 있는 사람으로서, 작가이자 역사가로서, 그리고 초등학교 4학년에서 고등학교 1학년까지의 아이들을 둔 엄마로서, 저는 이 시기의 역사를 '아직은 어린' 주 독자 층에 맞게 쓰려고 노력했습니다. 여러분이 이 〈현대 편〉에서 앞서의 세 권보다 '덜 자극적인' 느낌을 받으신다면 바로 이 때문입니다. 앞서 세 권까지는 역사적인 사건의 맥과 풍경을 잘 짚을 수 있도록 이야기를 재미있게 구성해서 들려주려고 저 나름대로 노력했습니다만, 이 〈현대 편〉만큼은 그게 쉽지 않았습니다. 워낙 굵직굵직한 사건이 많이 일어난 시기를 다루다 보니, 이런 것들을 언급하기에 숨이 가빠 글을 재미있게 구성하기가 쉽지 않았던 것이지요. 참으로 20세기는 극적인 사건의 연속이었습니다. 히로시마에 원자폭탄이 떨어진 사건이나 스탈린의 대숙청만 하더라도 얼마나 충격적입니까? 이런 사건들을 극적으로 잘 구성해서 여러분께 들려준다면, 여러분은 아마 깜짝 놀라 뒤로 벌렁 나자빠질 것입니다.

하나같이 끔찍한 사건들이기는 합니다만, 이런 것들에 대해서 우리 자녀들에게 마냥 쉬쉬해서도 곤란할 성싶습니다. 초등학교 1, 2학년만 되어도 라디오나 텔레비전을 통해, 혹은 어른들한테서 이런 저런 뉴스를 듣게 마련이고, '테러리즘'이니 뭐니 하는 말들을 들으면서 어른들의 표정에서 염려의 기색을 읽어 낼 줄 압니다. 또, 초등학교 4학년에서 5학년 아이들이라도 세계가 어떻게 돌아가고 있는지를 어렴풋이나마 알고 있다면, 지금 왜 이런 일들이 일어나는지를 이해하려 들 자격이 있습니다. 오늘날 우리 눈앞에서 벌어지고 있는 사건들은 '난데없이' 일어나

서문

는 것이 결코 아닙니다. 어떤 분명한 흐름(pattern)이 있습니다. 우리 자녀들이 이런 흐름을 읽어 낼 수 있도록 열심히 도와주기는커녕 덜렁 '까막눈'으로 만들어 놓게 되면, 이것이야말로 우리 자녀들을 평생 겁쟁이로 살게끔 만드는 것과 같습니다. 왜냐하면, 까막눈들이 할 수 있는 일이란 '난데없는' 전쟁과 불안, 폭력 앞에서 '그저 벌벌 떠는' 것뿐이기 때문입니다.

이 책에서 다루고 있는 지난날의 전쟁과 폭력도 마찬가지입니다. 충격적인 일들이기는 해도 난데없이 일어난 것은 아닙니다. 책장을 넘겨 가면서 여러분은 이런 흐름이 마치 판박이처럼 계속 연출되고 있다는 사실을 거듭 확인하게 될 것입니다. 예컨대, 어떤 사람이나 집단이 독재자에게 맞서 반란을 일으킵니다. 독재 권력을 무너뜨리고 스스로 권력을 잡습니다. 그러고는 금세 지배 계급 행세를 하기 시작합니다. 그토록 불의를 미워하던 사람이 독재를 휘두르고, 정의를 외쳤던 자유의 전사들이 권력의 단맛에 흐느적거립니다. 얼마 뒤 정의와 평등을 외치는 사람들이 반란을 일으켜 이들을 몰아내고 권력을 잡습니다. 이들 역시 같은 길을 걷다가, 정의를 외치는 또 다른 사람들에게 쫓겨납니다……. 이것은 풋내기 연구자라도 알 수 있는 뻔한 이야기입니다. 숨 막힐 듯한 사건들도 그 밑을 들여다보면 이처럼 분명한 흐름이 있습니다.

이 책을 쓰려고 자료들을 뒤적이는 동안, 번득번득 뇌리를 스치는 말이 있었습니다. 옛 소련 시절, 8년간 강제 노동 수용소를 전전하면서 혁명으로도 억압을 끝낼 수 없음을 마침내 깨달은 러시아 작가 알렉산드르 솔제니친Aleksandr Solzheni-

tsyn의 말입니다. "잘 나갔던 젊은 시절, 나는 내 생각이 절대적으로 옳다고 믿었고, 그래서 마음도 포악했다. 권력에 취해 남의 목숨을 빼앗고 남을 억압했다……. 그런데 저 강제 노동 수용소의 썩은 짚 더미에 누워 있을 때, 나는 처음 느꼈다. 내 마음에 선한 생각이 움트는 것을……. 그러나 마음이 더없이 평화로울 때도 너무도 깊이 뿌리박힌 악한 생각이 마음속 깊이 똬리를 틀고 있었다. 나는 그제야 뭇 종교의 가르침이 옳음을 깨달았다. 우리가 맞서 싸워야 할 것은 우리 내면의 악이라는 것을…… 나는 그제야 세상의 뭇 혁명이 그릇됨을 깨달았다. 혁명은 그 시대의 악과 싸울 뿐이라는 것을."

혁명은 묵은 땅을 갈아엎습니다. 낡은 사회를 무너뜨리고 새로운 사회를 만들어 냅니다. 그러나 혁명에 성공하는 것과 자기 내면의 악과 싸워 이기는 것은 다른 문제입니다. 혁명가라고 해서 자기 내면의 악과 싸워 이긴 사람들은 아닙니다. 20세기의 역사는, 포악한 독재 권력에 맞서 싸워 이기기는 했지만 결국에는 자기 내면의 악에 휘둘리고 마는 사람들에 관한 이야기이기도 합니다.

정확성에 관한 꼬투리 :
전사자, 부상자, 병력 수 등에 관해서는 역사가들 사이에서도 의견이 분분합니다. 심지어 조약, 협정이 체결된 날짜나 독립 선언일마저도 그렇습니다! 그러나 이 책이 어린 학생들의 기본 교양서인 만큼 날짜나 수치에 정확성을 기하기 위하여, 최종적으로는 《브리태니커 백과사전》을 참조하였음을 밝힙니다.

서문

중국어나 아라비아 어를 로마자로 옮겨 적는 데도 어려움이 있습니다. 여러 방식이 있지만 그중에서 어느 것이 더 낫다고 딱히 꼬집어 말하기가 어렵기 때문입니다. 중국의 인명과 지명의 경우, 이 책에서는 병음(拼音. 로마자로 표기하는 한자 발음 부호)으로 적었습니다. 그러나 '만주'(滿洲. Manchuria)처럼 우리 귀에 익은 말이 따로 있는 경우에는 굳이 병음을 고집하지 않고 그 말을 그대로 썼습니다.

2005년 3월,
미국 버지니아 주(州) 찰스 시(市)에서
수잔 와이즈 바우어

추천사	세계 역사와 문화에 대한 이해는 어린이의 필수 교양	허 원
추천사	어린이 역사 교육은 어린이의 눈높이에 맞추어야	이선복
서 문	자녀와 함께 이 책을 읽는 부모님께	

제1장 **해가 지지 않는 나라**
빅토리아 여왕과 만국 산업 박람회 17
'소총' 때문에 일어난 세포이의 항쟁 25

제2장 **서양과 동양의 대결**
다시 문 여는 일본 35
'교회의 열쇠'를 두고 일어난 크림 전쟁 42

제3장 **영국의 침략**
아프가니스탄을 두고 벌인 '그레이트 게임' 51
아프리카 대륙을 탐험한 리빙스턴 59

제4장 **부흥과 반란**
이탈리아의 '부흥'과 가리발디 69
부패한 청 왕조에 대항한 '태평천국 운동' 79

제5장 **미국의 남북 전쟁**
'노예 제도'를 두고 싸운 남부와 북부 89
링컨의 죽음과 노예 문제 96

차례

제6장 **자유를 위한 싸움**
파라과이와 3국 동맹 전쟁　105
영국에서 독립한 캐나다　114

제7장 **프랑스와 독일**
두 번의 제정과 세 번의 공화정을 거치는 프랑스　123
비스마르크가 탄생시킨 '독일 제국'　132

제8장 **현대화**
현대화를 불러온 철도, 시간대, 전구　141
일본의 메이지 유신　147

제9장 **두 개의 제국, 두 번의 반란**
네덜란드령 동인도 제도와 아체 왕국의 전쟁　155
유럽의 병자 '오스만 투르크 제국'　161

제10장 **세상에서 가장 메마른 땅, 동양을 잇는 운하**
페루, 볼리비아, 칠레가 벌인 '태평양 전쟁'　171
지중해와 홍해를 이은 수에즈 운하　177

제11장 **세계의 아득히 먼 곳**
오스트레일리아의 '강철 무법자' 네드 켈리　187
유럽에 의해 토막토막 잘리는 아프리카　194

제12장 **감자 기근과 보어 전쟁**
    아일랜드의 감자 기근 205
    다이아몬드와 금을 놓고 벌인 보어 전쟁 214

제13장 **늙은 황제와 붉은 술탄**
    브라질의 황제 페드루 2세 227
    붉은 술탄 아브뒬하미드 2세 234

제14장 **두 명의 차르와 두 명의 황제**
    러시아의 마지막 두 차르 243
    이탈리아의 침략을 물리친 에티오피아 249

제15장 **큰 나라와 작은 나라의 전쟁**
    일본과 중국의 싸움터가 된 한국 259
    미국 스페인 전쟁 264

제16장 **팽창하는 미국**
    서부로 가는 미국 사람들 277
    주식, 자선 사업가, 무법자 285

제17장 **중국의 혼란**
    외국 세력과 싸운 중국의 의화단 운동 295
    러시아와 일본이 맞붙은 '러일 전쟁' 305

차례

제18장 **유럽과 근동의 여러 나라들**
  페르시아의 적과 '친구'들 315
  발칸 반도의 분쟁 323

제19장 **중국, 베트남, 프랑스**
  중국의 마지막 황제 335
  베트남의 애국자 판보이쩌우 340

제20장 **멕시코 혁명과 제1차 세계 대전**
  멕시코 혁명 347
  제1차 세계 대전 355

제21장 **러시아 혁명과 대전의 종결**
  러시아 혁명 369
  제1차 세계 대전의 종결 379

  연표 386
  찾아보기 392

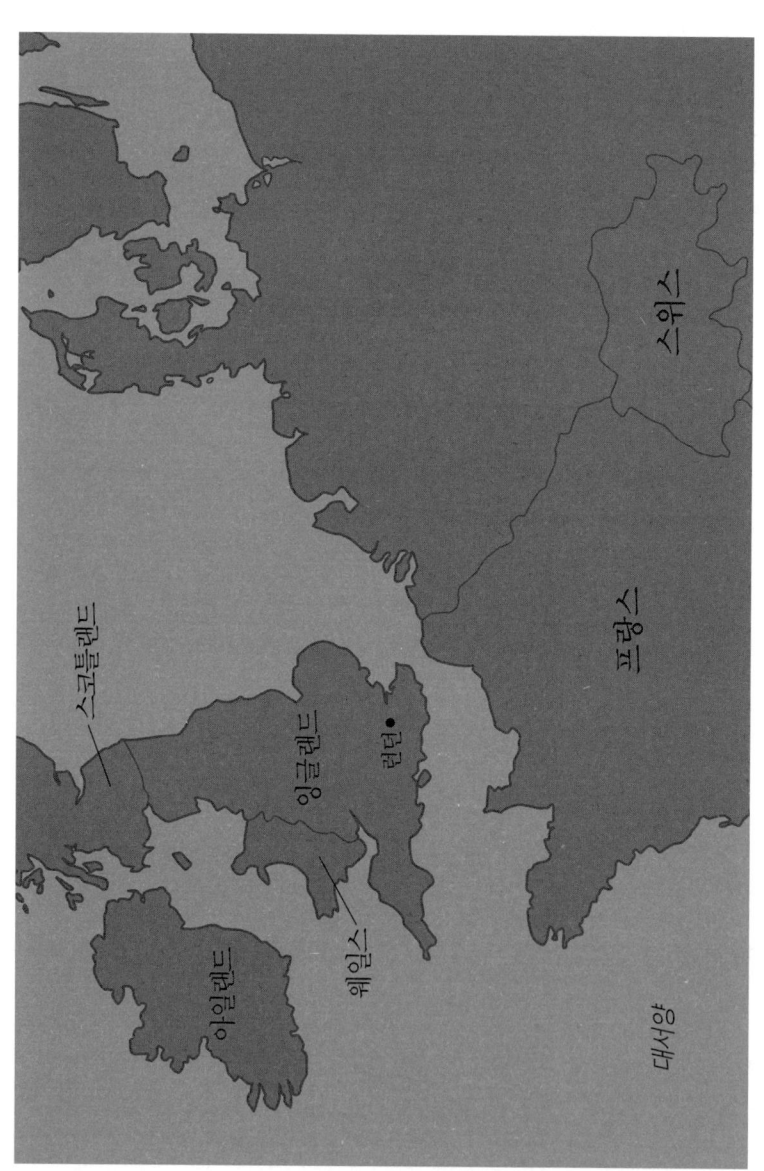

유럽지리 학습 때의 활동

제1장 해가 지지 않는 나라

빅토리아 여왕과 만국 산업 박람회

영국 땅에 다시 여름이 왔어. 런던 시내를 빽빽하게 채운 검은 지붕들과 번잡한 거리에 뜨거운 햇볕이 쏟아지고, 템스 강이 아침 햇빛 속에서 눈부시게 빛났어. 도시 한가운데에 있는 드넓은 녹지대에 거대한 유리 상자 하나가 장난감처럼 놓여 있었어. 그 거대한 유리 상자도 눈부시게 햇빛을 되비추었어.

거대한 유리 상자의 지붕 밑에서 한 무리의 병사가 대열을 지어서 맴을 돌고 있어. 어린 병사 하나가 불안한 눈빛으로 머리 위의 유리 천장을 힐끔힐끔 쳐다보는구나.

"곧 무너져 내릴 것 같아!" 어린 병사가 바로 앞의 병사에게 소곤거렸어.

"조용히!" 맨 앞에서 부대를 지휘하던 상사가 고함을 질렀어. "왼발! 오른발! 왼발, 오른발, 왼발! 힘껏 굴러! 저 지붕이 머리 위에 떨어질 때까지 힘껏 구르라고!"

어린 병사는 어깨를 움츠리고 발을 더욱 힘껏 굴렀어. 천장이 흔들려. 그러나 사방의 벽은 꿈쩍도 하지 않아. 이윽고 상사는 행진을 멈추라는 구령을 내렸어. 그들은 이미 한 시간 동안이나 행진을 했어. 그러나 상자처럼 생긴 그 거대한 유리

빅토리아 여왕

건물은 무너지지 않았어. 이렇게, 병사들이 한 시간 동안이나 발을 힘껏 구르며 맴을 돌았지만 유리 건물이 무너지지 않았다는 사실은 지금 이 세상에서 그 어느 누구보다도 빅토리아Victoria 여왕과 그녀의 남편인 앨버트Albert 공이 기뻐할 소식이란다! 이것이 도대체 무슨 이야기인지 알아볼까?

빅토리아 여왕은 잉글랜드, 스코틀랜드, 아일랜드, 웨일스 네 개의 나라로 이루어진 그레이트 브리튼Great Britain의 군주였어. 빅토리아 여왕과 앨버트 공은 앞으로 1년 안에 전 세계를 그레이트 브리튼의 수도인 런던으로 초대하여, '만국 산업 박람회The Great Exhibition of the Works of Industry of All Nations'라는 이름으로 인간의 역사상 가장 큰 시장을 열 계획을 가지고 있었단다. 지구상의 모든 나라들이 그들의 발명품과 기계와 상품을 이 시장에 보낼 예정이었지. 그런데 그처럼 거대한 시장을 열기 위해서는 그 모든 물건들을 한자리에 전시할 수 있는 엄청나게 큰 건물이 있어야 했어.

앨버트 공은 그 건물을 짓기 위해서 245가지나 되는 설계도를 살펴보았지만, 마음에 드는 게 영 눈에 띄지 않았어. 그러다가 마침내 그는 마음에 쏙 드는 설계도를 발견했어. 한 줄로 늘어놓으면 그 길이가 거의 3백 킬로미터에 이를 판유리를 총 무게가 4톤이나 되는 쇠 기둥과 쇠 들보로 조립해서 거대한 유리 건물을 짓는다는 설계도였어. 이 유리 건물을 설계한 사람은 조지프 팩스턴Joseph Paxton이라는 이름의 정원사였단다. 그러니까 오랫동안 유리 온실을 지어 왔던 경험을 바탕으로 이 유리 건물을 설계했던

빅토리아 여왕의 남편 앨버트 공

것이지. 현재 영국에 있는 그 어떤 건물보다 훨씬 더 크고, 햇빛 속에서 마치 보석처럼 빛이 날 그 건물을 상상하면서 그는 매우 가슴이 설레었겠지?

거대한 유리 건물을 짓는다는 소식을 들은 런던 시민들이 그 계획에 반대했단다. 유리 상자 같은 건물 속에 수많은 사람들이 꾸역꾸역 들어가서 몰려다니면 그 진동 때문에 땅이 흔들려서 유리 천장이 내려앉을 것이고, 수많은 사람들이 떼죽음을 당하는 사태가 벌어질지도 모른다고 생각했던 것이야.

그래서 팩스턴은 그가 설계한 유리 건물의 작은 모형을 지었어. 그리고 병사들이 그 안에 들어가서 땅이 진동하도록 힘껏 행진을 해 보았던 것이야. 다행히 모형 건물은 끝까지 멀쩡하게 서 있었어. 거대한 유리 건물을 짓는다는 계획이 계획으로만 그치지 않게 된 것이야!

수정 궁궐을 설계한 조지프 팩스턴

꾸물거리고 있을 시간이 없었단다. 만국 산업 박람회까지는 시간이 고작 아홉 달밖에 남아 있지 않았기 때문이야. 영국의 모든 유리 공장들이 바쁘게 일을 하기 시작했어. 수천 수만 장의 판유리와 수백 수천 개의 쇠 기둥과 쇠 들보가 런던 시내 한가운데의 드넓은 녹지대로 운반되었어. 그곳은 저 유명한 하이드파크Hyde Park라는 곳이란다. 그곳에서 쇠와 유리를 조립해서 거대한 유리 건물을 지었는데, 그 면적이 77제곱 킬로미터나 되었단다. 축구장을 10개 정도 합친 면적이야! 그리고 하이드파크의 키 큰 느릅나무들을 그대로 건물 안에 담기 위해서 지붕에는 거대한 둥근 천장을 설치했어. 인간의 역사상 가장 큰 시장을 열기 위해 팩스턴이 설계한 '수정 궁궐Crystal Palace(크리스털 팰리스)'이 마침내 완성되었어.

전 세계의 수많은 나라들이 1만 3천 가지의 물건을 보내왔단다. 러시아의 항아리와 모자, 오스트리아의 가구 제품, 미국의 농기구, 프로이센의 튼튼한 옷감과 자수 제품, 프랑스의 섬세한 옷감과 무기, 스위스의 시계가 전시장을 가득 채웠어. 조각과 그림 등 수많은 미술 작품, 실물 크기의 납 광산, 이제까지 아무도 보지 못했던 거대한 공룡들의 모델, 아시리아의 고대 유적지에서 최근에 발굴한 설형 문자 점토 판이 전시되었고, 심지어는 깊이(높이)가 거의 30미터나 되는 우물도 있었단다.

1851년 5월 1일, 빅토리아 여왕과 앨버트 공이 만국 산업 박람회의 개회를 알리기 위해서 마차를 타고 전시장에 도착했어. 수정 궁궐이 햇빛 속에서 찬란히 빛나고, 지붕에서는 수많은 깃발(만국기)들이 펄럭거렸어. 유리 벽으로 쏟아져 들어온 눈부신 햇빛

수정 궁궐의 내부 모습

속에서 여왕이 건물 한가운데의 거대한 둥근 천장 아래를 향해 걸어가자 대규모의 합창단이 '할렐루야' 합창곡을 부르기 시작했어.

빅토리아 여왕과 남편 앨버트 공은 수정 궁궐 안을 돌아다니면서 세계 여러 나라에서 보내온 아름다운 옷과 가구와 진기한 발명품을 구경했어. 빅토리아 여왕은 나중에 일기에 이렇게 썼단다. "아름답기 짝이 없는 (인도의) 직물들…… 너무도 섬세한 비단을 비롯한 매혹적인 오스만 투르크의 제품을 넋을 놓고 쳐다보았다. …… 미국인들이 거의 누구나 지니고 다닌다는 '보위 칼'도 생전 처음 보았다."

그러나 빅토리아 여왕과 앨버트 공의 마음을 가장 흡족하게 해 주었던 전시품은, 전 세계에 걸쳐서 흩어져 있는 대영 제국*의 속국*들에서 보내온 물건들이었을 거야. 오스트레일리아 식민지에서는 죄수들이 야자나무 잎으로 만든 피서 모자를 보냈고, 뉴질랜드에서는 목각 제품을 보냈어. 인도의 영국 공장들은 아름다운 비

빅토리아 여왕
열아홉 살에 왕위에 올라, 영국 역사상 가장 오래 영국을 다스린 빅토리아 여왕이야. 그녀가 다스리던 시대를 '빅토리아 시대'라고 한단다. 빅토리아 여왕은 영국을 전 세계에 수많은 식민지를 거느린 해가 지지 않는 대제국으로 만들었어.

단과 무명(솜에서 실을 뽑아서 만든 옷감)을 보냈고, 캐나다 식민지에서는 최신형 소방차를 보내왔어. 수정 궁궐 안의 곳곳에서, 구경꾼들은 영국 본토에서 만든 온갖 신기한 기계들을 보고 벌어진 입을 다물지 못했단다. 거대한 기관차, 종 모양의 잠수정, 여러 가지 증기선의 모형들, 기중기, 펌프, 쟁기, 수확기, 건축가들이 만든 다리나 건물의 모형 같은 것들이 즐비하게 전시되어 있었거든.

미국 개척 시대에 많이 사용했던 칼집 달린 사냥 칼인 '보위 칼'

만국 산업 박람회를 연 진짜 이유는 따로 있었단다. 대영 제국이 얼마나 강력하고 앞서 가는 나라인지를 전 세계에 과시하려는 것이었지. 우리가 보통 영국이라고 부르는 브리튼은 유럽 대륙의 해안에서 조금 떨어진 작은 섬에 지나지 않은 나라야. 그러나 캐나다, 오스트레일리아, 뉴질랜드, 인도, 남아프리카 등이 영국의 식민지였고, 그 밖에도 보호령(protectorate)이라는 이름으로 영국이 직접 다스리는 지역들이 전 세계 곳곳에 흩어져 있었단다. 빅토리아 여왕의 제국은 너무도 커서 영국 사람들은 이렇게까지 말할 정도였어. "대영 제국의 하늘에서는 해가 지지 않는다!" 이 말은, 지구상의 그 어느 곳에서도 아침이면 반드시 해가 뜨지만, 그 첫 햇살은 반드시 영국의 지배를 받는 땅 위에 떨어진다는 뜻이었단다.

---

*대영 제국(大英帝國) : 근세 이래 세계 각지에 식민지를 건설한 영국의 총칭.
*속국(屬國) : 다른 나라의 지배 하에 있는 나라.

영국 식민지들이 석탄, 비단, 모피 등을 비롯한 갖가지 귀한 상품을 본국으로 실어 날랐어. 그러나 영국 사람들은 영국이 영토를 전 세계로 넓힌 것은 비단 돈 때문만은 아니라고 생각했던 것 같아. 그들은 자기들이 세계를 지배한다면 이 세계를 인간이 살기에 훨씬 더 좋은 곳으로 만들 수 있다고 믿었던 것 같은데 말이야, 이것은 세실 로즈Cecil Rhodes라는 유명한 영국 식민지 정치가의 글을 읽어 보면 확실하게 알 수 있어. 그는 이렇게 썼단다. "우리는 이 세상에 살기 시작한 최초의 (가장 뛰어난) 인간이다. …… 우리가 이 세상을 더 많이 차지하고 살게 되면, 그만큼 인류 전체의 삶을 위해서 좋은 일이 될 것이다."

만국 산업 박람회

영국 사람들의 그러한 믿음이 만국 산업 박람회에서 고스란히 드러났단다! 영국은 그 넓은 수정 궁궐의 절반만을 다른 나라들에게 내주고, 절반은 순전히 대영 제국의 제품만으로 채웠거든. 6백 만 명의 구경꾼은 영국 사람들이 그들 스스로에 대해서 어떤 생각을 가지고 있는지를 속속들이 알게 되었어. 영국은 세계의 다른 모든 나라들을 다 합친 것보다도 훨씬 더 강력하다는 게 영국 사람들의 생각이라는 것을 누구나가 알 수 있었단 말이지. 영국의 역사학자이자 작가인 토머스 바빙턴 매콜리Thomas Babington Macaulay는 "만국 산업 박람회는 인간의 역사상 최고의 구경거리였다. …… 저 로마의 황제들이라 할지라도 이처럼 장엄하고 화려한 광경을 만들지는 못했을 것이다."라고 탄성을 질렀단다. 그런데 로마 제국의 황제들이 그러했던 것처럼, 대영 제국의 국왕들도 그들의 법과 관습과 제도와 언어를 전 세계에 퍼뜨렸다는 게 과연 사실이기도 했단다.

그러나 고대의 로마 제국이 그러했던 것과 꼭 마찬가지로, 영국도 그 제국을 지키기 위해서 숱한 전쟁을 치르지 않을 수 없도록 되어 가고 있었단다.

'소총' 때문에 일어난 세포이의 항쟁

만국 산업 박람회가 끝난 지 오래지 않아서 영국은 인도에서 전쟁을 치르고 있었단다. 여든두 살의 인도 황제 바하두르 샤 2세Bahadur Shah II가 무덤 속에 몸을 숨겨야 하는 처량한 신세가 되었던 전쟁이었지.

바하두르 샤 2세가 세상에 태어난 때로부터 까마득한 옛날의 일이었어. 인도의 진

귀한 비단과 무명과 잎 차를 사고 싶었던 영국 상인들이 당시 인도의 자한기르 황제에게 인도 해안의 곳곳에 '교역소(trading post)'라는 이름의 거류지*를 세우게 해 달라고 요청했단다. 영국 상인들은 인도 해안에 안전하게 그들의 배를 댈 수 있는 곳을 가지고 싶었던 것이야.

자한기르가 허락했어. 그래서 영국 상인들은 동인도 회사East India Company라는 이름의 무역 회사 사람들과 합세해서 곳곳에다가 교역소를 짓기 시작했어. 그 후 1백여 년 동안에 걸쳐서 동인도 회사는 인도 전 지역에 교역소를 세워 나갔고, 날이 갈수록 많은 영국인이 몰려와서 정착했단다. 이주민을 보호하기 위해서 성벽에 대포를 설치한 교역소들은 언젠가부터는 단지 영국인이 잠시 머물러 사는 거류지가 아니라 본국인 영국의 여느 도시들과 거의 똑같은 모습이 되어 갔단다!

그 도시들 중에서 가장 크다고 꼽히는 곳이 캘커타Calcutta(현재 이름은 콜카타)였어. 캘커타는 인도 북동부 해안 일대 벵골 주에 자리 잡은 도시야. 벵골 주의 주지사는 성벽에 대포를 설치한 거대한 영국인 거주지가, 자기가 다스리는 땅의 한가운데에 떡 자리를 잡고서는 날로 커져 가는 것을 보고 마음이 몹시도 불안해졌단다. 그래서 그는 영국인을 몰아내야 할 때가 되었다고 판단하고는 군대를 모아서 캘커타로 쳐들어갔어.

그러나 동인도 회사의 상인들은 캘커타를 버리고 떠날 생각이 티끌만큼도 없었

---

*거류지(居留地) : 한 나라가 그 영토의 일부를 한정하여, 외국인의 거주와 영업을 허가한 지역.

어. 그래서 인도에 와 있던 영국군의 한 부대와 그들을 지휘할 영국인 장군 한 명을 돈을 주고 사서 인도 군대와 맞서 싸우게 했단다. 영국군이 인도군을 물리쳤지. 그리고 동인도 회사는 벵골 주의 정부를 그들의 손아귀에 넣어 버렸단다.

상인들이 그 지역의 지배자가 된 것이야.

동인도 회사가 인도의 영토를 야금야금 잡아먹어 가던 무렵에 바하두르 샤 2세가 태어났어. 당시 인도는 영국인 관리들이 내놓고

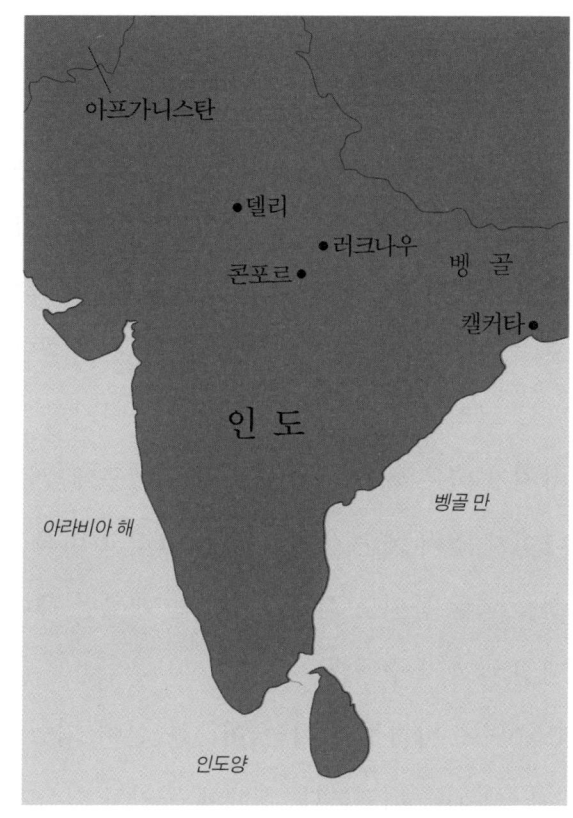

세포이 항쟁 때의 인도

앞에 나서서 정부를 운영하는 지역도 있었고, 인도인을 앞에 내세워서 사법권을 행사하고 종교 의식을 치르도록 허락하면서도 사사건건 이래라저래라 간섭하고 명령하는 지역도 있었단다. 인도인이 그들의 토지에 대해서 바친 세금은 물론 고스란히 영국인이 삼켜 버렸어.

수많은 인도 사람들이 영국인의 지배를 받는 삶에 지치고 화가 났어. 영국인 병사

들과 관리들이 인도 사람을 '돼지'라고 부르는 것은 오히려 점잖다고 할 만큼 온갖 험악한 욕설로 멸시하고 조롱하는 것을 더 이상 참을 수 없었어. 또 철로를 놓는다면서 곳곳에서 사원들을 마구 부수는 것도 참을 수 없었고, 이슬람 교도들은 그들의 신앙의 상징인 수염을 깎으라고 윽박지르는 것을 참을 수 없었어. 게다가 힌두 교도들과 이슬람 교도들은 영국 사람들이 강제로 그들을 기독교도로 만들려고 들지도 모른다는 생각 때문에 늘 불안했단다.

바로 그러할 때에 바하두르 샤가 아버지의 뒤를 이어서 인도의 황제가 되었어. 아버지가 너무 늙은 나이에 죽었기 때문에, 바하두르 샤는 황제 자리에 올랐을 때의 나이가 벌써 예순 살이었단다. 그리고 비록 인도의 황제이기는 하지만, 그는 모든 것을 영국 동인도 회사가 시키는 대로만 해야 했단다. 심지어 동인도 회사가 그에게 월급까지 주었대!

1856년에 바하두르 샤는 여든한 살이 되었어. 그가 인도의 황제 자리에 앉은 지 21년째 되는 해였는데, 그해에 동인도 회사가 엄청나게 큰 실수를 저질렀어.

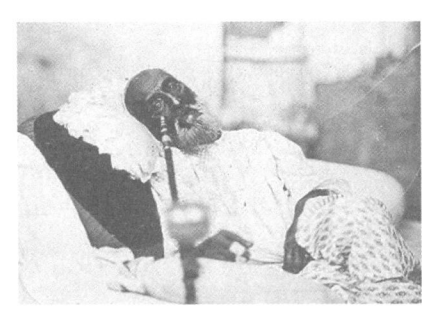

바하두르 샤 2세

동인도 회사는 3억 명의 인도인을 지배하기 위해서 세 개의 거대한 군대를 가지고 있었단다. 장교들은 모두 영국인이었어. 그런데 병사들 중에는 인도 원주민도 섞여 있었어. 동인도 회사에 취직을 한 셈인 힌두 교도들과 이슬람 교도들이었지. 이 인도 원주민 병사를 '세포이(sepoy)'라고 부른단다. 1856년에 영국은 필요할 경우에는 인도에 주둔한 영국 군대에 소속된 모든 병사들을 외국에서 벌어진 전투에 투입할 수 있다는 법안을 채택했어. 그러자 힌두 교도 병사들이 기

동인도 회사의 세포이들

겁했어. 외국으로 나가려면 배를 타야 하거든! 그런데 말이야, 힌두 교도는 날마다 반드시 음식을 자기 손으로 만들어서 먹고 자기 손으로 물을 길어서 목욕을 해야만 신앙을 순결하게 지킬 수 있다고 믿는다는 것이 문제였어. 외국에 가려고 오랫동안 배를 타고 있으면 어떻게 음식을 자기 손으로 해 먹고 깨끗한 물을 길어다가 목욕을 할 수 있겠어? 실제로 영국 군함을 타고 멀리 나갔다가 돌아온 힌두 교도 병사가 있었는데, 가족도 친구도 그와 한자리에서 식사를 하려고 하지를 않았다는구나.

그런데 그것보다 훨씬 더 난처한 일이 벌어졌어. 동인도 회사가 병사들에게 지급할 소총을 새로 사들였어. 리엔필드(Lee-Enfield)라는 이름의 최신식 소총이었는데, 삽시간에 세포이들 사이에 "절대로 그 총을 사용하면 안 된다. 영국 놈들이 우리를 기독교도로 만들려는 수작이 틀림없다."라는 소문이 확 퍼졌어.

이게 무슨 소리냐고? 이게 무슨 소리인지를 이해하려면 먼저 그 시절의 소총에 대해서 알아야 한단다. 그 시절에는 소총에 장전을 하려면 먼저 화약을 우겨넣은 다

음에 총알을 넣어야 했어. 그러자면 시간이 걸리겠지! 그런데 최신식 리엔필드 소총은 그런 식이 아니었어. 기름을 먹인 종이에 화약과 총알을 함께 꽁꽁 싼 것을 넣는 거야. 이것을 카트리지라고 하는데, 카트리지의 끝을 이로 물어뜯은 다음에 소총 안에 밀어 넣기만 하면 되는 거야.

그런데 뭐가 문제냐고? 카트리지의 기름종이가 동물의 기름을 먹인 것이라는 이야기가 세포이들 사이에서 나돌았던 게 문제였어. 힌두 교도는 암소 고기를 절대로 먹지 않아. 그런데 카트리지에 먹인 기름이 암소의 기름이 아니라는 증거가 어디 있지? 카트리지를 소총에 장전하려면 먼저 기름종이의 끝을 이로 물어뜯어야 하는데, 그때 입술에 닿은 기름이 암소의 기름이 아니라는 것을 누가 보장할 것이냐고? 그래서 그들은 기겁을 했던 거야. 암소는 신성한 동물이기 때문에 절대로 먹어서는 안 된다는 것이 힌두 교도가 목숨보다 더 중요하게 여기는 믿음이거든. 그러면 이슬람 교도들은 왜? 이슬람 교도들은 카트리지를 적신 기름이 돼지기름일지도 모른다고 생각하고는 기겁을 했던 거야. 이슬람 교도는 돼지를 불결한 짐승이라고 믿고 절대로 먹지 않거든.

이러한 사태를 알아차린 영국 정부는, "좋다, 그렇다면 힌두 교도와 이슬람 교도 병사들은 각자 알아서 식물 기름을 가지고 와서 카트리지를 만들면 되잖아?"라고 말했어. 그러나 이미 때가 늦은 뒤였지. 세포이들은 걸핏하면 자기들을 '돼지'라고 부르는 것을 비롯해 온갖 참지 못할 욕설을 해 대는 영국군 상관들에게 단단히 화가 난 지가 이미 오래였어. 그런데 이제는 또 동물의 기름을 먹인 카트리지라는 것을 들이댄 것은 그들의 힌두 교 신앙과 이슬람 교 신앙을 무너뜨리려고 하는 교활한 술수인 게 틀림없다고 믿어 버렸던 거야.

세포이들이 인도 북서부 전 지역에서 들고일어나기 시작했어. 그들은 올해로 여든두 살이 된 바하두르 샤가 그들의 총사령관이라고 선언했어. 바하두르 샤는 전투를 지휘하기에는 너무 늙은 나이였기 때문에, 세포이들이 델리 시를 장악하고 콘포르 시에서 영국군을 쫓아내고 러크나우 시를 포위하는 것을 멀거니 쳐다보고만 있었단다.

그러나 영국인은 인도를 놓아줄 생각이 티끌만큼도 없었어. 동인도 회사가 사태

세포이의 항쟁을 묘사한 그림

를 본국에 알리자, 영국 정부는 잘 훈련된 병사들을 급히 인도로 보내서 델리 시를 포위했어. 세포이들은 모두들 그 자리에서 죽을 각오로 싸웠어. 델리 시를 포위한 영국군 병사들이 세 명에 한 명꼴로 죽었어. 그러나 마침내 영국군이 성벽을 넘어 쏟아져 들어갔어. 바하두르 샤는 그의 위대한 조상 후마윤 황제의 무덤 속에 숨어 있다가 들켜서 끌려 나와 반역죄로 재판을 받았어. 영국군은 그의 유죄를 선언하고 멀리 떨어진 도시로 보내서 늘 감시를 받으며 살게 했는데, 그는 그곳에서 5년을 더 살다가 여든일곱 살의 나이에 죽었단다.

영국 정부는 이제부터 인도에는 더 이상 황제가 없다고 선언했어. 그리고 동인도 회사의 인도 지배권을 도로 빼앗았어. 그동안 그 회사가 저지른 무능한 짓거리를 더 이상은 두고 볼 수 없었던 것이지. 그 사람들이 인도 원주민 병사들을 제대로 다루었더라면 세포이 항쟁이 일어나지 않았을지도 모를 일이었으니까.

그래서 빅토리아 여왕은 동인도 회사로부터 인도를 빼앗고, '인도 총독 Viceroy of India'이라는 이름의 고위 관리를 파견해서, 인도가 영국 여왕과 의회가 직접 통치하는 대영 제국의 식민지가 되었다고 선포했단다. 빅토리아 여왕은 인도에 사는 모든 영국인은 인도를

인도 총독과 측근들

인도인이 살기 더 좋은 곳으로 만들어 주기 위해서 모든 노력을 다할 것이라고 약속했어.

여왕의 약속이 인도인에게 정말로 위안이 되었는지는 모르겠지만, 하여간에 이제부터 인도는 인도인의 나라가 아니었어. 인도는 영국의 일부가 되었고, 드넓은 인도 땅에서 수많은 인도인이 언젠가는 나라를 되찾을 날이 오기를 바라며 살아가야 하는 세월이 시작되었단다.

일본의 개항

제2장 서양과 동양의 대결

다시 문 여는 일본

영국으로부터 지구를 반 바퀴쯤 건너간 곳에 또 하나의 섬 제국이 있었어. 그런데 이 제국은 세계로 세력을 확장하는 것을 원하지 않았고, 오히려 세계와 담을 쌓고 살기를 원했단다.

네 개의 큰 섬으로 이루어진 일본은 대를 이어서 그 지위를 물려받는 한 사람의 '쇼군(장군)'이 통치하고 있었어. 지난 2백여 년 동안은 도쿠가와 가문의 쇼군들이 일본을 통치해 왔는데, 그들은 서양에서 온 기독교 선교사들이 일본 사람들을 기독교도로 만들고 일본의 전통적인 불교 신앙을 무너뜨릴까 봐 늘 걱정이었단다. 그리고 선교사들의 뒤를 따라서 외국 군대가 쳐들어와서 일본을 집어삼킬지도 모른다는 두려움에 떨고 있었어.

도쿠가와 가문의 쇼군들은 기독교도들이 일본 땅에 들어오지 못하도록 하는 게 최선의 방책(방법과 꾀)이라고 생각했고, 더 나아가서는 서양(유럽과 아메리카 대륙) 사람들이 애초에 일본 땅에 발을 붙이지 못하게 하는 것이 더 안전한 방책이라고 생

다시 문 여는 일본 35

막부 시대 동안 일본을 다스린 쇼군

각했단다. 일본 사람들은 자기들끼리 먹고살기 위해서 필요한 모든 것을 다 가지고 있었어. 그들에게는 서양의 사상도, 서양의 선교사도, 서양의 상품도 필요하지 않았단다.

그래서 쇼군들은 일본 사람들이 외국으로 나가는 것을 금지하는 법을 제정했어. 그 법이 얼마나 엄했던지, 바다로 고기를 잡으러 나갔다가 풍랑을 만나 표류하다가 우연히 외국 땅에 닿은 어부들조차도 다시는 집에 돌아갈 수가 없었단다. 단지 몇 척의 네덜란드 배만이, 일본에서 가장 중요한 어느 항구의 앞바다에 인공으로 만든 섬에, 1년에 딱 한 번만 들어올 수 있다는 허락을 받았을 뿐이란다.

일본 사람들은 거의 2백 년 동안 그들의 관습대로만 살아왔고, 그들 땅과 가까운 바다에서만 고기를 잡았을 뿐, 서양 세계와는 전혀 접촉하지 않았어. 그런데 서양의 상인들과 선교사들은 일본 땅에 들어갈 수가 없었지만, 서양의 책들은 일본어로 번역되어서 일본에 수입되었단다. 그래서 쇼군들과 그에게 복종하는 무사(사무라이)들과 지식인들은, 이를테면 민주주의와 같은 서양의 사상을 알고 있었고, 기계를 만들고 온갖 발명품을 만들어 내는 서양의 과학 기술에 관한 이야기도 듣고 있었단다. 그러니까 말이야, 일본이 바깥 세계와 담을 쌓고 사는 것이 그리 좋은 일만은 아닐지도 모른다고 생각하는 일본 사람들이 날이 갈수록 많아졌던 거야.

그러나 일본이 서양 세계로 향하는 문을 스스로 열기 전에, 그 문을 부수겠다고 나선 나라가 있었어. 바로 미국이었지.

1853년 8월의 어느 무더운 날 오후에, 에도[江戶] 만 근처에 사는 일본 사람들이 부둣가에 모여서 먼 바다를 쳐다보고 있었어. 사람들은 이미, 대포를 실은 엄청나게 큰 미국 군함 네 척이 먼 바다에서 어슬렁거리고 있는데 곧 항구로 들어오려고 하는 것 같더라는 깜짝 놀랄 소문을 알고 있었어. 고기를 잡으러 나갔던 어부들이 미국 군함을 보고 '흑선 Black Ships'(검은 배)이라고 붙인 별명도 모르는 사람이 없었단다.

이윽고 네 개의 검은 점이 만 안쪽으로 점점 가까이 다가왔어. 그중에서 두 척은 일본 사람들이 생전 처음 보는 증기선이었어. 연기를 펑펑 뿜어 대는 증기선을 보고 일본 사람들은 "저 배에 불이 났는가 보다!"라고 수군거렸지.

대포가 햇빛에 번쩍이는 네 척의 군함이 닻을 내리고, 해안을 향해서 대포 구멍을 겨누었어. 소총과 단검으로 무장한 수병(해군의 병사)들이 배마다 갑판에 줄지어 섰어.

일본 사람들은 이렇게 생각했을 거야. 저 외국인들이 우리한테 무슨 짓을 하려는 것일까? 몇 척의 일본 배들이 아주 천천히, 조심스럽게 해안을 떠나서 미국 군함들에게 다가갔어. 하지만 미국 사람들은 본 척도 하지 않았어. 몇몇 용감한 일본 사람들이 헤엄을 쳐 가서 닻줄을 붙잡고 배 위를 향해서 무어라 소리를 질렀지만, 미국 병사들이 단검을 휘두르는 것을 보고는 깜짝 놀라서 황급히 돌아오고 말았단다.

미국 함대의 지휘관은 매튜 페리Matthew Perry 제독이었어. 그는 무엇인가를 기다리는 것 같은 표정을 지은 채 선실에 묵묵히 앉아만 있었단다.

페리 제독은 매우 어려운 임무를 맡고 있었어. 미국 상인들은 일본의 비단과 도자기를 사고 싶어 했고, 또 그 무엇보다도 일본의 석탄을 탐내었단다. 증기 기관을 돌리려면 석탄이 필요한데, 일본의 수많은 섬들에는 땅을 파지 않고도 채취할 수 있는 석탄이 널려 있다는 걸 알았던 거야. 그래서 밀라드 필모어 대통령이, 미국의 선박들에게 일본의 항구를 열어 달라고 일본 정부에 요청하는 내용의 편지를 페리 제독에게 쥐어 주고 일본으로 보냈던 것이란다.

그 이전에도 미국은 일본에게 교역을 요청했던 적이 있었어. 그러나 그때 일본에 파견되었던 미국 함대의 대장은 일본 사람들을 매우 정중하게 대했다는구나. 그래서 일본 사람들은 미국의 요청을 전혀 심각하게 받아들이지 않았다고 해.

페리 제독은 똑같은 실수를 저지르고 싶지 않았어. 그래서 그는 일본 정부의 책임 있는 고위 관리가 그를 맞이하러 오기 전에는 절대로 일본 사람들을 받아들여서는 안 된다고 엄명을 내려 놓았던 것이야. 그래서 미국 사람들은 그들의 배에 오르려고 하는 일본 사람들에게 이렇게 말했어. "우리는 미국 대통령이 일본 천황에게 보내는 편지를 가지고 왔다. 그러니까 우리는 천황 측근의 고위 관리에게만 이

매튜 페리 제독
거의 2백여 년 동안이나 외국과 교류하지 않고 살았던 일본의 문을 연 미국의 매튜 페리 제독이야. 일본은 미국과 조약을 맺은 후, 이어 다른 나라들과도 조약을 맺으면서 근대화의 길로 나아가게 된단다.

편지를 전할 것이다."

뭍으로 돌아온 일본 사람들이 회의를 했어. 보아하니까 미국 사람들은 일본이라는 나라가 어떻게 다스려지는 나라인지를 모르고 있는 것 같았어. 일본에는 천황이 있고, 일본 사람들은 천황을 거의 신이라고 믿지만, 실제로 일본을 다스리는 사람은 천황이 아니라 쇼군이라는 것을 미국 사람들이 모르고 있는 게 분명했지.

그래서 일본 사람들은 미국 사람들을 속이기로 결정했어. 그들은 항구 근처 어느 소읍의 읍장 토다라는 사람을 천황 측근의 고위 관리인 것처럼 꾸며 놓고는, 지금 천황 측근의 고위 관리가 와서 미국 사람들을 기다리고 있다는 내용의 편지를 써

황제의 측근을 만나러 가는 페리 제독

서 보냈어. 천황의 이름으로 서명된 그 편지가 가짜인 줄을 알 리가 없는 미국 사람들은 그제야 미국 대통령의 편지를 전하러 뭍에 오르겠다고 합의했단다.

그래서 페리 제독은 장교들과 군악대를 거느리고 뭍에 올랐어. 일본 사람들은 자주색 천과 얇은 커튼이 드리워진 방으로 페리 제독을 안내했어. 그 방에 천황 측근의 고위 관리인 것처럼 꾸민 토다가 심각한 표정을 지은 채 앉아 있었어. 페리 제독은 황금 경첩이 박힌 자단 나무 상자 속에 잘 간수한 미국 대통령의 편지를 토다에게 건네주었어. 그리고 미국 사람들은 군악대가 연주하는 '양키 두들Yankee Doodle'(미국 독립 전쟁 때 군가로 부른 노래)에 발을 맞추어 행진하면서 그들의 배로 돌아갔단다.

토다는 곧 터지려는 웃음을 참으려고 애를 썼을 거야. 그러나 그와 다른 일본 사람들은 미국 대통령의 편지가 여간 심각한 물건이 아니라는 걸 잘 알았단다. 게다가, 페리 제독이 그의 배로 돌아가기 전에 했던 말이 아직도 귀에서 울리고 있었어. 1년 후에 대답을 들으러 다시 올 터인데, 그때 가서 자기를 실망시키면 재미없을 줄 알라고 했거든.

일본 사람들은 페리 제독과 그의 흑선들에 맞서 싸울 힘이 없다는 것을 잘 알고 있었어. 일본에는 해안 지대 몇 곳에 대포만 몇 개 있었는데 그나마도 거의 쓸 수가 없는 고물이었던 거야. 또 일본의 사무라이들은 이제는 예전처럼 용감무쌍한 전사들이 아니었어. 그들은 사무라이보다는 정부 관리가 되기 위한 교육을 주로 받아 온 지가 이미 오래였어. 심지어 어느 사무라이 학교에서는 비가 오는 날에는 실내에서 목마를 가지고 기마술 훈련을 시키기까지 했다는구나. 비를 맞으면 몸에 해롭다는 이유로 말이야!

페리 제독이 이듬해인 1854년에 다시 일본에 왔을 때, 일본 사람들은 미국과 교역을 하겠다는 조약을 맺었어. 그리고 오래지 않아서 프랑스와 스페인(에스파냐)을 비롯한 유럽의 몇몇 나라들도 일본과 통상 조약을 맺었단다. 일본이 서양과 담을 쌓고 살던 시절이 끝난 것이지.

'교회의 열쇠'를 두고 일어난 크림 전쟁

페리 제독이 서양에서 동양으로 갔던 바로 그해에 동양과 서양의 정확히 중간 지점에서 전쟁이 일어났단다.

그 전쟁은 어떤 두 나라가 어떤 한 교회의 열쇠 꾸러미를 서로 차지하려고 다툰 데서부터 시작되었어. 물론 그 열쇠 꾸러미가 실제로 그 전쟁을 터뜨렸던 것은 아니었어. 그것은 말하자면 성냥 불 같은 것이었다고 할까? 성냥 불은 그것 자체가 큰 불이라고 할 수는 없겠지. 그러나 바짝 마른 삭정이(말라 죽은 작은 가지)를 수북하게 쌓아 놓고 그 밑에 성냥을 그어 대면 어떻게 되지? 이내 엄청나게 큰 불이 일어나겠지? 1853년에 시작된 그 전쟁은, 유럽의 여러 나라들이 서로 싸울 만한 이유가 마치 수북하게 쌓인 바짝 마른 삭정이 더미가 성냥 불을 기다리는 것 같은 상태가 되어 있었기 때문에 마침내 터졌던 것이란다.

맨 먼저 삭정이를 쌓기 시작한 것은 오스만 투르크 사람들이었어. 당시에 오스만

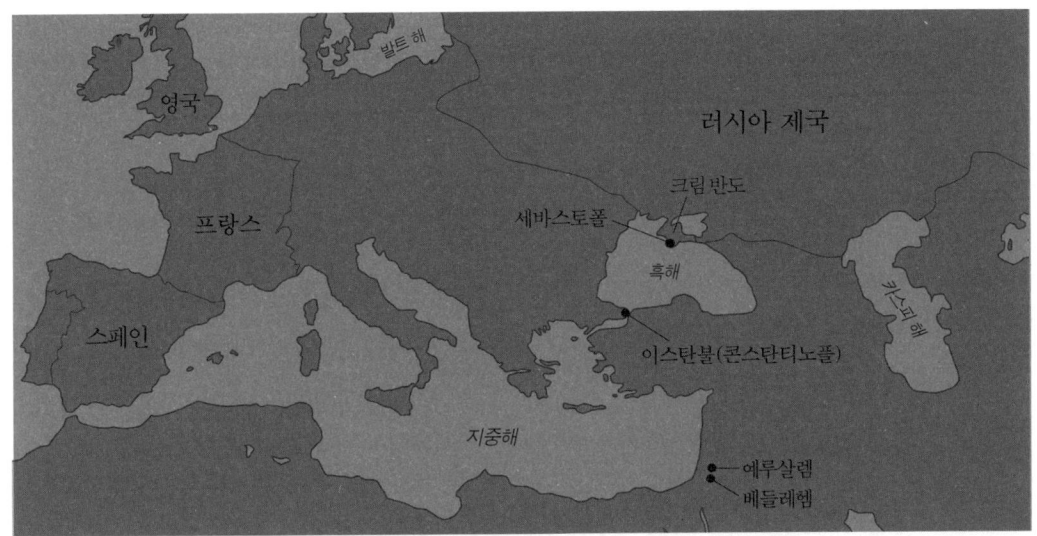

크림 전쟁 당시의 유럽과 러시아

투르크 제국은 예루살렘과 베들레헴이라는 도시가 있는 팔레스타인 땅을 지배하고 있었고, (오스만 투르크 사람들이 이스탄불이라고 이름을 바꾼) 콘스탄티노플 시도 오스만 투르크 제국의 영토 안에 있었어. 그런데 이 세 도시가 모두 기독교도에게는 매우 중요한 도시라는 사실이 문제가 되었던 것이야. 오스만 투르크 사람들은 대부분 이슬람 교도였어. 그러나 그들은 기독교의 성도*인 그 세 도시에 기독교도들을 들어오지 못하게 한다면 유럽의 기독교 국가들이 몹시 화를 낼 게 뻔하다는 걸 모르지 않았단다. 그래서 오스만 투르크의 통치자는 영국과 프랑스

---

*성도(聖都) : 그 종교의 신도에게 존중의 대상이 되는 거룩한 도시.

러시아 황제 니콜라이 1세

를 비롯한 몇몇 나라에게 팔레스타인 지역의 기독교 성지들의 관할권(권한을 가지고 지배할 수 있는 권리)을 허락했단다.

그렇게 쌓이기 시작한 삭정이 더미를 부풀린 사람은 러시아의 황제 니콜라이 1세Nikolai I였어. 어느 때인가 니콜라이 1세는 (러시아 사람들이 아직도 콘스탄티노플이라고 부르는) 이스탄불 시를 공격하기로 결심했어. 러시아는 지중해로 배를 내보낼 길이 전혀 없었는데, 만약 이스탄불을 손에 넣는다면 러시아의 배들이 러시아 땅의 남부 해안을 떠나서 흑해를 지나 지중해로 들어갈 수 있게 되는 거야. (앞 페이지의 지도를 보렴.) 그 배들이 러시아의 상품을 유럽과 세계로 실어 나를 수 있었지. 그리고 다른 무엇보다도 러시아의 군대를 실어 나를 수 있었고! 그래서 니콜라이 1세는 이스탄불을 빼앗고 싶은 욕심에서 오스만 투르크를 공격할 핑계를 찾아 온 지가 벌써 오래였단다.

세 번째로 삭정이의 더미를 부풀린 것은 그러한 러시아를 영국이 몹시 두려워하고 있었다는 사실이었어. 니콜라이 1세는 만약 러시아가 오스만 투르크와 싸우게 될 경우에는 영국이 그를 지원해 주기를 원하고 있었고, 빼앗은 땅을 영국하고 나누어 가질 생각까지도 가지고 있었어. 그런데 영국 사람들은 러시아 사람들을 몹시 거칠고 야만스러운 인간이라고 생각했어. 하여간 니콜라이 1세는 런던에 가서 빅토리아 여왕을 만났어. 그는 자기도 상당히 품위 있고 교양 있는 사람이라는 인상을 주려고 무척 애를 썼대. 빅토리아 여왕이 그녀의 남편을 칭찬하는 말을 들으면 매우 흡족해 한다는 소문을 어디선가 들었던 그는 여왕에게, '부군이신 앨버트 공께서는 대단히 고상한 분위기를 풍기시는 분'이라고, 아주 정중하게 말하기도 했다는구나. 그러나 그가 돌아가자마자 빅토리아 여왕은 "뭐 저런 촌놈이 다 있지!"라는 투로 버럭 소리를 질렀대. 게다가 영국 정부의 한 고위 관리가 여왕에게 이렇게 말했다는구나. "제가 보기에 저 러시아라는 야만 국가는…… 인류의 모든 발전을 방해할 원수이고…… 만약 저자들이 유럽의 심장부에서 한자리를 차지하는 데 성공한다면, 그것은 장차 인류에게 떨어질 가장 큰 재앙이 될 것입니다."

네 번째로 그 더미에 삭정이를 던진 나라는 프랑스였어. 프랑스는 오스만 투르크를 그리 미워하지 않았어. 당시 오스만 투르크는 힘이 강하지도 않고 질서가 흐트러진, 이름만 제국인 나라였거든. 그러나 러시아는 그렇지가 않았어. 러시아는 덩치만 거대한 게 아니라 실제로 대단히 위협적인 나라가 되어 있었고, 프랑스에서 그리 멀리 떨어져 있지도 않았어. 만약에 러시아가 오스만 투르크를 공격해서 성공한다면, 그 다음에는 프랑스로 쳐들어올지도 모를 일이었지! 그래서 프랑스 사람들은 영국하고 친교를 맺기로 했어. 러시아의 니콜라이 1세가 영국을 다녀간 지 불과 두 달 후에 프랑스의 루이 필리프Louis Philippe 국왕이 영국으로 건너가서

'교회의 열쇠'를 두고 일어난 크림 전쟁　45

프랑스 왕 루이 필리프

빅토리아 여왕을 만났어. 프랑스와 영국은 그때까지 수백 년 동안 원수 사이로 지내 왔단다. 루이 필리프가 영국을 방문한 것은 프랑스 국왕으로서는 1356년 이래로 처음이었어. (앗, 참! 1356년에는 프랑스 국왕이 영국을 방문한 것이 아니라 전쟁 포로로 끌려갔었어!) 하여간에 루이 필리프 국왕은 빅토리아 여왕에게 그런대로 잘 보였던가 봐. 여왕이 그를 위해서 성대한 잔치를 열어 주었는데, 가장 귀한 손님을 접대할 때 쓰는 금 쟁반에 음식이 담겨 나왔다는구나.

자, 이제 삭정이 더미가 충분히 커졌어. 성냥을 그을 준비는 이미 되어 있었지.

기독교도들은 팔레스타인 땅에 있는 베들레헴 시가 예수가 탄생한 곳이라고 믿는단다. 그 베들레헴 시에 예수의 탄생을 기리는 강림 교회*가 있어. 그 교회를 누가 보호할 것인가를 놓고 러시아와 프랑스의 기독교도들이 다투기 시작했어. 그러자 프랑스 국왕이 오스만 투르크의 통치자에게, 만약에 프랑스 사람이 그 교회의 열쇠 꾸러미를 가지지 못한다면 프랑스 군함들이 이스탄불을 공격할 것이라고 말했어. 이 소식을 들은 러시아의 니콜라이 1세는 만약에 그 열쇠 꾸러미가 프랑스 사람의 손에 들어가는 날에는 당장 오스만 투르크를 공격할 것이라고 엄포

---

*강림 교회(降臨敎會 Church of the Nativity) : 330년경 콘스탄티누스 대제와 그의 어머니 헬레나에 의해 베들레헴에 세워진 세계에서 가장 오래된 왕립 교회. 예수 탄생 교회라고도 함.

를 놓았단다.

정말로 일이 그렇게 되어 버렸어. 러시아 군대가 오스만 투르크 제국의 북부로 쳐들어갔어. 러시아가 더 커지고 강해질까 봐서 겁을 먹은 프랑스가 그 러시아 군을 공격했고, 영국이 프랑스 군에 가세했어.

전쟁이 터진 첫해에 프랑스와 영국은 러시아 군을 오스만 투르크의 영토에서 몰아내었어. 그러나 두 나라는 러시아의 힘을 훨씬 더 꺾어 놓겠다고 마음먹었어. 그래서 두 나라의 연합군은 세바스토폴Sevastopol이라는 러시아 도시를 공격하기로 했단다.

크림 전쟁 때의 세바스토폴 시의 모습

'교회의 열쇠'를 두고 일어난 크림 전쟁 47

세바스토폴 시는 흑해의 북쪽 해안의 크림 반도 Krym(Crimea) Peninsula에 있는 도시인데, 평소에 러시아의 전함들이 정박해 있는 곳이야. 프랑스와 영국 연합군이 세바스토폴 시를 공격해서 빼앗는다면, 러시아는 지중해로 배를 내보낼 길이 영영 막혀 버리는 것이었지.

프랑스와 영국 연합군이 세바스토폴로 진격했고, 러시아 군이 강력하게 맞서 싸웠어. 프랑스와 영국 병사들은 참호(적의 공격을 막기 위해 파는 구덩이)를 파고 총격전을 벌이고 조금 전진한 다음에 또 참호를 파고 또 총격전을 벌이고 또 조금 전진하는 전투를 몇 달 동안이나 계속했어. 전투가 크림 반도에서 하도 오래 계속되다 보니까 오스만 투르크 영토에서 처음 시작되었던 그 전쟁은 '크림 전쟁 Crimean War'이라고 불리게 되었단다. 전투가 지속되자 영국군의 대열이 점점 흐트러지고, 식량과 의복을 전선까지 가져다 줄 사람이 아무도 없었던가 봐. 다 찢어져서 걸레가 된 군복을 입은 병사들이 굶어서 죽어 넘어지는 전선으로부터 고작 몇 킬로미터 떨어진 곳에서 전쟁 물자들이 더미 더미 쌓인 채로 썩어 문드러졌다는구나. 또 크림 전쟁에서 가장 유명한 전투들 중 하나로 꼽히는 '발라클라바 전투 Battle of Balaklava'에서는 영국군 장교들이 기마대에게 그들보다 엄청나게 숫자가 많은 러시아 병사들을 향해서 돌진하라는 명령을 내렸어. 지원군이 오기를 애타게 기다리던 기마병들은 명령에 복종할 수밖에 없었고, 거의 모든 병사가 목숨을 잃고 말았어. 그 상황을 묘사한 〈경기병대의 돌진 The Charge of the Light Brigade〉이라는 유명한 시가 전해지고 있단다.

죽음의 아가리 속으로 5백 명이 돌진했지,
이유가 무엇인지 알려고 해서는 안 되고,
이기느냐 죽느냐, 그것만이 있을 뿐이었지.

영국군의 대열이 크게 흐트러졌지만, 러시아 군도 마찬가지였어. 니콜라이의 총사령관은 끔찍하기 짝이 없는 실수를 연거푸 저질렀어. 그래서 니콜라이의 아들인 알렉산드르가 그 장군을 끌어내리고 다른 장군을 임명했어. 아들이 전쟁터에서 한 짓을 전해 들은 니콜라이 1세는 너무도 열을 받아서 그만 쓰러졌다가 얼마 후에 숨을 거두었대.

알렉산드르 2세Aleksandr II가 러시아의 황제가 된 지 고작 몇 달이 지났을 때 영국과 프랑스는 마침내 세바스토폴을 점령했어. 그 도시를 지키느라고 죽거나 부상당한 러시아 병사의 수가 무려 10만 명이 넘었어! 알렉산드르는 이제는 러시아가 승리를 단념해야 할 때가 되었다고 판단했어. 그래서 1856년에 그는 '파리 조약Treaty of Paris'에 서명을 했는데, 러시아는 세바스토폴 시를 돌려받는 대신에 오스만 투르크 땅을 오스만 투르크에게 돌려주고, 앞으로는 흑해에 러시아 군함을 띄우지 않는다고 약속하는 내용이었단다.

러시아는 이제 지중해로 배를 내보낼 수 없게 되었어. 러시아는 야심이 크게 꺾여 버린 거야. 적어도 당분간은 말이지.

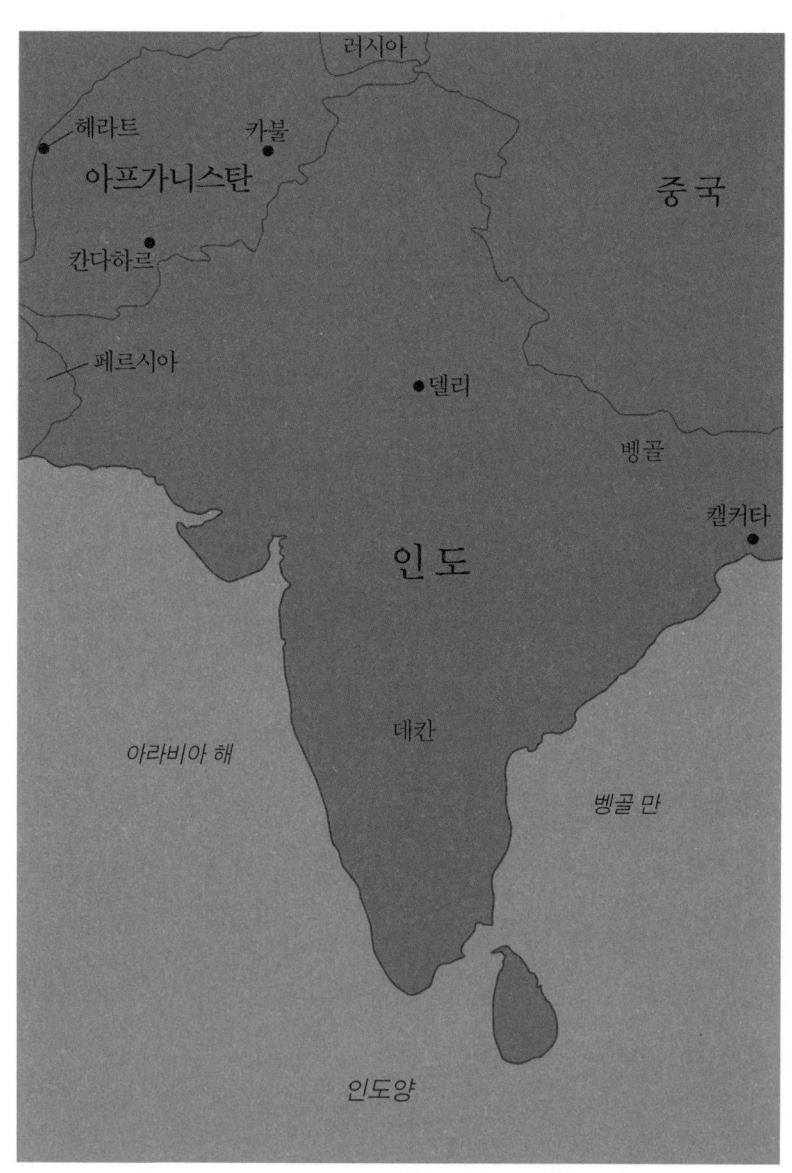

'그레이트 게임' 당시의 아프가니스탄과 주변 지역

제3장 영국의 침략

아프가니스탄을 두고 벌인 '그레이트 게임'

중국에서 2차 아편 전쟁이 끝나고 3년 뒤에 지구상의 또 어느 한 나라에서, 국왕이 영국인을 비롯한 외국 침략자들을 그의 땅에서 쫓아냈던 일이 있었어. 그 국왕의 이름은 도스트 무하마드 칸Dost Muhammad Khan이고, 그가 다스리는 나라는 아프가니스탄인데, 북쪽의 러시아와 남쪽의 인도 사이에 샌드위치처럼 낀 바위투성이의 바짝 말라붙은 땅이란다.

도스트 무하마드가 지도자가 되었을 무렵에 아프가니스탄은 이미 오래전부터 계속 외국 군대의 침략을 받아 왔었어. 처음에는 몽골이 아프가니스탄을 정복했고, 다음에는 바부르라는 이름의 인도 군주가 아프가니스탄의 일부를 제국에 병합했고, 아프가니스탄의 서쪽과 경계선을 이루고 있는 페르시아가 그 나머지 땅을 차지했단다.

그로부터 2백 년이 지난 후, 미르와이즈 호토키 칸Mirwais Hotoki Khan이라는 이름의 위대한 아프가니스탄의 추장이 페르시아 사람들을 쫓아냈어. 처음에 미르와

미르와이즈 호토키 칸

이즈는 페르시아 사람들을 위해서 일했고, 심지어는 페르시아 궁전에서 살기도 했던 사람이었어. 그런데 페르시아의 국왕이 아주 사납고 잔혹하기로 이름난 관리를 미르와이즈의 고향인 칸다하르Kandahar 시의 총독으로 파견했어. 미르와이즈는 그의 고향 사람들이 아무 이유도 없이 고통당하고 체포되고 살해당하는 것을 지켜보았어. 그러던 어느 날, 미르와이즈는 총독과 그의 경호원들을 초대해서 시골로 소풍을 나갔어. 그리고 그들을 모조리 죽여 버렸단다. 그런 다음 미르와이즈는 군대를 이끌고 칸다하르 시로 진격해서 페르시아 사람들을 쫓아 버렸어.

그러나 미르와이즈 호토키 칸이 6년 동안 나라를 다스린 뒤 세상을 떠나자, 페르시아 사람들이 또다시 아프가니스탄으로 쳐들어왔단다.

그러자 또 한 사람의 영웅이 나타나서 침략군을 물리쳤어. 그는 아프가니스탄 태생이면서도 페르시아 국왕의 경호원으로 일했던 적이 있는 사람이었단다. 그가 페르시아 군과 싸워서 아프가니스탄 땅에서 완전히 몰아내고, 수많은 부족들을 26년 동안 다스렸어. 그는 '진주'를 뜻하는 '두라니Durrani'라는 이름으로 알려졌는데, 그가 통치한 일이 아프가니스탄 사람들에게는 진주처럼 소중한 것이었기 때문이란다.

두라니가 죽자 아프가니스탄의 수많은 부족들은 누가 다음 국왕이 되어야 할 것인지를 놓고 다투기 시작했어. 이윽고 어느 한 병사가 나타나서 아프가니스탄에서 가장 크고 가장 중요한 도시인 카불Kabul 시를 장악했는데, 그 병사의 이름이 바로 도스트 무하마드였어.

도스트 무하마드는 처음에는 고작 카불 시의 '칸' 혹은 추장이었어. 그러나 그는 그 후 10년 동안이나 싸워서 주위의 지역으로 세력을 넓혔고, 드디어는 아프가니스탄의 다른 지도자들이 그를 그들의 지도자로 인정하기에 이르렀단다. 그들은 그에게 '아미르Amir'라는 칭호를 붙여 주었는데, 이것은 사령관이라는 뜻이야. 외적들과의 전쟁에서 아프가니스탄 사람들을 이끄는 것이 장차 그의 임무가 될 것이기 때문에 그런 칭호를 붙인 것이었지.

도스트 무하마드는 뛰어난 전사이자 장군이었어. 키가 크고 눈빛이 사납고 힘이 넘치는 그는, 화려한 궁정 의복보다는 평범한 병사들의 군복을 입는 것을 늘 좋아했어. 그러나 오래지 않아서 그는 싸움만으로는 아프가니스탄을 외적의 침략으로부터 지킬 수가 없다는 것을 깨달았단다. 나라의 독립과 자주*를 지키기 위해서는 전쟁 이외의 다른 계획이나 책략을 가져야만 한다는 것이었지.

아프가니스탄은 러시아와 인도 사이에 놓여 있어. 인도는 영국의 식민지이고 영국과 러시아는 서로 적이었지. 그런데 영국도 러시아도, 그들의 국경선 사이에 있는 아프가니스탄을 다른 한쪽이 지배하는 것을 원하지 않았단다. 그래서 러시아

---

*자주(自主) : 남의 도움이나 간섭을 받지 않고 자신의 일을 스스로 처리하는 일.

와 영국은 도스트 무하마드를 자기편으로 끌어들이려고 애쓰게 되었지. 아프가니스탄을 장악하기 위해서 러시아와 영국은 여러 가지 전략을 가지고 대결을 벌였는데, 이것을 '그레이트 게임Great Game'이라고 부른단다. (아프간 전쟁이라고도 불러.)

그레이트 게임의 기선*은 러시아 쪽에서 잡았어. 러시아 정부가 페르시아를 설득해서 서부 아프가니스탄을 침공하는 일에 끌어들이려고 했던 거야. 페르시아와 러시아가 연합한다면 손쉽게 아프가니스탄의 서부 지역을 점령할 수 있을 것이고, 곧장 여세를 몰아서 도스트 무하마드가 다스리는 카불 시로 진격할 수 있을 거라고 보았던 거야. 그런데 페르시아 군이 정말로 러시아의 제의를 받아들여서 아프가니스탄을 침공하자 영국 정부가 페르시아 국왕에게 급히 편지를 보냈어. 당장 군대를 되돌리지 않으면 페르시아는 영국의 적이 될 것이며, 그 결과에 대해서 마땅한 대가를 치르게 될 것이라고 경고하는 내용이었지.

페르시아 국왕은 도스트 무하마드를 그리 두려워하지는 않았어. 그러나 그는 대영 제국의 적이 되고 싶지가 않았단다! 그래서 아프가니스탄을 공격하던 페르시아 군대를 당장 다시 불러들였지. 그레이트 게임의 첫 대결에서 영국이 승리를 거둔 것이야.

다음에는 영국 쪽에서 수를 썼어. 영국은 도스트 무하마드에게 거액의 돈을 빌려

---

*기선(機先) : 어떤 일을 일으키려는 그 직전.

주려는 계획을 꾸몄는데, 그 돈으로 도스트 무하마드가 병사들을 더 모아서 페르시아와 러시아 군과 싸우게 하려는 것이었지. 그렇게 한다면 러시아가 아프가니스탄을 함부로 넘보지 못하도록 만들 수 있을 것이고, 또 한편으로는 도스트 무하마드를 채무자(빚을 갚아야 하는 사람)로 만들어 놓을 수 있다는 게 영국 사람들의 속셈이었어. 영국의 어느 외교관은 이렇게 말했다는구나. "우리한테서 돈을 빌리게만 할 수 있다면 우리는 그자의 멱살을 단단히 움켜잡는 셈이 되는 것이다!"

그러나 도스트 무하마드는 영국한테서 돈을 빌리지 않았어. 대신에 그는 자기도 그레이트 게임에 끼겠다고 마음먹었단다. 그는 영국 정부에게, 아직도 아프가니스탄의 남부 지역에서 살고 있는 인도인을 쫓아내기 위한 싸움에 영국이 군대를 보내 준다면 아프가니스탄은 영국의 친구이자 동맹국이 될 것이라고 제의했어.

영국 정부가 거절하자 도스트 무하마드는 이번에는 러시아에게 도움을 요청했어. 그러자 영국 사람들이 벌컥 화를 냈지. 영국 정부의 어느 관리는 "이제는 우리가 아프가니스탄 사태에 결정적으로 개입해야 할 때가 되었다."라고 선언했어.

영국은 인도의 세포이 군대(영국군의 지휘를 받는 인도 병사들)와 영국군 군대를 아프가니스탄으로 보냈어. 이 인도-영국 군대가 아프가니스탄의 황야를 진격해서 도스트 무하마드의 왕국을 마지막으로 지키는 최후의 보루인 요새* 도시까지 접근했어. 도스트 무하마드의 아들이 그 요새의 수비를 책임지고 있었는데, 그는 성문들 주위의 성벽을 아주

도스트 무하마드 칸

아프가니스탄을 두고 벌인 '그레이트 게임' 55

소홀하게 관리했던가 봐. 요새를 포위한 영국군은 어떤 성문 주위의 담이 벽돌로 쌓여 있지 않은 것을 발견하고는 대번에 담을 허물어 버리고 요새를 점령해 버렸단다. 그러고는 곧장 도스트 무하마드의 왕국인 카불 시를 향해서 폭풍처럼 진격했지.

도스트 무하마드는 끝까지 맞서 싸우려고 했어. 그러나 영국군의 압도적인 위세에 기가 질려 버린 그의 병사들이 그를 버리고 달아나기 시작했어. 도스트 무하마드도 어쩔 수 없이 인도로 달아나야 했단다!

한편 카불 시를 점령한 인도-영국 군대는 날이 갈수록 주민들의 미움을 사고 있었어. 그들은 아프가니스탄 사람들의 식량을 빼앗고, 시장에서는 무엇이든 닥치는 대로 집어 가고, 카불 주민들을 덮어놓고 멸시하고 학대했어.

마침내 아프가니스탄 사람들은 더 이상 견딜 수가 없을 지경이 되었어. 분노한 아프가니스탄 사람들이 카불 시의 거리에서 영국군 장교 한 명을 죽여 버렸어. 부하들이 구하러 왔을 때는 이미 그가 시체가 된 뒤였지. 그리고 카불 주민들은 영국군의 본부를 포위했어. 사태를 진정시켜 보려고 영국군 장교 한 명이 달려 나왔지만, 사람들은 그 장교마저도 죽여 버렸단다.

그러자 인도-영국 군대는 이제는 카불을 버리고 떠날 때가 되었다고 판단했어. 그

---

*요새(要塞): 국방상 중요한 지점에 마련해 놓은 군사적 방어 시설.

런데 그때는 겨울이었어. 남쪽으로 인도를 향해 퇴각하는 병사들은 혹독한 추위에 몸이 얼어 버릴 지경인데, 뒤에서는 아프가니스탄의 전사들이 추격하면서 공격을 해 대었어. 퇴각을 시작한 지 고작 나흘 만에 4천 명이 넘는 영국군 병사들이 죽었고, 목숨을 부지한 병사들은 고작 120명뿐이었다는구나. 한 줌도 안 되는 패잔병이 국경에 도착했을 때 아프가니스탄 전사들이 마지막으로 그들을 공격했어. 그리고 단 한 명만이 부상을 입은 채로 달아났어. 아프가니스탄을 침공했던 군대가 완전히 궤멸(조직이 무너져 완전히 없어짐)당하고 단 한 명만이 살아서 돌아온 것이지.

영국은 아프가니스탄을 정복하겠다는 생각을 단념했어. 그러나 군대가 몰살당한 원한까지는 잊어버릴 수 없었던가 봐. 영국군의 여러 부대가 아프가니스탄으로 쳐들어가서 닥치는 대로 불을 지르고 사람을 죽이고 재물을 훔쳤어. 수십 개의 마을을 불태워 없애고, 수백 수천 명의 아프가니스탄 사람들을 살해한 다음에 영국군은 아무 일도 없었던 것처럼 물러 나왔단다. 그러니까 순전히 복수를 위해서 군대가 동원되었다는 이야기인 거야.

인도로 도망갔던 도스트 무하마드가 돌아왔어. 그의 왕국은 형편없는 몰골이 되어 있었지. 페르시아 사람들이 혼란을 틈타서 또다시 아프가니스탄의 서부 지역으로 쳐들어왔어. 또 그사이에 다시 고개를 내민 아프가니스탄의 여러 부족장들이 곳곳에서 땅을 차지하고 있었지. 도스트 무하마드에게 남은 것은 카불 시뿐이었단다. 그러나 도스트 무하마드는 인내심이 강한 사나이였던가 봐. 그는 그 후 15년 동안에 걸쳐서 천천히 그의 왕국을 다시 일으켰단다. 그리고 또다시 영국하고 전쟁을

아프가니스탄을 두고 벌인 '그레이트 게임'

해 봤자 아프가니스탄의 힘만 약해질 뿐이라는 것을 이제는 너무도 확실하게 알게 된 그는, 영국과 어떻게든지 사이좋게 지내는 게 상책이라고 판단했단다.

아프가니스탄을 침공했던 영국 군대가 몰살을 당했던 그해로부터 12년이 지난 1855년에 도스트 무하마드는 영국과 조약을 맺었어. 이 조약은 아프가니스탄이 영국군을 공격하는 일은 절대 없을 것이고, 영국은 아프가니스탄에 다시 발을 들여놓지 않는다고 서로 약속하는 조약이었어. 조약이 체결된 지 2년 후에 인도에서 세포이의 항쟁이 일어났을 때, 도스트 무하마드는 그 약속을 지켰단다. 그는 인도로 군대를 보내서 세포이들과 합세해서 영국군과 싸우게 하지를 않았던 거야. 영국군의 어느 장교는 나중에 이렇게 말했다는구나. "만약 도스트 무하마드가 영국과의 그 약속을 어겼더라면, 벵골 주 북쪽의 땅이 한 뼘이라도 지금 우리의 손에 남아 있을 것인지를 나는 의심하지 않을 수 없다."

한편, 도스트 무하마드는 계속 그의 영토를 넓혀 나갔어. 그는 칸다하르를 그의 왕국에 병합하고, 여러 아들들 중의 한 명에게 통치를 맡겼어. 그리고 1863년에 이르러 아프가니스탄의 서부 지역에 아직 남아 있던 페르시아 사람들을 몰아냈단다. 마침내 아프가니스탄은 외국 침략자들로부터 완전히 벗어난 거야.

외국 침략자들을 마지막으로 몰아낸 날로부터 2주일 후에, 도스트 무하마드는 밤에 잠자리에 누운 채 눈을 감았어. 그는 독립된 아프가니스탄을 불과 14일 동안만 통치했던 거야.

아프리카 대륙을 탐험한 리빙스턴

스코틀랜드의 차가운 봄날 저녁이었어. 의사 시험을 앞두고 공부를 하다가 지친 데이비드 리빙스턴David Livingstone이라는 청년이 자리에서 벌떡 일어나서 기지개를 켰어. 그리고 잠시 누워서 눈을 붙이려고 하는데, 창밖에서 웬 사람이 연설을 하는 것 같은 소리가 들리는 거야.

리빙스턴은 창문을 열어 보았어. 창문 밖의 길거리에서 선교사인 듯싶은 남자가 사람들 앞에서 연설을 하고 있는데, 언뜻 듣기에도 아프리카에 관한 이야기인 것 같았어. 리빙스턴은 아프리카라는, 신비와 미지의 대륙에 관해서 아직 아무것도 아는 게 없었단다. 그는 거리로 나가서 선교사의 연설을 자세히 들어 보고 싶어졌어.

이것이 리빙스턴의 아프리카 사랑의 발단이었어. 그러나 그의 아프리카 사랑은 장차 영국이 그 대륙을 침략

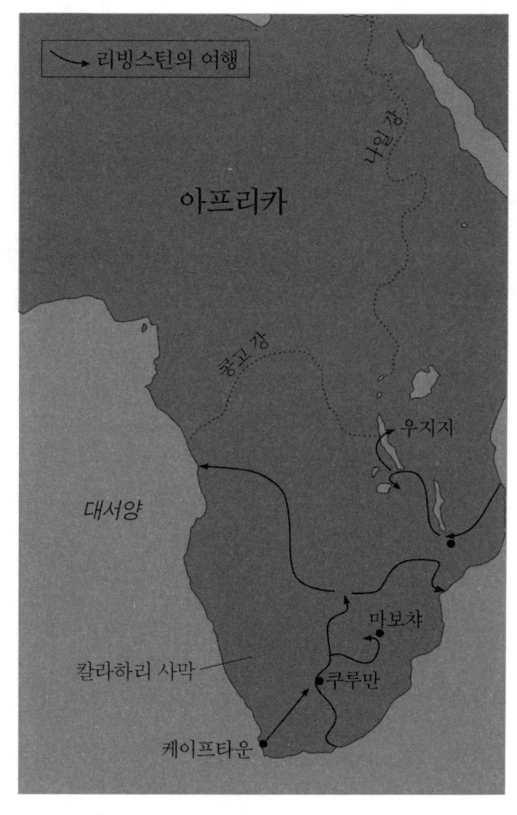

아프리카에서의 리빙스턴의 여행

할 때 길잡이가 되었단다.

거리에서 연설을 하던 그 선교사는 로버트 모팻Robert Moffat이라는 사람이었어. 그는 아프리카에서 살았던 경험을 이야기하고 있었어. 리빙스턴은 길바닥에 주저앉은 채 넋을 놓고 귀를 기울였지. 모팻은 쿠루만이라는 이름의 작은 도시에서 여러 해를 살았는데, 아프리카의 남쪽 해안으로부터 북쪽으로 8백 킬로미터쯤 떨어진 곳이었어. 아프리카의 남쪽 끝에는 네덜란드 사람들과 영국 사람들과 그 밖의 유럽 여러 나라 사람들이 이미 터를 잡고 교역을 하면서 살고 있다는 거야. 그들이 케이프타운이라고 하는 분주한 도시를 건설한 지가 이미 오래고, 케이프타운의 주위 곳곳에도 많은 사람들이 터를 잡고 살고 있다는 것이었어.

그러나 케이프타운에서부터 쿠루만까지는 아프리카 대륙의 고작 일부에 지나지 않는다는 거야. 쿠루만으로부터 북쪽으로 수천 킬로미터에 이르는 지역에 유럽 사람들은 아직 아무도 가 본 적이 없는 넓고도 넓은 땅이 펼쳐져 있다는 것이었지. 모팻은 이렇게 말했어. "북쪽으로 아득히 펼쳐진 평원을 바라보고 있으면, 아침 햇살이 퍼져 가는 대지 위로 1천 개도 넘는 마을에서 모락모락 연기가 피어오르는 광경이 보인답니다! 그곳은 아직 어느 선교사도 가 보지 못한 곳이지요!" 그 이야기를 넋을 놓고 듣던 리빙스턴은 1천 개도 넘는 마을이 있다는 그곳에 꼭 가고 싶다는, 그곳에 가서 병자들을 고쳐 주고 기독교를 알리고 싶다는 욕망이 자기도 모르게 가슴속에 가득 차 오르는 것을 느꼈단다.

그날로부터 1년 후 리빙스턴은 공부를 마치고 의사가 되었어. 그는 아프리카로 가는 배를 탔어. 케이프타운에 도착한 그는 해안을 따라 곳곳에 유럽 사람들이 무역항이나 정착지를 지어 놓고 수백 명씩 모여 사는 것을 보았어. 그러나 그는 유럽 사람들이 사는 곳을 벗어나서 아프리카의 신비가 있는 곳으로 가고 싶은 생각뿐이었어. 그래서 그는 천천히 북쪽을 향해 올라가기 시작했고, 아프리카 사람들의 생존 비결을 익혀 가기 시작했어. 손으로 알곡을 빻아서 빵을 만들어 먹

데이비드 리빙스턴

고, 자벌레나 메뚜기 같은 것을 삶아 먹었어. 그는 아프리카에서 인간이 맛볼 수 있는 최고의 음식으로 꼽히는 것도 먹어 보았단다. 그것은 땅속에 몸을 파묻고 있다가 비가 내리기 직전이 되면 큰 소리로 우는 거대한 개구리였는데, 리빙스턴은 그의 일기에 "그 개구리는 몸집이 거의 작은 닭만 하다!"라고 썼단다.

리빙스턴은 아프리카에 관해서 점점 더 많은 것을 알게 되자 노예 무역을 증오하게 되었어. 노예 무역이 불법화된 지가 이미 오래였지만, 아프리카의 해안에 배를 대고 아프리카 사람들을 잡아다가 노예로 팔아먹는 노예 상인들이 아직도 설치고 있었던 거야.

리빙스턴은 노예 무역을 끝장내고 싶었어. 그는 아프리카 땅을 더 깊이 탐험한다면 대륙의 한가운데까지 이르는 강이나 길을 찾을 수 있을 거라고 생각했어. 그리

아프리카 대륙을 탐험한 리빙스턴

고 유럽 사람들이 힘들이지 않고 아프리카 대륙의 한가운데까지 갈 수 있게 되면 상아나 소금 등 값나가는 상품을 살 수 있을 것이고, 그러면 노예 무역은 저절로 끝날 것이라고 생각했어.

탐험에 나선 리빙스턴은 여러 번 죽을 고비를 넘겼어. 아프리카에 도착한 지 3년이 지났을 때 그는 마보챠라고 하는 제법 큰 마을에서 살고 있었어. 바로 서쪽에 칼라하리 사막의 뜨거운 모래가 있는 마을이었지. 그런데 언젠가부터 그 마을에서는 사자 떼가 가축 우리를 부수고 들어가서 암소들을 잡아먹는 사태가 몇 주가 되도록 그치지 않았다는구나. 그래서 마을 사람들이 사자 떼를 찾아서 멀리 쫓아 버리려고 나가는데, 리빙스턴도 따라 나갔단다.

리빙스턴이 엽총에 총알을 재려고 고개를 숙이고 있을 때였어. 사자 한 마리가 등 뒤에서 다가오고 있었는데 그는 전혀 알아차리지 못했어. 사자는 그를 덮쳐서 땅바닥에 쓰러뜨리고 두 앞발로 어깨를 움켜잡고는 마구 흔들어 댔어. 나중에 그는 일기에 이렇게 썼단다. "사자가 어깨를 잡고 흔드는 순간 나는 몽환인 것 같은 상태가 되었다. 고통도 느끼지 못하고, 공포심도 느끼지 못하는…… 고양이가 물고 흔드는 순간에 생쥐가 이런 것을 느끼는 것일까 싶은, 의식

사자에게 물린 리빙스턴을 묘사한 그림

이 까마득히 꺼져 가는 혼수 상태였다."

마을 사람 두 명이 제때에 사자에게 총을 쏜 덕분에 리빙스턴은 목숨을 건졌어. 사자가 리빙스턴을 놓고 돌아서서 그들에게 달려들다가 이내 비틀거리며 쓰러져 죽었어.

리빙스턴의 한쪽 팔이 심하게 부러져 있었어. 그러나 그는 고향으로 돌아가지 않았단다. 그는 기어이 아프리카의 한가운데에 이르는 길을 찾아내서 노예 무역이 사라지게 하겠다는 포부를 버릴 수가 없었던 거야.

인도에서 세포이 항쟁이 일어났던 1857년에 리빙스턴은 그의 아프리카 탐험의 경험을 글로 썼어. 그리고 원고를 들고 런던으로 돌아와서 《남아프리카 전도 여행기 Missionary Travels and Researches in South Africa》라는 제목의 책을 출판했는데, 순식간에 수천 권이 팔리는 대성공을 거두었단다. 수많은 영국 사람들이 그의 책을 읽으면서 인도에서 벌어지고 있는 심란하기 짝이 없는 사태를 잠시 잊어버리고 아프리카라는 미지의 땅에 대한 흥분을 맛보았던 것이지. 그리고 리빙스턴은 그야말로 하루아침에 유명한 사람이 되었어.

그리고 또 1년이 지난 1858년에 영국 정부는 리빙스턴에게 영국 상인들을 위해서 아프리카 땅에서 교역로를 찾아 달라는 공식 임무를 맡겼어. 리빙스턴을 영국 정부의 관직인 영사(consul)로 임명하는 정부의 문서에는 그에게, 대영 제국이 '노예 무역을 근절시키고, 나아가서는 아프리카의 상업과 문명을 진흥시키는 데 기여할 기반을 마련하기 위해서' 다시 아프리카로 가서 그 땅을 탐험해 달라고 당부하는

리빙스턴을 찾아 아프리카로 온 헨리 모턴 스탠리

대목이 있단다.

그래서 리빙스턴은 다시 한 번 아프리카로 가는 배를 탔어. 물론 이번에는 국가의 지원을 받아서 가는 것이었지.

리빙스턴은 그 후 15년 동안 아프리카 대륙을 탐험했어. 수많은 강들과 호수들을 표시한 지도를 만들고, 오로모 족과 마사이 족과 부룬디 족과 루바 족을 비롯한 수많은 부족들의 땅을 찾아갔어. 아프리카 대륙으로 깊숙이 들어간 리빙스턴이 오랫동안 돌아오지 않자, 사람들은 그가 죽었는지 살아 있는지조차도 알 수 없게 되었어. 마침내 미국의 〈뉴욕 헤럴드〉 신문사가 헨리 모턴 스탠리Henry Morton Stanley라는 이름의 기자를 아프리카로 보냈단다. 물론 사라진 탐험가 리빙스턴을 찾기 위해서였지.

스탠리는 몇 주일 동안 아프리카 땅을 헤매던 끝에 마침내 콩고 강변의 바로 동쪽에 있는 우지지라는 마을에서 그 유명한 선교사를 찾아냈어. 그 마을에서 스탠리는, 얼굴에 온통 깊은 주름살이 패고, 햇볕에 탄 피부가 가죽처럼 까무잡잡하고, 살이 뼈에 말라붙은 듯이 몸이 앙상한 남자를 보았어. 한쪽 눈가에 난 하얗고 길쭉한 흉터는 언젠가 숲 속에서 길을 갈 때 그의 앞에 가던 사람이 튕긴 나뭇가지에 맞은 자국이었어. 옆구리에 드리워진 그의 왼팔은 마른 장작개비처럼 뒤틀려서 거의 움직이지도 못하는 것 같았단다.

그 위대하고 유명한 사람을 보고 놀라움을 지나 경외심(공경하면서 두려워하는 마음)마저 느낀 스탠리는, 그가 배워서 아는 한 최고의 미국식 예절을 다해서 인사를 해야겠다고 마음먹었어. 그는 리빙스턴 앞에 다가가서, 모자를 벗고, 이렇게 말했어. "리빙스턴 박사님이십니까?"

스탠리는 리빙스턴에게 자기하고 같이 런던으로 돌아가자고 말했어. 그러나 리빙스턴은 듣지 않았단다. 그는 죽는 날까지 아프리카 땅에서 살겠다고 결심한 지 이미 오래였던 거야. 그리고 2년 후에 리빙스턴은 중앙아프리카의 어느 오두막집에서 숨을 거두었단다. 아프리카 친구들이 그들의 관습대로 그의 가슴에서 심장을

리빙스턴을 만난 헨리 모턴 스탠리

꺼내어 나무 밑에 묻었어. 그리고 나무껍질로 싼 시신에 올 굵은 베를 입히고 기둥에 묶어서 해변으로 갔단다. 유럽에서 아무 배나 들어오면 그 배에 태워서 고향으로 돌려보내려고 말이야.

리빙스턴은 아프리카가 강해지기를 진심으로 원했어. 그러나 그가 그린 수많은 아프리카 지도들은 나중에 영국과 유럽 여러 나라 사람들이 아프리카를 침략해서 인도에서 했던 짓과 똑같은 짓을 하는 데 길잡이가 되어 주고야 말았단다. 인도가 그랬던 것처럼 아프리카도 영국 사람들과 유럽 사람들에게 공격당하고 정복당하고 이용당하고 착취당하는 길로 나아가고 말았던 것이야.

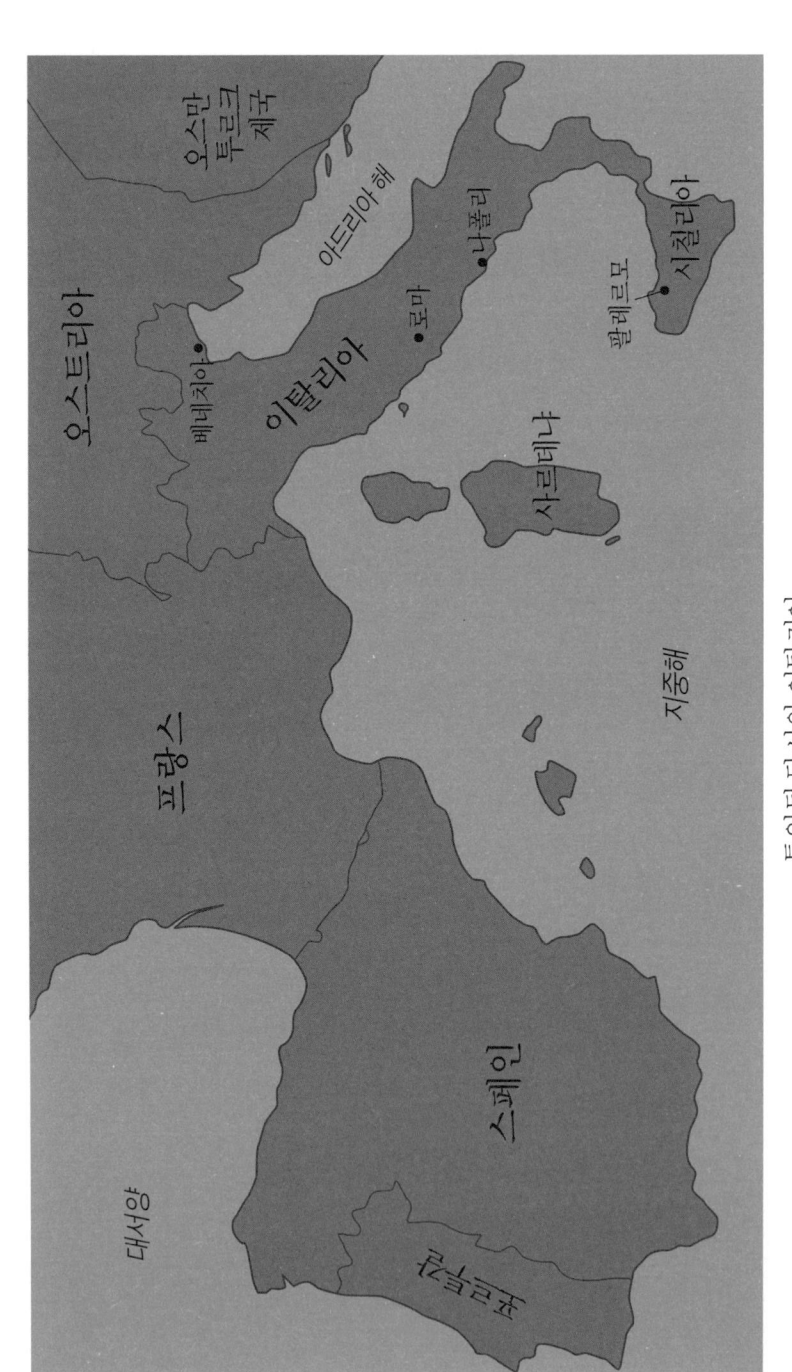

통일될 당시의 이탈리아

제4장 부흥과 반란

이탈리아의 '부흥'과 가리발디

지금이 1850년이라고 쳐. 네가 미국 사람이라면 너의 지도자는 미국 대통령이야. 네가 스페인 사람이라면 너는 스페인 어를 사용하고 스페인 국기 앞에서 경의를 표할 거야. 네가 프랑스 사람이라면 너는 프랑스의 국왕에게 충성을 서약하겠지. 그런데 1850년에 네가 '이탈리아 사람'이라면, 그것은 단지 네가 지중해를 향해 장화처럼 길게 뻗어 내린 유달리 바위가 많은 반도에서 살고 있다는 뜻일 뿐이야. 그 반도에는 열두 개도 넘는 자치 주들이 어깨를 맞대고 있고, 각 자치 주들은 제각기 법률과 국경선과 군주를 가지고 있었어. 그 자치 주들은 거의 전부가 '이탈리아'라고 불리는 나라가 아니라 오스트리아라는 제국에 소속되어 있었어. 이탈리아라는 나라는 아직 없었단다. 오스트리아의 어느 귀족은 "이탈리아라는 이름은 단지 지리학적인 용어일 뿐이다!"라고 말할 정도였어.

그러나 1820년에서 1860년 사이에, 이탈리아의 여러 자치 주에 살던 사람들이 '이탈리아'는 단지 '지리학적인 용어'로만 그쳐서는 안 되고, 하나의 버젓한 '나라'

가 되어야 한다고 생각하기 시작했어.

이탈리아 반도의 모든 자치 주에서, 오스트리아의 지배를 털어 버리고 서로 합쳐서 하나의 나라를 만들어야 한다는 희망을 품은 사람들이 모여서 비밀 단체들을 만들었단다. '최고의 완벽한 도사들', '카르보나리' 등의 이상야릇한 이름을 가진 이 비밀 단체들은 자기들끼리만 통하는 암호와 신호를 가지고 있었고, 신비스러운 의식을 치르고, 아무도 모르는 곳에 숨어서 모임을 가졌단다. 회원들은 하나같이 머리를 길게 기르고 수염도 더부룩하게 길렀어. 도적을 잡으려고 거리를 순찰하던 경찰들이 그들을 보고 의심이 들어 체포를 하면 이발소로 끌고 가서 머리부터 깎게 했다고 하는구나.

비밀 단체의 회원들은 이탈리아가 오스트리아의 지배에서 기어이 벗어나기 위해서는 단지 비밀 모임을 가지거나 머리를 길게 기르는 것만으로는 되지 않는다는 것을 잘 알고 있었단다. 여러 자치 주들을 합쳐서 하나의 나라로 만든다는 것이 모든 비밀 단체 회원들의 똑같은 희망이자 소원이었지만, 그 나라가 어떤 형태의 나라여야 하는지에 대해서는 서로 의견이 달랐어. 이탈리아가, 국민이 스스로 지도자를 선출하고 법률을 만드는 나라인 공화국이 되어야 한다고 생

카르보나리 회원들의 모습

각하는 단체들도 있고, 로마 가톨릭 교회의 수장이자 이탈리아의 도시 로마에서 살고 있는 교황의 영도(거느려 이끎)를 받는 나라가 되어야 한다고 생각하는 단체들도 있고, 국왕이 다스리는 나라가 되어야 하며 그 국왕으로는 여러 자치 주들 중에서 가장 강력한 북부의 피에몬테-사르데냐 주의 왕이 좋겠다고 생각하는 단체들도 있었단다.

1831년에 '카르보나리Carbonari'(이 이름은 '산에서 나무를 태워 숯을 만들어 장에 내다 파는 사람들'이라는 뜻이란다.)라는 이름의 비밀 단체가 서로 생각이 다른 여러 비밀 단체들을 하나로 모아서 오스트리아의 지배에 항거하는 반란을 일으켰어. 그러나 오스트리아는 당장 군대를 보내서 반란군을 진압했어. 수백 명의 비밀 단체 회원들이 체포되고, 주모자들은 교수형이나 총살형을 당했단다.

반란 주모자들 중에 주세페 마치니Giuseppe Mazzini라는 사람이 있었는데, 그는 용케 도망을 쳤어. 그는 카르보나리의 다른 지도자들이 체포되고 사형당하는 것을 보고 겁에 질리지 않을 수 없었어. 하지만 그는 독립을 위한 투쟁을 단념할 생각은 티끌만큼도 없었단다.

청년 이탈리아 당을 만든 주세페 마치니

이탈리아의 '부흥'과 가리발디 71

그래서 그는 '청년 이탈리아 당Giovine Italia'이라는 이름의 새로운 비밀 단체를 만들었어. '청년 이탈리아 당'의 당원들은 모두 나이가 마흔 살 아래이고, 각자 소총과 쉰 발의 총알을 지녔어. 그들은 당시로부터 2백여 년 전인 르네상스 시대에는 이탈리아의 여러 자치 주들이 저마다 자유와 강력한 힘을 가지고 있었다는 사실을 잘 알고 있었어. 그리고 현재 이탈리아의 모든 자치 주들도 반드시 그렇게 되어야 하며, 더 나아가서는 여러 주들이 합쳐서 하나의 이탈리아 공화국을 만들어야 한다는 뜨거운 희망을 품고 있었단다. 하나의 이탈리아 공화국을 만들기 위

리소르지멘토를 묘사한 그림

한 이 운동을 '리소르지멘토Risorgimento'(이탈리아의 '재기', 혹은 '부흥'이라는 뜻)라고 해.

이탈리아의 여러 자치 주의 군주들과 오스트리아의 귀족들은 마치니를 몹시 두려워했단다. 마치니는 신이 그에게 이탈리아를 압제*에서 해방시키라는 명령을 내리셨다고 믿었어. 그는 늘 검은 옷을 입고 다니면서 "나는 지금 이탈리아를 위해서 통곡하고 있다."라고 말했다는구나. 그리고 폭군을 암살하는 것은 도덕적으로도 사회적으로도 정당한 행위라고 설교했어. 그는, 줄리어스 시저를 암살하는 데 가담했던 고대 로마의 원로 의원 브루투스를 영웅 중의 영웅으로 숭배했어. 곧 오스트리아는 청년 이탈리아 당에 가입하면 범죄 행위로써 사형에 처한다고 선언했어.

그러나 청년 이탈리아 당은 계속 커져 갔어. 주세페 가리발디Giuseppe Garibaldi라는 이름의 젊은 해군 선원이 마치니의 청년 이탈리아 당에 가입했는데, 그는 곧 마치니의 오른팔이 되어서 오스트리아에 항거하는 또 한 번의 반란을 모의하고 실행했단다.

그 또 한 번의 반란은 1848년에 시작되었어. 북쪽의 강력한 자치 주 베네치아(베니스)로부터 남쪽으로는 로마 시에 이르는 지역에서 전투가 벌어졌어. 전투가 갈수록 치열해져서 유혈(살상이 벌어지는 일)이 난무하자 교황은 로마를 버리고, 남부의

---

*압제(壓制) : 권력이나 폭력으로 남의 말과 행동을 억압하는 일.

주세페 가리발디
이탈리아의 통일을 위해 몸 바쳐 싸운 애국자이자 군인인 가리발디야. 가리발디는 당시의 어느 인물보다 이탈리아 사람들을 일깨우고 애국심을 심어 주는 데 커다란 역할을 했고, 지금도 이탈리아의 국민적인 영웅으로 추앙받고 있단다.

왕국으로 아직도 오스트리아의 보호를 받고 있는 나폴리로 도망쳤어. 교황은 유럽의 모든 로마 가톨릭 국가의 국왕들에게 편지를 보내어, 어서 빨리 군대를 보내 청년 이탈리아 당 당원들을 로마에서 내쫓아 달라고 애원했단다.

프랑스가 교황의 부름에 응답했어. 프랑스 군대를 실은 배가 이탈리아 해안을 향해 항해했어. 그들은 로마에서 가까운 곳에 상륙하면 별 저항을 받지 않고 로마로 진격할 수 있을 거라고 생각했어. 그러나 그들은 상륙하자마자 청년 이탈리아 당의 자원자들로 구성된 군대의 공격을 받았어. 가리발디가 그 군대를 지휘했는데, 그들은 그야말로 맹렬하게 싸웠어. 프랑스 군의 어느 장교는 이렇게 말했단다. "그들은 꼭 악귀처럼 싸웠다! 심지어 짐승처럼 손톱과 이빨로 우리를 물어뜯는 것 같았다!"

그러나 가리발디가 이끄는 혁명군은 전투 경험이 전혀 없는 자원 병사들인 반면에 프랑스 군대는 잘 훈련된 병사들이었어. 그들은 로마를 향해서 밀고 들어갔어. 가리발디는 3주일 동안 끈질기게 맞서 싸웠지만, 마침내는 병사들과 함께 달아나지 않을 수 없었단다.

북쪽의 베네치아에서도 혁명군이 크게 밀리고 있었어. 오스트리아 군대가 반란군의 진영을 향해 행군했어. 그들은 대포와 성능이 훨씬 뛰어난 소총을 가지고 있었고, 심지어는 공중에서 떨어뜨리는 최초의 폭탄도 가지고 있었단다. 병사들이 열기구를 타고 베네치아의 상공으로 날아가서 혁명군의 머리 위에 폭탄을 떨어뜨렸던 거야!

오래지 않아서 베네치아의 혁명군은 항복하지 않을 수 없었어. 겨우 몸을 피한 마치니는 런던으로 도망가서 숨었어. 가리발디는 미국으로 도망쳤단다. 그리고 오스트리아는 이탈리아의 자치 주들을 되찾았고, 교황은 로마로 돌아갔어. 이탈리아 공화국을 세우기 위해서 일어났던 혁명 전쟁이 물거품이 되고 만 것이야.

그러나 혁명 지도자들은 아직 단념하지 않았어. 그들은 이탈리아의 독립을 위한 계획을 다시 한 번 세우기 시작했어. 그들이 힘을 되찾는 데에는 10년이나 걸렸단다. 로마와 베네치아에서 일어났던 그 혁명 전쟁에서 패한 지 10년이 지났을 때, 이탈리아 사람들은 압제에서 벗어나 자유를 얻기 위한 또 한 번의 싸움에 나섰단다.

그들은 이번에는 이탈리아 공화국을 세우겠다는 생각을 단념하기로 했어. 대신에 여러 자치 주들을 합쳐서 하나의 왕국을 만들고, 바로 얼마 전에 북부의 피에몬테-사르데냐 주의 왕위에 오른 비토리오 에마누엘레 2세 Vittorio Emanuele II를 국왕으로 앉히기로 결정했단다.

비토리오 에마누엘레 2세와 그의 측

비토리오 에마누엘레 2세

근들은 10년 전의 그 치열했던 혁명 전쟁을 아직 잊지 않고 있었단다. 그래서 그들은 프랑스 국왕에게, 만약 프랑스가 마음을 달리 먹고 이번에는 이탈리아를 위해서 싸워 준다면 비토리오 에마누엘레 2세의 왕국 영토 일부를 넘겨주겠다고 제의했단다.

프랑스 국왕이 그 제의를 받아들였어. 그리고 먼저 북부 지방에서 혁명군이 조직되었어. 이탈리아의 모든 지역에서 몰려든 병사들이 합세했어. 가리발디가 미국에서 급히 돌아와서 군대의 총사령관이 되었어. 이번에는 프랑스 군대가 뒤에서 이탈리아 혁명군을 지원했지. 그러나 그 지원이 오래가지 못했단다! 전쟁이 시작된 지 채 1년이 못 되는 동안에 프랑스 군 병사들이 너무도 많이 죽자, 프랑스 국왕이 그 전쟁에서 발을 빼기로 결심했던 거야. 그는 오스트리아 정부와 평화 협정을 맺어 버렸단다.

로마와 베네치아에서는 이길 가망이 없어져 버렸고, 피에몬테-사르데냐에서도 거의 마찬가지였어. 그러자 가리발디는 1천 명의 병사를 따로 모아 가지고, 구멍이 사방에 숭숭 뚫려서 물이 좔좔 새는 배들에다가 태워 가지고 남쪽으로 내려갔어. 그는 이탈리아 남부의 나폴리 왕국을 공격할 작정이었단다. 이탈리아의 자유를 위한 최후의 일전을 치르려는 것이었지.

가리발디는 먼저 시칠리아(시실리) 섬에 상륙했어. 시칠리아 섬은 이탈리아 반도의 끝에서 그리 멀지 않은 큰 섬이야. 한편, 가리발디의 군대를 저지하기 위해서 오스트리아의 장군이 지휘하는 군대가 시칠리아로 오고 있었단다.

가리발디의 군대는 시칠리아에서 가장 크고 중요한 도시인 팔레르모를 향해 진군했어. 가는 도중에 가리발디는 시칠리아 섬의 가난한 농부들과 촌민들을 설득했어. 그와 그의 군대가 그들을 오스트리아의 압제에서 벗어나게 해 줄 것이라고 말이야. 그러자 처음에는 수십 명씩, 나중에는 수백 명씩, 시칠리아 사람들이 가리발디의 군대로 들어왔단다. 그리고 드디어 가리발디의 군대와 오스트리아 군대가 팔레르모에서 맞붙었지. 맞붙어서 어떻게 되었냐고? 당연히 가리발디의 군대가 대승리를 거두었지! 또 졌다면 이야기가 되겠어?

가리발디는 이어서 나폴리 왕국의 해안으로 갔어. 그의 군대는 이제 3만 명의 대군이 되어 있었단다.

그리고 채 석 달이 못 되었을 때, 가리발디의 3만 대군은 나폴리 왕국의 한가운데 지점인 볼투르노 강에서 오스트리아와 나폴리 왕국의 군대와 맞붙었어. 이 볼투르노 전투가 이탈리아의 부흥을 위해서 일어난 '리소르지멘토'의 마지막 전투였는데, 물론 가리발디의 군대가 승리를 거두었단다! 비토리오 에마누엘레 국왕이 승리를 축하하기 위해서 남쪽으로 내려와서 가리발디를 만났어. 가리발디는 이렇게 말했단다. "이탈리아의 첫 국왕 폐하를 알현합니다!"

이듬해인 1861년에 비토리오 에마누엘레 2세는 이탈리아 국왕의 왕관을 썼어. 이탈리아라는 나라의 첫 국왕이 된 것이지. 이탈리아는 마치니가 바랐던 것처럼 공화국이 되지는 못했어. 그러나 마침내 이탈리아 사람들이 주인인 나라가 되었단다.

부패한 청 왕조에 대항한 '태평천국 운동'

그 무렵에 중국에서는 이제까지 보지 못했던 새로운 종류의 전쟁이 일어나고 있었단다. 그 전쟁은 나라들 간의 싸움이 아니라, 한 나라 안에서 부자와 가난한 사람 사이에 일어난 싸움이었어.

같은 나라 안에서 부자와 가난한 사람이 전쟁을 한 나라는 물론 중국만이 아니었어. 그런데 중국에서 일어난 그 전쟁은, 하나님으로부터 직접 중국의 황제를 쫓아내라는 명령을 받았다고 믿는 어떤 남자가 이끄는 전쟁이었다는 게 특이했단다.

당시 중국은 청나라 황제가 다스리고 있었어. 중국에 청나라가 들어선 지는 벌써 2백 년도 더 지났단다. 처음에 청나라는 강력한 힘으로만 백성을 다스렸던 게 아니라 도덕을 중시하는 정치를 펴려고 애썼어. 그래서 청나라의 초기 황제들은 대단히 공정하고 지혜로운 사람들이었단다. 심지어는 인간이 도덕적인 삶을 살기 위해서 꼭 지켜야 할 규칙들을 글로 써서 백성들에게 널리 알리고, 그 자신이 그 규칙을 충실히 지키려고 늘 노력했던 황제도 있었단다.

그러나 시간이 지나자 청나라 황제들은 점점 도덕성을 잃어 갔어. 그리고 1850년 무렵에 청나라 황실은 사치와 향락과 부패가 너무도 심했단다. 또 정부의 관리들도 가난한 사람들을 착취하고, 백성이 낸 세금을 훔쳐서 자기들의 배를 불리기를 일삼았어.

한편, 중국은 나날이 커져 가고 있었어. 1700년에서 1850년 사이에 인구가 두 배로, 1억 5천만 명에서 3억 명으로 늘었단다! 도시들마다 사람들이 넘쳐 났지. 그래서 도시에 살던 사람들 중에서는 저 멀리 남쪽이나 북쪽으로 농사지을 땅을 찾아 나선 사람들이 줄을 이었단다. 오래지 않아서 중국의 변방 지대에서는 새로 정착한 사람들과 오래전부터 그곳에서 살던 사람들 사이에서 싸움이 벌어지기 시작했어. 그 지방의 관리들은 새로 이주해 온 사람들에게 세금을 더 무겁게 물리거나 아예 내쫓으려고 하는 등 온갖 가혹한 짓을 했단다.

그런데 중국은 또 날이 갈수록 가난해지고 있었어. 영국 상인들이 중국의 항구로 아편을 들여와서 팔았어. 아편이 왜 해로운가 하면 그것에 맛을 들인 사람은 거의 반드시 중독이 되고, 중독이 된 사람은 거의 반드시 아편을 끊을 수 없게 되기 때문이야. 수천 수백만 명의 중국 사람들이 아편 중독자가 되었어. 그래서 영국 상인들이 중국에서 아편을 팔아 벌어 가는 돈이 엄청나게 많았단다. 그런데 영국 상인들은 아편을 팔아서 버는 만큼 중국의 상품을 사 가지 않았어. 그러니까 중국으로 들어오는 돈보다 중국에서 빠져나가는 돈이 훨씬 더 많을 수밖에 없었고, 중국은 날이 갈수록 가난해지는 게 당연했던 거야. 중국인 노동자들은 일자리를 찾을 수 없었고, 굶기를 밥 먹듯이 하는 사람들이 수두룩했단다. 게다가 세금까지 점점 올랐어.

가난한 중국 사람들은 굶주린 배를 움켜쥐고 절망에 신음하며 간신히 목숨이나 부지하며 살고 있었던 거야. 그래서 그들은 조금이라도 더 잘살게 해 주겠다고 약속하는 사람이 나타나면 덮어놓고 따라나설 준비가 되어 있었단다.

그러할 즈음에 홍수전洪秀全이라고 하는 사람이 나타났어.

홍수전은 중국 남부 광둥성[廣東省 광동성] 화현이라는 곳에서 태어났어. 그는 청나라 조정의 관리가 되기 위해서 열심히 책을 읽고 여러 번 과거 시험을 보았지만 번번이 낙방했단다. 그래서 그는 공부에도 시험에도 그만 지쳐서 쓰러져 버렸어. 그리고 심한 열병에 걸렸는데, 어느 날 의식이 가물가물한 채로 잠을 자다가 꿈을 꾸었어. 꿈에서 백발이 성성한 웬 노인이 나타나 그에게 이상하게 생긴 칼을 한 자루 쥐어 주고, 그 칼로 세상을 유혹하는 악귀들과 싸우라고 하면서, 그 싸움에서는 나이 든 형이 늘 그의 곁에서 함께 싸워 줄 것이라고 말했대.

아편굴에서 아편을 피우고 있는 중국 사람들

태평천국 운동을 이끈 홍수전

홍수전은 언젠가 고향에서 우연히 만난 어느 서양 선교사로부터 기독교에 관해서 조금 배운 게 있었어. 그래서 그는 꿈에서 보았던 그 백발 노인은 기독교의 하나님이고, 노인이 말한 나이 든 형은 예수 그리스도이고, 홍수전 그 자신은 중국 백성의 삶을 참혹한 도탄에 빠트린 악귀들과 싸우라는 하나님의 명령을 받은, 예수의 중국인 동생임이 틀림없다고 믿었단다.

홍수전은 그의 친구들에게, 꿈에서 하나님으로부터 받은 명령에 대해서 이야기했어. 그리고 교단을 만들어서 신도를 모으기 시작했는데, 가난한 농부와 촌민과 광부와 숯쟁이와 제대한 군인 등 2천여 명이 삽시간에 모여들었단다. 홍수전은 그의 교단을 '하나님을 숭배하는 사람들'이라는 뜻으로 '배상제회拜上帝會'라고 불렀어. 그들은 아편과 술을 절대 하지 않을 것이며, 모든 재산을 교단에 바치겠노라고 서약했단다.

1850년에는 배상제회의 신도 수가 거의 2만 명에 이르렀어. 비록 가난뱅이의 집단일 뿐이지만 숫자가 엄청나게 늘어나자 그 지역의 지주들이 바짝 긴장하지 않을 수 없었지! 그래서 지주들은 청나라 조정에 사태를 고해 바치고 군대를 불러서 배상제회를 공격했단다.

홍수전은, 조정과 지주들이 그와 그의 신도를 공격하는 것이야말로 그가 진짜로 악귀들과 싸우는 인물이라는 증거임이 틀림없다고 믿었어. 그래서 그는 이제부터는 그 자신을 '천왕天王'이라 하고, 그의 신도는 '태평천국太平天國'의 백성이라 한다고 선언했단다.

홍수전과 그의 신도들은 관군과 지주들과 싸워서 승리했어! 그리고 여세를 몰아서 홍수전의 고향에서 그리 멀지 않은 융안저우성[永安州城 영안주성]을 점령하고, 그곳을 군사 본부로 삼았단다. 그곳에서 그들은 지휘관과 병사를 제대로 갖춘 정규 군대를 만들어서 장차 치르게 될 전쟁에 대비했어. 홍수전은 부하들에게 이렇게 외쳤단다. "남녀를 가리지 말고 모두 칼을 들어라! 다 같이 힘과 용기를 모아

관군과 전투를 벌이고 있는 태평천국의 백성들

악귀들을 무찌르자! 황금으로 지은 집이 그대들을 기다리고 있다! 지금 신분이 제 아무리 비천한 사람이라 할지라도 나중에는 기어이 비단옷을 입을 것이니라!"
가난에 찌든 촌민들에게 이것은 정말 귀가 활짝 열리는 놀라운 약속의 말이 아닐 수 없었어! 홍수전의 이 말에 가슴이 터질 듯이 부풀어 오른 태평천국 백성들은 북쪽으로 난징[南京 남경]을 향해 진군했어. 가난한 백성을 쥐어짜는, 부패한 관리들이 우글거리는 청나라 조정을 몰아내겠다는 결의가 하늘을 찔렀어. 그들은 자기들이 청나라의 적이라는 것을 확실히 보여 주기 위해서 청나라의 풍습인 변발*을 잘라 버리고 머리를 길게 길렀단다.

태평천국군은 난징을 향해 진군하면서 평소에 온갖 나쁜 짓을 저질렀던 지주들과 탐관오리들을 공격해서 살해하고, 관청을 습격해서 부수고 세금 서류를 불태웠어. 태평천국군을 직접 보았다는 어떤 선비는 이렇게 썼단다. "그들은 부잣집만 보면 반드시 쳐들어가서 재물을 깡그리 빼앗았다. 그러나 가난한 촌민을 괴롭히는 것은 보지 못했다. 그들은 부잣집에서 빼앗은 재물을 가난한 사람들에게 나누어 주었다."

그러니까 태평천국 백성들은 일개 반란 집단이 아니었어. 그들은 혁명군이었던 거야. 그들은 청나라를 물리친 다음에는 중국이란 나라가 어떤 방식으로 운영되어야 할 것인지에 대해서도 여러 가지 놀랍고도 탁월한 방안들을 가지고 있었단

---

*변발(辮髮) : 남자의 머리를, 둘레는 밀어 깎고 가운데 머리만을 땋아서 뒤로 길게 늘이던 머리.

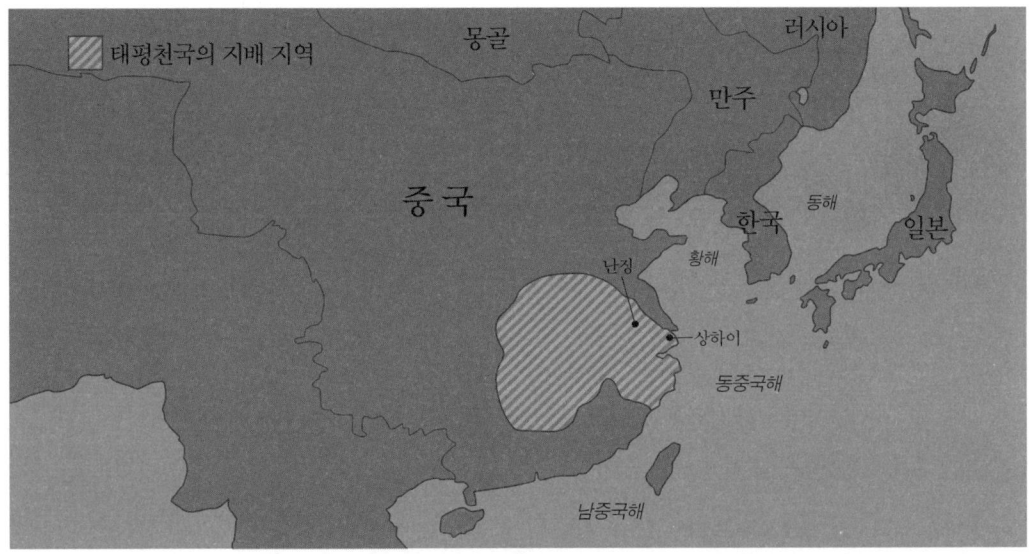

태평천국 운동 당시의 중국

다. 토지를 공평하게 나누어서 누구에게나 똑같이 나누어 주고, 각 가정에서 농사를 지어 거두어들인 것은 제각기 필요한 만큼만 남기고 나라에 바치고, 모든 남녀는 서로 형제이자 자매가 되는 새로운 나라를 만들겠다는 포부를 가졌던 거야. 태평천국의 지도자들 중에는 중국도 서양의 여러 나라들과 마찬가지로 백성들이 직접 지도자를 뽑는 선거 제도를 가져야 한다고 주장한 사람도 있었단다.

태평천국군은 난징을 점령하고 그곳을 그들의 수도로 삼았어. 그러고는 청나라의 황제가 있는 베이징[北京 북경]으로 군대를 보냈어. 그 군대는 베이징을 점령하지 못하고 퇴각했지만, 뒤를 추격해 온 황제의 군대도 난징을 되찾지 못했단다. 두 군대는 그 후 여러 해를 두고 곳곳에서 전투에 전투를 거듭했어.

1860년에 태평천국군은 상하이[上海 상해]로 진격했어. 그리고 상하이를 점령하기 직전까지 갔던 적도 잠깐 있었단다.

그런데 갑자기 전쟁의 상황이 태평천국군에게 불리하게 돌아가도록 만드는 일이 생겼어. 중국이 영국하고 어떤 조약을 맺었는데, 태평천국군이 일으킨 반란을 진압해 주면 그 즉시 영국 상인들에게 중국의 항구를 더 많이 열어 주겠다고 약속한 것이었어. 그러자 영국은 얼씨구나 하면서 청나라를 돕기 시작했어. 영국의 증기선들이 청나라 군대를 싣고 이곳저곳으로 이동시켜 주었고, 심지어는 영국 군대가 직접 전투에 가담하기도 했단다!

1864년에 이르러 태평천국군은 운명이 다했어. 그들의 수도인 난징이 포위되었고, 청나라 군대가 쏟아져 들어오자 홍수전은 스스로 목숨을 끊어 버렸어. 그리고 모든 백성이 골고루 잘사는 나라를 만들겠다고 일어섰던 태평천국 운동도 그의 죽음과 함께 막을 내렸어.

태평천국 때 사용한 옥새

태평천국 운동에서 죽은 중국 사람의 수가 3천만 명이나 된단다. 너무도 엄청난 희생이었지. 그래서였을까? 반란이 진압된 후, 청나라 조정의 대신들은 이제까지 자기들이 무엇을 잘못했는지 깨달았는지 예전과는 사뭇 달라졌어. 그들은 농사지을 땅이 있는 곳을 찾아가는 사람들에게 농기구와 종자를 내주고, 보*를 막고 도랑을 파는 데 드는 비용과 인력을 지원해 주고, 세금을 낮추고, 부패한 관리들을 모조리 찾아내서 내쫓았단다.

청나라 왕조는 태평천국 운동으로 거의 망하기 직전까지 갔었어. 그러나 그 이후에 취한 그나마의 몇 가지 옳은 정책 덕분에 한동안은 더 중국의 왕좌를 지키게 된단다.

---

*보(洑) : 논에 물을 대기 위해 둑을 쌓고 흐르는 냇물을 가두어 두는 곳.

남북 전쟁 때의 미국

제5장 미국의 남북 전쟁

'노예 제도'를 두고 싸운 남부와 북부

비토리오 에마누엘레 2세가 이탈리아의 첫 국왕이 된 날로부터 한 달이 지난 1861년 4월이었어. 어느 차가운 날 밤에 아메리카 합중국(미합중국) 대통령이 백악관 집무실 책상에 앉아서 그가 직접 쓴 문서를 읽고 있었어. "아메리카 합중국의 대통령인 나, 에이브러햄 링컨은…… 아메리카 합중국의…… 7만 5천 명의 병사들이……."

에이브러햄 링컨Abraham Lincoln은 야윈 손으로 힘없이 얼굴을 문지르면서 한숨을 내쉬었어. 그가 직접 쓴 그 글은 바로 다음 날 아침이면 전국의 신문에 실리게 될 포고*문이었단다. 그는 7만 5천 명의 아메리카 합중국 장정들이 소총과 총검을 들고 바로 그들의 이웃 사람들과 싸우러 나가게 하지 않으면 안 될 안타까운 처지가 되어 있었던 거야.

---

*포고(布告) : 국가의 결정 의사를 공식으로 일반에게 발표하는 일.

그러나 링컨은 다른 방도가 없다고 생각했어.

두 달 전의 일이었어. 사우스캐롤라이나, 미시시피, 플로리다, 앨라배마, 조지아, 루이지애나, 텍사스, 이렇게 일곱 주가 '아메리카 합중국United States of America'에서 탈퇴하겠다고 선언했어. 그들은 '아메리카 연합Confederate States of America'이라는 이름으로 그들만의 새로운 나라를 세우려고 했단다.

(이제부터 우리는 읽어 나가기 쉽도록 '아메리카 합중국'을 '미합중국'이라 하고, '아메리카 연합'을 '남부 연합'이라고 부르기로 해. 또 미합중국은 보통 미국이라고 부르지만 이번 장에서는 미합중국이라고 부를게.)

남부 연합의 주들은 미합중국에게 사우스캐롤라이나 주에 자리 잡은 섬터Sumter 요새의 병사들을 철수시키고 요새를 그들에게 넘기라고 요구했어. 그러나 미합중국은 그 요새를 단념할 생각이 조금도 없었단다.

섬터 요새를 공격하는 남부 연합군

이틀 전, 아직 해가 뜨기 직전의 깜깜한 새벽에 남부 연합군이 섬터 요새에 대포를 쏘아 대고 총격을 가하기 시작했어. 그리고 요새를 포위한 채 꼬박 이틀 동안 사격을 해 대자, 요새 안의 미합중국 사령관은 미합중국 국기를 내렸어.

링컨은 미합중국이 어떻게 대응해야 할 것인지를 판단해야 했어. 그는 싸우는 쪽을 택했단다. 군대의 힘으로 남부 일곱 주를 눌러서 미합중국에 복귀하도록 만들겠다고 생각했던 거야.

다음 날 아침에 링컨은 포고문을 발표했어. 미합중국 전 지역에서 시민들이 모여서 환호하고, 아무나 나서서 연설을 하고, '성조기여, 영원하라!'를 불렀어. 그러나 미합중국의 모든 주들이 링컨의 결정을 환영하지는 않았단다. 이틀 후에 버지니아 주가 남부 연합으로 넘어갔어. 그리고 한 달 후에는 아칸소, 테네시, 노스캐롤라이나 세 개의 주가 미합중국을 버리고 남부 연합 쪽으로 넘어갔어. 그리고 북부와 남부의 경계에 자리 잡은 켄터키, 미주리, 웨스트버지니아, 메릴랜드, 델라웨어 등의 주는 미합중국 정부에 편지를 보냈어. 자기들은 남부 연합으로 넘어가지는 않겠지만, 미합중국 편에서 싸우지도 않겠다는 것이었지. 미주리 주의 주지사는 링컨에게 남부와의 전쟁은 '불법이고, 헌법 정신에 맞지 않으며…… 비인간적이고 악마적인 행위'라고까지 말했단다. 또 켄터키 주의 주지사는 "우리 주는 남부의 우리 형제자매들을 짓누르려는 사악한 의도를 가진 전쟁에 군대를 보낼 수 없다."라고 단호하게 말했어.

미합중국의 역사는 아직 채 백 년이 못 되었어. 그런데 벌써 갈라져서 내전을 치르려고 하고 있었던 거야.

링컨은 그 전해인 1860년에 미합중국의 대통령으로 선출되었어. 1860년에 미합중국은 어떤 인간이 다른 인간을 노예로 소유하고 부려도 되는지 안 되는지의 문제

'노예 제도'를 두고 싸운 남부와 북부

는 각 주가 스스로 알아서 결정한다는 합의가 이루어졌단다. 사우스캐롤라이나와 조지아 같은 남부의 주들에서는 노예 소유가 합법이 되었어. 남부의 농부들은 대개 광활한 목화 밭과 담배 밭을 가지고 먹고살았어. 그런데 목화와 담배는 다른 농작물에 비해 일손이 엄청나게 많이 필요한 농작물이란다. 그래서 이익을 남기기 위해서는 거의 공짜나 마찬가지라고 할 만큼 값싼 노동력이 필요했는데, 노예를 부리지 못한다면 남부의 농장들은 곧 망하고 말 지경이었지.

한편 북부의 주들은 노예를 소유하고 부리는 것을 불법이라고 규정했어. 뉴욕, 펜실베이니아, 매사추세츠 같은 주들은 일손이 엄청나게 많이 필요한 농장이 없었단다. 생활필수품 공장과 제재소와 철공소 같은 것이 북부의 주요 산업이었거든. 남부 사람들은 "북부 사람들은 신세가 좋아서 그저 입만 벌리면 노예를 부리는 게 불법이라고 지껄이는 거야. 노예가 없어도 먹고살 만하니까 속 편한 소리를 하는 거라고." 하고 불평했단다.

수십 년 동안 남부와 북부의 주들은 노예 제도를 놓고 언쟁을 벌여 왔어. 그러나 어디까지나 언쟁만 벌였을 뿐 그것 때문에 전쟁까지 벌어질 정도는 아니었는데, 새로운 주들이 미합중국에 편입되면서부터 문제가 심각해졌단다. 남부의 주들은 그 새로운 주들에서도 노예 제도가 합법이 되기를 원했어. 그러면 노예 제도를 찬성하는 주의 수가 반대하는 주보다 더 많아질 것이기 때문이었지. 그러니까 북부의 주들은 똑같은 이유에서 당연히 그 새로운 주들에서도 노예 제도가 불법이 되기를 원했지.

링컨은 대통령이 되기 전부터 북부 사람들의 입장을 강력하게 지지했단다. 그는 새로운 주들에서 노예 제도가 불법이 되기를 원하는 이유가 무엇이냐고 누군가가 묻자 이렇게 대답했대. "아이들 방에 침대를 새로 들여놓는다고 칩시다. 그런데 방금 새끼를 까 놓은 뱀의 둥지를 침대 속에 넣어야 한다는 조건이 붙었다고 쳐요. 그렇다면 부모가 어떤 결정을 내릴 것인지에 대해서 어느 누구도 이의를 달 사람이 없지 않겠습니까?" 그러니까 링컨은 노예 제도를 뱀의 둥지처럼 징그럽고 무시무시한 것이라고 생각했던 거야.

링컨이 대통령이 되자마자 노예 제도를 합법화한 남부의 여러 주들이 미합중국을 탈퇴할 준비를 하기 시작했어. 그리고 정말로 탈퇴해 버리자 링컨은 전쟁을 선포했단다.

링컨도 그의 군대의 장군들도 처음에는 그 전쟁이 금방 끝날 거라고 생각했던가 봐. 전쟁 초기에는 정부의 관리들이 심지어 마치 무슨 연극을 보러 가는 것처럼 아내를 데리고 전쟁터로 시찰을 나가기까지 했다는구나. 그들은 푸른 군복을 입은 미합중국 군대(연방군)가 회색 군복

미합중국 군대의 모습

의 남부 연합군을 마치 어린아이 손목 비틀듯이 쉽게 이겨 버릴 거라고 철석같이 믿었던 거야.

그러나 몇 달이 지나자 링컨은 그 전쟁이 쉽게 이길 수 있는 전쟁이 아니라는 것을 깨달았어. 그래서 그는 바로 얼마 전에 이탈리아에서 엄청나게 강한 적과 싸워서 대승리를 거두었던 가리발디를 초대해서 사령관으로 임명하려고 했어. 하지만 가리발디는 응하지 않았고, 대신 율리시즈 심프슨 그랜트Ulysses Simpson Grant 장군이 연방군의 사령관이 되었단다.

남부에서는 버지니아 주 출신의 로버트 에드워드 리Robert Edward Lee 장군이 연합군의 사령관이 되었어. 리 장군은 노예 제도에 찬성하는 사람은 아니었지만, 버지니아 주가 미합중국에서 탈퇴하자 자신의 고향을 위해서 감연히 나섰단다.

북부 연방군을 이끈 그랜트 장군

전쟁이 시작된 지 1년이 지났을 때 링컨 대통령은 남부 연합의 모든 노예들은 1863년 1월 1일부터 자유의 몸이 될 것이라고 선언했어. 이 선언을 '노예 해방 선언Emancipation Proclamation'이라고 해. 물론 링컨은 남부 연합에 대해서는 아무 권한이 없었어. 그래서 남부의 노예들에게는 아무 변화도 일어나지 않았단다. 그러나 그 선언을 함으로써 링컨은 남북 전쟁은 이제 미합중국을 지키기 위한

남부 연합군을 이끈 리 장군

전쟁이 아니라 노예 제도를 없애기 위한 전쟁이 되었다는 것을 전 세계에 알린 것이었단다.

링컨은 그 전쟁이 매우 중요한 전쟁이라는 점을 미합중국 국민에게 확실히 알려야 할 필요가 있었단다. 수많은 젊은이들이 고통당하고 죽어 가고 있었기 때문이었

게티즈버그 전투

어. 1863년에 벌어진 게티즈버그 전투에서는 단 사흘 만에 1만 5천 명 이상의 병사들이 죽거나 다쳤단다. 또 버지니아 주의 리치먼드와 조지아 주의 애틀랜타 등 수많은 읍과 도시들이 불타고 폐허가 되었어.

1865년 4월 9일에 리 장군은 그가 이끄는 남부 연합군이 이제는 식량도 다 떨어지고 지쳐서 더 이상 싸울 힘이 없다고 판단했단다. 그래서 그는 버지니아 주의 애퍼매턱스라고 하는 작은 읍에서 그랜트 장군 앞에 나가서 항복을 선언했어. 4년 동안의 전쟁이 마침내 끝난 거야. 이 전쟁에서 5만 명 이상이 죽었는데, 이것은 역사상 미국이 치른 그 어떤 전쟁에서보다도 더 많은 숫자였고, 20세기에 들어와서도 미국이 그처럼 엄청난 인명을 잃은 전쟁은 없었단다. 남부에서는 심지어, 전쟁이 끝나고 나서 돌아보니까 한 세대*가 완전히 사라져 버리고 없더라고 할 정도였어.

남부 연합이 깨지고, 남부의 여러 주들은 다시 미합중국에 복귀해야 했어. 물론 이제 그들은 더 이상 노예를 소유하고 부릴 수 없게 되었지.

남북 전쟁은 미합중국을 지켜 주었지만, 그 전쟁은 또한 미합중국이라는 나라의 모습을 완전히 바꾸어 놓았단다.

링컨의 죽음과 노예 문제

리 장군이 그랜트 장군 앞에 나가서 항복을 선언한 날로부터 며칠 후였어. 링컨이 한밤중에 공포에 몸서리를 치면서 잠에서 깨어, 벌떡 일어나 앉아 방 안을 둘러보았어. 그곳은 백악관의 그의 침실이었어. 그러니까 그는 꿈을 꾸었던 거야, 너무도 무서운 꿈을.

링컨은 꿈에서 깨기는 했지만 아직도 무서움에 벌벌 떨고 있었어. 꿈이 너무도 생생했던 거야. 꿈속에서 그는 백악관을 배회(목적 없이 이리저리 거닒)하고 있었어. 방들이 모두 텅 비어 있고, 복도에는 오가는 사람이 아무도 없었어. 그런데 어디선가 훌쩍훌쩍 흐느끼는 소리가 들리는 거야. "사방이 고요한데 간혹 애처롭게 흐느끼는 소리가 들렸소. 그런데 어디서 누가 우는지 알 수 없었소. 그래서 이 방 저 방 둘러보았는데 아무도 보이지 않았소. 그런데 너무도 슬프게 우는 소리가 그치지 않았다오." 부인이 링컨에게 무엇 때문에 그렇게 무서워하느냐고 묻자 링컨이 이

---

*세대(世代) : 약 30년을 한 구분으로 하는 연령층의 사람들.

렇게 대답했다는구나.

꿈속에서 링컨은 이윽고 백악관의 이스트 룸에 당도했어. 방 한가운데에 관이 하나 놓여 있고, 병사들이 관 주위에 늘어서 있었어. 관 속에 누운 사람의 얼굴은 하얀 천으로 가려져 있었어. 링컨이 물었어. "누가 죽었지?" 곁에 있던 병사가 대답했어. "대통령께서 돌아가셨습니다. 못된 놈이 대통령을 암살했습니다." 그러자 관 주위에 있던 사람들의 울음소리가 커지고, 링컨은

에이브러햄 링컨

꿈에서 깨었어. 그는 다음 날 어느 친구에게 이렇게 말했어. "잠에서 깬 다음에는 다시 잘 수가 없었어. 지금까지도 이상하게 마음이 초조하고 불안해."

링컨은 그 꿈을 잊어버리려고 애썼어. 그리고 며칠 후인 4월 14일에 전쟁에서 패배한 남부의 주들을 다시 미합중국에 복귀시키는 절차를 놓고 측근들과 회의를 했어. 그날은 '성금요일'*이었는데, 그날 밤에 링컨은 부인과 함께 연극을 보러 가기로 예정되어 있었단다. 링컨은 연극을 보러 가고 싶지 않았어. 며칠 전의 그 꿈 때문에 아직도 마음이 심란한 데다가 낮에는 전쟁 이후의 여러 가지 문제를 놓고 회의를 하느라 몹시 피곤했거든. 그러나 대통령이 부인과 함께 연극을 보러 온다는

---

*성금요일聖金曜日(Good Friday) : 기독교 달력에서 부활절 바로 이전의 금요일.

링컨의 노예 해방 선언

기사가 이미 나 있었고, 전쟁이 끝났다고 너나없이 좋아하는 분위기가 한껏 고조된 가운데에서, 워싱턴 시민들은 대통령 내외와 함께 연극을 보게 된다니까 더욱 신이 나 있었단다.

그래서 링컨은 할 수 없이 극장에 가야 했어. 그는 부인과 함께 마차를 타고 서늘한 밤바람을 맞으면서 포드 극장으로 갔어. 링컨과 부인은 연극이 시작되기 직전인 9시 정각 무렵에 극장에 도착해서 특별석으로 갔어.

존 파커라는 이름의 경찰관이 특별석의 출입구 앞에서 경비를 섰어. 그런데 연극이 한 시간쯤 진행되었을 때, 파커는 연극을 보고 싶다는 생각이 슬그머니 들었나 봐. 그래서 그는 그새 무슨 특별한 일이야 있겠느냐 생각하고는 아래층으로 내려가서 관객 사이에 끼어 버렸어! 링컨 대통령이 흔들의자에 앉아서 연극을 보고 있는 특별석의 출입구를 지키는 사람이 없게 된 것이야.

그런데 말이야, 링컨과 미합중국을 증오하는 한 사내가 극장 어딘가에 숨어 있었단다.

그는 존 윌크스 부스John Wilkes Booth라는 이름의 연극 배우였어. 그는 남부와 북부 사이에 있는 메릴랜드 주에서 태어났는데도 늘 자기가 남부 지방 사람이라고 생각했단다. 그는 남북 전쟁 기간 동안에도 죽 연극을 했었고, 그래서 남부 연합을 지키는 데 힘을 보태지 못했다는 죄책감을 가지고 있었단다. 그래서 그는 비장한 결심을 했어. 남부의 적인 링컨을 죽여서 그 죄책감을 말끔히 씻겠다고 말이야.

부스가 특별석의 출입구를 박차고 들어가서 대통령을 향해 권총을 쏘았어. 링컨은 흔들의자에 앉은 채 그대로 고꾸라졌어. 부스는 특별석 한쪽 귀퉁이의 난간을 타 넘어서 무대 위로 뛰어내리려 했어. 그는 무대를 지나서 극장의 옆문으로 빠져나갈 계획이었어. 옆문 밖의 골목에다가 그는 말을 한 마리 미리 가져다 놓았는데 그 말을 타고 멀리 달아날 생각이었지.

그런데 특별석의 귀퉁이에 드리워진 미국 국기에 부스의 발뒤꿈치가 걸렸어. 그

링컨이 암살당하는 모습을 그린 그림

는 기우뚱거리면서 무대 위로 떨어져서 한쪽 다리가 부러졌어.

부스는 부러진 다리를 질질 끌면서 무대를 지나 옆문으로 나가서 말에 올라탔어. 그리고 남쪽의 버지니아 주로 달렸어. 그는 버지니아 주 사람들이 자기를 반겨 주고 영웅으로 대접해 줄 거라고 기대했어. 하지만 그가 달아나면서 들른 여러 농가들에서는 아무도 그를 반겨 주지 않았단다. 그는 버지니아의 깊숙한 시골로 하염없이 달렸어.

존 윌크스 부스

말이 땅을 차고 오를 때마다 부러진 다리가 너무도 아팠겠지.

한편, 극장에서는 의사가 링컨을 살려 보려고 안간힘을 썼어. 그러나 희망이 없었어. 아직 숨이 끊어지지는 않았지만 의식을 완전히 잃은 상태였어. 마차에 실려서 백악관으로 돌아간 링컨은 다음 날 아침에 숨을 거두었는데, 그때까지 한 번도 깨어나질 못했단다. 그의 시신은 백악관의 이스트 룸에 안치되었고, 병사들이 지키는 가운데서 시민들이 에워싸고 흐느껴 울었어. 링컨이 꿈에서 보았던 광경이 꼭 그대로 실현되었던 거야.

부스를 찾아서 시골을 뒤지던 연방군 병사들이 열이틀 만에 그를 찾았어. 그는 버지니아 주 라파하녹 강 근처 어느 농가의 헛간에 숨어 있었단다. 헛간에 불을 지르자 부스가 뛰쳐나왔고 병사들이 그에게 총을 쏘았다는구나.

전쟁이 끝났지만 미국이 다시 건강해지기까지는 오랜 시간이 걸렸어. 링컨이 암살당한 그 사건은 미국에 아직도 얼마나 큰 증오가 남아 있는지를 여실히 보여 주었지. 남부 사람들은 거의가 여전히 북부의 주들을 증오했고, 백인은 아직도 흑인을 인간으로 대접하지 않았단다.

1865년 12월에 미국은 '수정 헌법 13조'를 통과시켰어. 미국의 헌법에 '공정한 재판을 통해서 밝혀진 범죄에 대한 처벌이 아닌 한은, 노예를 부리는 것은 물론이고 그 어떤 비자발적인 굴종(제 뜻을 굽혀 복종함)도 미국과 미국의 법이 관할하는 모든 곳에서 자행되어서는 안 된다.'라는 조항이 덧붙여졌던 거야. 다시 말하면, 유죄를 선고받고 감옥에 가둔 경우를 제외하고는, 어느 누구도 타인을 가두거나 강제로 노동을 시켜서는 안 된다는 것이었어. 또 각 주들은 노예를 소유하는 것이 합법인지 불법인지를 스스로 결정할 수 없게 되었어. 미국의 모든 주에서 노예 제도가 불법이 된 것이지!

남북 전쟁이 끝난 후의 몇 년 동안을 미국 남부의 '재건설' 시기라고 부른단다. 그러나 실제로는 그리 크게 달라진 게 없었어. 헌법에서는 노예가 해방되었다고 말하고 있지만, 미국 정부는 흑인이 그들이 살고 싶은 곳에서 토지를 가지고 살도록 도와주지 않았고, 예전에 거의 공짜로 농장 주인들을 위해서 손발이 터지도록 일했던 수많은 노예들은 그 어떤 보상도 받아 내지 못했단다. 빈털터리인 채로 자유의 몸이 된 남부의 흑인은 목구멍에 풀칠이라도 하기 위해서 또다시 백인의 농장으로 가지 않을 수 없었어. 백인 농장 주인들은 자기들 마음대로 부리던 노예를

링컨의 죽음과 노예 문제 101

빼앗아 버린 미합중국에 대한 원한을 아직도 씻어 버리지 않고 있었어. 그래서 그들은 예전에 노예를 부리던 때와 조금도 다름없이 흑인들을 학대하고 혹독하게 부렸단다.

노예 제도는 사라졌어. 그러나 지금은 아프리칸 아메리칸African-Americans(아프리카 계 미국인)이라고 불리는 흑인이 백인과 똑같은 자유와 권리를 누리기까지는 아주 많은 시간이 지나야 했단다.

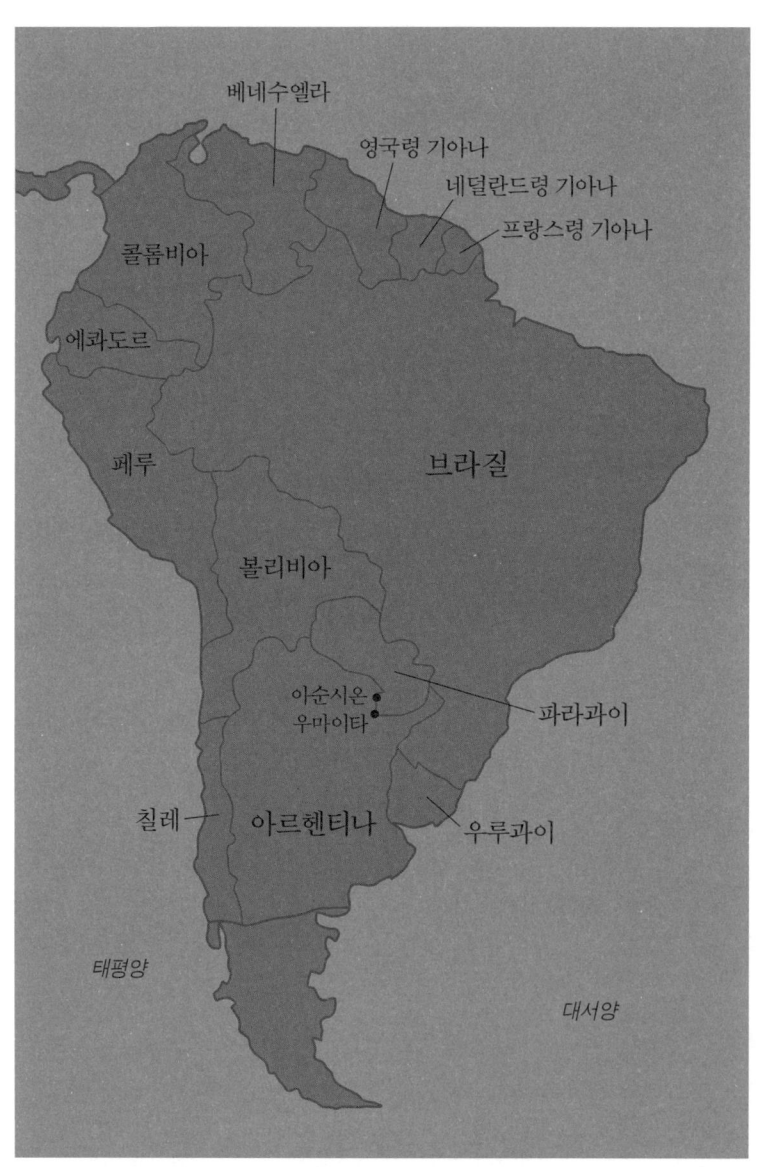

3국 동맹 전쟁 당시의 남아메리카

제6장 자유를 위한 싸움

파라과이와 3국 동맹 전쟁

북아메리카에서 남북 전쟁이 막 끝났을 때, 남아메리카에서도 그 전쟁에 못지않게 피를 튀기게 되는 어떤 전쟁이 막 시작되려 하고 있었어.

1862년에 프란시스코 솔라노 로페스Francisco Solano López가 파라과이의 권좌에 올랐어. 파라과이는 남아메리카의 한가운데에서, 엄청나게 덩치가 큰 브라질과 아르헨티나 사이에 끼여 있는 나라야. 프란시스코는 그의 아버지 카를로스 안토니오 로페스Carlos Antonio López로부터 권력을 물려받았단다. 카를로스는 파라과이를 강대한 나라로 만들려고 온갖 노력을 다했던 사람이야. 그는 강력한 군대를 만들었고, 맏아들인 프란시스코에게 장차 권좌를 물려줄 생각으로 일찌감치 단단히 교육을 시켰단다. 그러나 욕심이 지나쳤는지 오히려 아들을 아주 망쳐 버렸어. 고작 열 살을 넘긴 아들을 무슨 영웅처럼 치켜세웠고, 급기야는 열여덟 살밖에 안 먹은 아들을 군대의 장군으로 임명하기까지 했단다.

1853년에 카를로스는 스물일곱 살의 프란시스코를 프랑스로 보내서 무기를 사 오게 했어. 프란시스코는 프랑스 제국의 휘황찬란한 모습을 보고 벌어진 입을 다물지 못한 채 "나도 언젠가는 꼭 이런 제국을 만들고 말 거야!"라고 생각했대.

카를로스는 아들에게 단단히 일렀어. "우리는 지금 강한 군대를 가지고 있어. 그러나 나중에 네가 이 나라의 통치자가 되었을 때는 어떻게든지 전쟁을 피해야 해. 이웃 나라들하고 모든 문제를 협상으로 해결하는 게 상책이야. 그러니까 너는 지금부터 외교의 수완을 길러 두어야 해."

그러나 1862년에 아버지가 죽고 권좌에 오른 프란시스코 솔라노 로페스는 파라과이를 남아메리카에서 가장 힘 있는 나라로 만들기 위한 작업을 시작했어. 그렇게 하기 위해서는 설령 브라질이나 아르헨티나하고 전쟁을 치러야 한다 하더라도 피하지 않을 각오였던가 봐.

프란시스코 솔라노 로페스

로페스에게는 브라질이나 아르헨티나와 전쟁을 치르게 될지도 모른다는 것 이외에도 매우 심각한 문제가 한 가지 더 있었어. 그의 나라 안에서 그에게 반대하는 사람들과 싸워야 한다는 것이 바로 그 문제였단다. 남아메리카의 다른 나라들이 대개 그렇듯이, 파라과이도 세 부류의 서로 다른 주민 집단이 있었어. '크리올(creole)'이라고 불리는 사람, 아프리카에서 팔려 온 흑인 노예의 후손, 그리고 남아메리카 원주민의 후손이 그들이었어. '크리올'은 스페인 본국이 아니라 남아메리카에서 태어난 스페인 식민지 개척자의 후손이야. 로페스가 파라과이의 권좌에 오른 해로부터 50년 전에 크리올은 남아메리카의 여러 식민지들이 스페인과 포르투갈의 지배에서 벗어나 독립을 얻어 내는 과정에서 크게 활약했단다. 그리고 1830년에 이르러서 스페인과 포르투갈 식민지들이 모두 독립 국가가 되었어. 남아메리카 대륙의 한가운데를 차지한 브라질이 가장 큰 나라이고, 아르헨티나는 남아메리카 대륙의 남쪽 끝까지 뻗어 내린 광활한 땅을 차지했으며, 서쪽에는 칠레와 페루가 자리 잡고, 북쪽에는 크기가 그만그만한 여러 작은 나라들이 어깨를 맞대고 자리 잡았단다.

식민지들이 독립해서 국가가 되자 크리올이 권력을 잡았어. 남아메리카의 주민을 구성하고 있는 다른 사람들—흑인 노예의 후손과 원주민의 후손—은 여전히 가난을 면하지 못한 채 심한 학대를 받았어. 그래서 크리올 지배자들에 대한 원한이 날로 커져 갔단다. 한편, 각 나라의 크리올끼리도 서로 권력을 잡으려고 싸우지 않는 날이 없었고, 또 나라들끼리도 서로 싸움이 그치지 않았어. 파라과이와 마찬가지로 브라질과 아르헨티나 사이에 샌드위치처럼 끼여 있는 우루과이가, 그 나라를 집어삼키려는 아르헨티나의 어느 독재자에게 맞서 싸울 때에는 이탈리아의 혁명가 주세페 가리발디가 달려가서 돕기도 했단다.

프란시스코 솔라노 로페스가 파라과이의 권좌에 오른 지 2년 후에는 그 우루과이가 다시 한 번 분란의 원인이 되었단다. 우루과이에서 두 명의 정치가가 권좌를 놓고 다투고 있었어. 그런데 브라질은 그 두 정치가 중에서 플로레스 장군이라는 사람이 이기기를 원했어. 플로레스 장군이 브라질에게 우호적인 사람이기 때문에, 나중에 브라질의 친구이자 동맹이 될 것이라고 내다보았던 것이야. 그래서 우루과이에서 플로레스 장군이 권력을 잡도록 돕기 위해서 브라질 군대가 출동했어.

그러자 로페스가 화를 벌컥 내었어. 우루과이와 마찬가지로 파라과이도 브라질과 아르헨티나 사이에 끼어 있다는 이야기는 앞에서 했지? 로페스는 브라질이 남아메리카의 작은 나라들의 운명을 좌지우지하려 드는 것을 멀거니 쳐다만 볼 수 없었던 거야. 그래서 그는 아르헨티나에게 서로 힘을 합쳐서 브라질과 싸우자고 제의했어. 아르헨티나가 거절했지. 그러자 더욱 화가 난 로페스는 그 참에 아예 아르헨티나를 공격하기로 결심하고는, 1865년에 5만 명의 군사를 이끌고 파라과이 강을 따라 아르헨티나로 진격했어.

전쟁이 터졌어. 브라질과 아르헨티나, 그리고 이제는 브라질 덕분에 권좌에 오른 플로레스 장군이 이끄는 우루과이가 연합해서 파라과이와 격돌했어. 이 전쟁을 '3국 동맹 전쟁War of Triple Alliance'이라고 한단다. (파라과이 전쟁이라고도 해.)

군대의 규모에서부터 이미 열세(상대편보다 못한 상태)에 몰린 로페스는 브라질과 아르헨티나로 흘러 들어가는 강들을 장악하기로 결심했어. 그런 뒤 배에 군대를 싣고 가서 세 나라를 차례로 공격할 작정이었지. 그래서 그는 브라질이 차지하고 있는 어느 중요한 하항(河港 강변의 항구)을 빼앗기 위해서 한판 크게 붙는다는 작전을

프란시스코 솔라노 로페스
파라과이를 유럽의 강대국처럼 만들기 위해 커다란 욕심을 부렸던 파라과이의 대통령이야. 로페스는 브라질, 아르헨티나, 우루과이로 이루어진 3국 동맹군과 벌인 전쟁에서 패전을 거듭했고 결국 그 전쟁에서 죽었어. 그리고 나서 파라과이는 폭삭 주저앉았단다.

세웠단다. 이것은 매우 대담한 작전이었어. 브라질은 33척의 증기선과 12척의 범선을 가지고 있었어. 로페스에게는 2척의 포함(砲艦 대포를 장착한 군함)과 15척의 작은 전함뿐이었어. 그러나 그는, 브라질 해군은 강이 아니라 브라질의 근해(육지에 가까운 바다)에서 싸우기에 알맞도록 조직되어 있다는 사실을 잘 알고 있었단다. 증기선은 거대한 물레를 돌려서 나아가기 때문에 물의 깊이가 깊은 곳에서만 마음먹은 대로 움직일 수 있어. 그래서 물이 빠져나가는 썰물일 때에 브라질 해군을 기습한다는 게 로페스의 작전이었던 거야.

당시 전쟁에서 사용되었던 증기선

그는 그가 가진 배를 모두 모으고 6척의 거룻배를 더 보태서 함대를 만들었어. 1865년 6월 11일 아침에 파라과이의 해군이 공격을 개시했어. 자그마한 파라과이 배들이 느릿느릿 움직이는 거대한 브라질 배들의 대포 사격을 피해 가면서 강의 좁은 지류들을 마치 다람쥐처럼 요리조리 들락거렸어.

그러나 전투가 한창 무르익자 브라질 해군의 대포가 표적을 정통으로 맞히기 시작했어. 파라과이 함대 중에서 한 척이 강의 진흙탕에 빠져서 오지도 가지도 못하게 되고, 또 한 척은 기관실에 정통으로 포탄을 맞고, 또 한 척은 브라질의 거대한 철갑선에 들이받혀서 박살이 났어.

전투는 4시간 만에 끝났어. 파라과이 함대가 거의 궤멸당했어. 부상당한 함대 사령관은 며칠을 못 넘기고 죽어 버렸어. 그리고 브라질은 파라과이로 들어가는 강들을 모두 봉쇄해 버렸고, 이제 로페스는 강을 통해서는 그의 나라 밖으로 나갈 수 없게 되었단다.

그 다음 한 해 동안의 전투에서 로페스는 거의 2만 명의 병력을 잃었어. 게다가 콜레라라는 무서운 전염병이 병사들 사이에 퍼져서 피해가 더욱 커졌어. 무기와 식량과 의약품이 딸리기 시작했어. 그런데 문제는 그것만이 아니었어. 파라과이의 병사들이 사용하는 소총이 3국 동맹군의 소총에 비해서 성능이 형편없다는 게 또 하나의 문제였어. 로페스의 병사들은 방아쇠를 당긴다고 해서 반드시 총알이 나간다는 보장이 없는 구식 화승총*을 가지고 있었지만, 3국 동맹군은 인도에서 영

브라질, 아르헨티나, 우루과이가 파라과이와 싸운 3국 동맹 전쟁

국군이 사용하는 최신식 엔필드 소총으로 무장하고 있었던 거야.

오래지 않아서 로페스는 그의 나라 안으로 물러나야 했어. 그러자 3국 동맹군이 쳐들어왔어. 이제 로페스는 그의 나라를 지키기 위한 전쟁을 치르게 된 것이야! 그의 군대는 파라과이의 남쪽 끝에 자리 잡은 우마이타라는 요새 도시에서 3년 동안이나 버티며 3국 동맹군을 저지했어. 그러나 1868년에 이르러서는 그 요새마저도 내주지 않을 수 없었단다. 파라과이 군은 북쪽으로, 수도인 아순시온을 향해 퇴각했어. 브라질과 아르헨티나 군대가 파라과이의 내륙으로 진격했고, 1869년에 아순시온을 점령했어.

그러나 로페스는 아직 단념하지 않았어. 그는 새로운 군대를 모아서 계속 싸웠어. 수많은 사람들이 이제는 로페스가 완전히 미쳐 버린 게 틀림없다고 생각했어. 로페스는 그의 장교들을 의심하고, 그의 군대를 의심하고, 심지어는 그의 가족까지도 의심했어. 그들이 모반(나라나 왕을 배반하여 군사를 일으킴)을 일으켜서 자기를 내쫓으려고 한다는 것이었지. 그래서 로페스는 수천 명을 체포해서 죽여 버렸는데, 그중에는 그를 위해서 누구보다 용감하게 싸웠던 장교들도 있고, 그의 누이의 남편들도 있고, 심지어는 그의 친형제까지도 있었단다.

1년 후인 1870년 3월 1일에 로페스는 이제는 누더기처럼 너덜너덜해진 군대를 이끌고 파라과이 땅의 북쪽 끝에 자리 잡은 세로코라라는 곳까지 쳐들어온 브라질

---

*화승총(火繩銃) : 화약심지의 불로 화약을 터뜨려 쏘던 총.

군대와 맞섰어. 그 전투에서 로페스는 죽었단다. 그리고 지루한 전쟁도 끝이 났어. 브라질과 아르헨티나가 파라과이 땅을 거지반 나누어 가지고, 남은 자투리는 브라질의 군인들이 차지했단다.

파라과이 지폐에 그려진 로페스의 얼굴

그 전쟁에서 수많은 사람들이 죽었어. 브라질 한 나라만 해도 10만 명의 군인이 죽고 6만 5천 명이 부상을 당했어. 파라과이는 인구의 절반이 사라졌어. 전투에서 죽고, 로페스의 말도 안 되는 의심 때문에 헛되이 죽고, 굶주림과 질병에 죽어 나갔던 거야. 군대가 휩쓸고 지나간 곳에서는 논밭이 쑥대밭이 되었어. 대기근*이 저만치에서 다가오고 있었어. 한때는 강력했던 파라과이가 이제는 몸을 가누지도 못할 정도로 비실거리는 나라가 되어 버렸어.

지금까지도 파라과이 사람들은 프란시스코 솔라노 로페스라는 이름조차도 듣기 싫어한단다. 그는 파라과이를 집어삼키려는 브라질과 아르헨티나의 흉계에 맞서서 조국의 자유를 지키기 위해 싸웠던 애국자였을까? 아니면 그의 장교들 가운데서 누군가가 '이 세상 그 어디에서도 듣지도 보지도 못했던 괴물'이라고 말했던 것처럼, 아주 미쳐 버린 독재자에 지나지 않았던 것일까?

---

*기근(饑饉) : 흉년으로 식량이 모자라 굶주리는 상태.

영국에서 독립한 캐나다

남아메리카로부터 까마득히 먼 북쪽에서 또 한 나라가 독립을 향해 다가가고 있었어.

캐나다는 미국의 남북 전쟁이 끝난 지 2년 후인 1867년에 자유의 나라가 되었어. 그러나 캐나다가 독립에 이르기까지의 이야기는 3백여 년 전에 북아메리카의 북쪽 지역에 프랑스와 영국의 식민지 개척자들이 정착했던 때로부터 시작된단다. 정착지들이 커져 가자 프랑스와 영국이 그 지배권을 놓고 서로 싸웠어. 그리고 1763년에 격렬한 싸움 끝에 프랑스가 식민지를 영국에게 넘겼어.

영국은 새로운 캐나다 식민지를 두 지역으로 나누었어. 프랑스 어를 사용하는 식민지 주민이 사는 곳으로 지금은 퀘벡 주Quebéc라고 불리는 '하(下)캐나다Lower Canada'와, 영어를 사용하는 주민이 사는 곳으로 나중에 온타리오 주Ontario라는 이름으로 불리게 되는 '상(上)캐나다Upper Canada'였지. 두 지역 모두 영어를 사용하는 영국인 관리들이 다스렸어. 그러나 프랑스 사람들은 영국인의 지배를 받으면서도 프랑스 어를 사용하고 프랑스의 관습을 지켰단다.

1812년에 영국과 미국 사이에 전쟁이 터졌을 때, 캐나다의 두 지역은 어느 쪽도 그 전쟁에 편을 들지 않았어. 대다수의 캐나다 사람들은 자기들이 사는 땅이 대영 제국의 일부로 남기를 원했기 때문이란다.

그러나 1812년 전쟁이 끝난 뒤에 캐나다에서는 이대로 나가다가는 대영 제국이

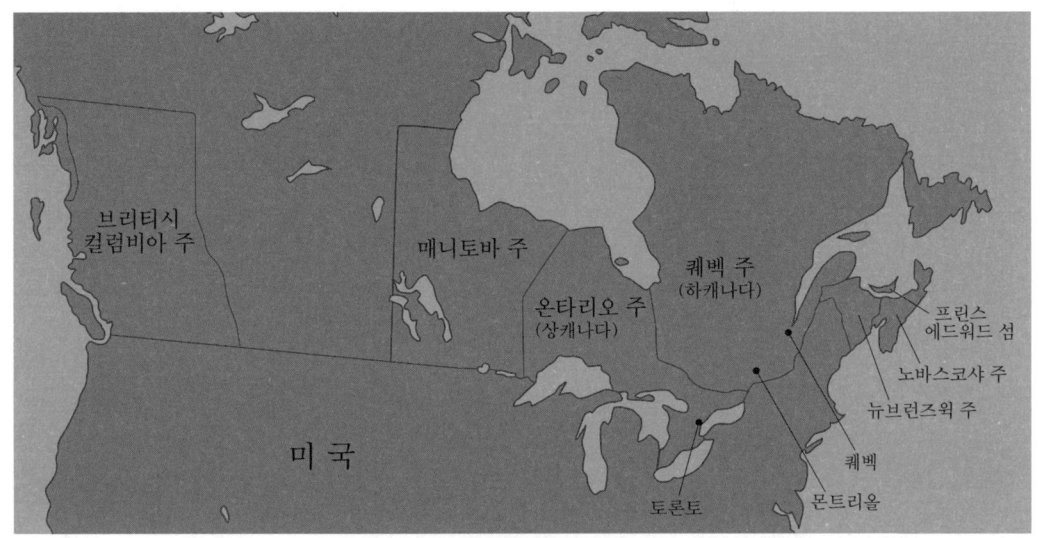

캐나다 자치령

영영 그들에게 자치권을 주지 않을지도 모른다는 불만을 품은 사람들이 많아져 갔단다.

그 불만의 목소리는 하캐나다에서 더 크게 울렸어. 프랑스 계 캐나다 사람들은 이미 자기들의 손으로 지도자를 뽑아서 '하캐나다 국민 의회'를 만들어 두고 있었어. 그러나 법에 관한 모든 문제는 영국인 총독이 최종적으로 결정하도록 정해져 있었는데, 그는 국민 의회가 제의하는 모든 것을 한 건도 빼놓지 않고 모조리 무시해 버렸단다. 키가 크고 인물이 준수하고 머리가 새카만, 루이 조셉 파피노Louis Joseph Papineau라는 이름의 프랑스 인이 나서서, 영국 총독이 국민 의회의 제의를 덮어놓고 무시하지 못하도록 하는 법을 만들어야 한다고 주장했어. 그의 주장에 뜻을 같이하는 프랑스 계 캐나다 사람들이 '애국자 협회Patriotes'라는 단체를 만들었단다.

파피노는 하캐나다를 두루 돌아다니면서 프랑스 계 캐나다 사람들에게 영국 총독의 권력에 저항하자고 호소했는데, 그의 연설은 효력이 상당했어. 1837년에 이르자 프랑스 계 캐나다 사람들은 무장 봉기를 일으킬 계획을 세우고 있었단다. 파피노는 다시 한 번 하캐나다를 두루 돌아다니면서 연설을 했는데, 이번에는 그들에게 총을 들고 일어나기 전에 제발 한 번 더 깊이 생각을 해 달라고 호소했단다.

하지만 그의 호소가 먹히지를 않았어. 애국자 협회가 이끄는 프랑스 계 캐나다 사람들은 리슐리외 강변의 생 드니라는 성곽 마을에 사령부를 차렸어. 1837년 11월 23일에 영국군이, 생 드니 마을을 공격해서 애국자 협회의 지도자들을 체포하려고 몬트리올을 출발했어. 그러나 전투가 시작되고 채 하루도 지나기 전에 영국군은 거센 저항에 부딪쳐서 퇴각하고 말았단다.

그러나 영국이 쉽게 단념할 턱이 없었어. 몬트리올에서 지원군이 오고, 영국 병사들이 생 드니의 성벽을 넘어 쏟아져 들어가서 마을을 불태워 버렸어.

바로 그때, 상캐나다에서 윌리엄 리용 매켄지 William Lyon Mackenzie라는 사람이 기회는 바

군대를 일으켜 영국에 맞서려 했던
윌리엄 리용 매켄지

로 지금이다 하고 나타났어.

키가 유난히 작고 빨강 머리인 그는 스코틀랜드 이주민의 후손인데, 상캐나다에서도 하캐나다에서처럼 영국인 총독이 국민 의회의 말에 전혀 귀를 기울이지 않는다면서 벌써 오래전부터 불만의 목소리를 높여 왔던 사람이었어. 그런데 상캐나다에 주둔한 모든 영국군이 하캐나다로 싸우러 내려갔다는 사실을 알아차린 매켄지는 바로 지금이 상캐나다 사람들이 들고일어날 절호의 기회라고 생각했던 거야.

매켄지는 영국의 지배에 불만을 품어 왔던 상캐나다 사람들을 불러 모았는데, 숫자가 그리 많지 않았어. 그는 군대라고 할 것도 없을 만큼 작은 군대를 이끌고 토론토를 향해 출발했어. 그러나 대다수의 상캐나다 사람들은 영국과 맞서서 전쟁을

매켄지가 이끄는 반란군의 모습

하는 것을 바라지 않았단다. 매켄지가 이끄는 반란군이 토론토에 접근하자 대영제국에게 충성을 바치는 수천 명의 상캐나다 사람들이 몰려나와서 그들과 맞서 싸웠어.

그 작은 군대는 순식간에 뿔뿔이 흩어져 버렸고, 매켄지도 달아났어. 그는 영국 병사들에게 들켰다가는 그 자리에서 체포당할 게 뻔하다고 생각하여, 그 작은 키에 긴 치마를 입고 어깨에는 숄을 둘러서 여자인 것처럼 꾸며 가지고 몰래 미국 국경을 넘었단다. 한편, 하캐나다에서는 키가 크고 위풍당당한 파피노마저도 몰래 미국 국경을 넘어서 도망쳐야 했어.

영국은 캐나다의 식민지들을 고스란히 지켰어. 하지만 그곳에서 반란이 일어났다는 사실에 영국 정부의 관리들은 깜짝 놀랐단다. 그래서 더럼Durham 백작이라는 귀족을 캐나다로 보내서 어떻게 하면 다시는 봉기가 일어나지 않도록 할 수 있을 것인지를 알아보게 했어. 캐나다에 갔다가 본국으로 돌아온 더럼 백작은 캐나다의 국민 의회에 자치권을 주기만 하면 다시는 캐나다에서 반란이 일어나지 않을 것이라고 보고했어.

그래서 영국은 캐나다 식민지 정부의 구조를 개편하기로 했는데, 그 내용은 상하 캐나

영국과 캐나다의 중재에 나선 더럼 백작

다를 합쳐서 한 사람의 총독이 다스리는 하나의 식민지로 만들고, '프로빈스(province)'라고 불리는 각 주에는 '부총독' 혹은 '총독 대리'를 한 명씩 파견해서 총독의 권한을 대행하게 하고, 각 주는 자기들의 손으로 뽑은 의회를 가지며, 각 주에서 뽑아 보낸 대표자들이 모여서 '캐나다 연합 의회Assembly of the United Canadas'를 구성한다는 것이었어.

영국은 캐나다 사람들에게 수많은 의회를 가질 수 있도록 허락했지만, 그 어느 의회도 캐나다 총독이나 각 주의 부총독을 누를 수 있는 권한을 가지지는 못했어. 그래서 캐나다 사람들은 그 후에도 계속 자치권을 얻어 내는 문제를 놓고 글을 쓰고, 연설을 하고, 토론을 벌였단다.

마침내 노바스코샤 주의 부총독이 그의 고문관들을 모두 노바스코샤 의회가 선택해도 좋다고 허락했단다. 그는 모든 문제를 그 고문관들의 의견에 따라서 결정해야 하게 된 것이야. 그래서 노바스코샤 주에서는 이제 부총독이 아니라 주 의회가 최고의 권력을 가지게 되었단다.

그리고 오래지 않아서 캐나다 총독과 캐나다 연합 의회 사이에서도 노바스코샤 주에서 이루어졌던 것과 똑같은 합의가 이루어졌어. 실로 오랜 세월 끝에, 캐나다 사람들이 직접 선출해서 구성한 의회가 캐나다를 다스릴 권한을 갖기에 이르렀던 것이지.

1860년부터는 캐나다의 여러 주들을 합쳐서 '연방 정부(federation)'를 만들자는 논의가 일어났어. 예전처럼 대영 제국에 충성을 바치는 한편으로 독자적인 헌법과

영국에서 독립한 캐나다 119

독자적인 상원과 하원을 가진 독자적인 정부를 가지고 싶었던 것이야.

캐나다 사람들이 연방 정부를 원한 데에는 그럴 만한 이유들이 있었단다. 캐나다의 서부 지역은 아직 프로빈스(주)에 편입되지 않고 있었는데, 캐나다 사람들이 한데 뭉쳐서 그 지역을 자기들 것이라고 강력하게 주장하고 나서지 않는다면 자칫 미국이 먼저 차지해 버릴지도 모른다고 우려하는 사람들이 매우 많았던 거야. 대다수의 캐나다 사람들은 캐나다가 만에 하나라도 미국에 편입되는 사태가 발생하는 것을 결코 원하지 않았고, 특히 끔찍하기 짝이 없었던 남북 전쟁이 막 끝난 뒤에는 더욱 그랬어.

연방 정부를 만드는 문제를 놓고 각 주들이 토론을 거듭했어. 프린스에드워드 섬 같은 작은 주들은 연방 정부가 구성된다면 덩치가 훨씬 큰 주들이 권력을 더 많이 가지게 될지도 모른다고 우려했어. 그러나 마침내 퀘벡, 온타리오, 노바스코샤, 뉴브런즈윅 주 들이 한데 합치기로 합의를 보았어. 그리고 이들 네 개의 주가 합쳐서 '캐나다 자치령Dominion of Canada'이라는 새 나라를 만들기 위한 법적인 근거로써 '영국령 북아메리카 조례British North American Act'라는 이름의 법령이 제정되었어. 이 법령은 또한 서부 지역을 캐나다의 주로 만들고, 그런 다음에 자치령으로 끌어들이기 위한 절차에 대해서도 자세히 설명하고 있단다.

이 법령은 1867년 7월 1일 월요일에 발효(법률이 효력을 나타냄)되었어. 새로운 나라의 탄생을 축하하기 위해서 곳곳에서 축포를 쏘고, 폭죽이 터지고, 잔치가 벌어지고, 시가 행진을 벌이고, 아무나 나서서 연설을 했어.

그 후 3년 동안에 매니토바, 브리티시컬럼비아, 프린스에드워드 섬 이렇게 세 개의 주가 자치령에 합세했어. 1900년에 이르러 캐나다 자치령의 영토는 북아메리카의 서부 해안에까지 이르렀어. 많은 캐나다 사람들이 우려했던, 주인이 없던 서부 지역의 드넓은 땅이 미국에 편입되는 사태는 끝내 일어나지 않았던 것이지.

영국의 빅토리아 여왕이 여전히 캐나다의 여왕으로 남아 있었어. 그러나 영국을 실질적으로는 통치하는 것은 여왕이 아니라 영국 의회인 것과 꼭 마찬가지로, 캐나다도 이제는 영국의 여왕이 아니라 그들의 독자적인 상원과 하원으로 구성된 의회에 의해서 통치되는 나라가 되었단다. 캐나다는 영국으로부터 완전히 벗어나지는 않았지만, 하나의 독립 국가가 되기에 이르렀던 것이야.

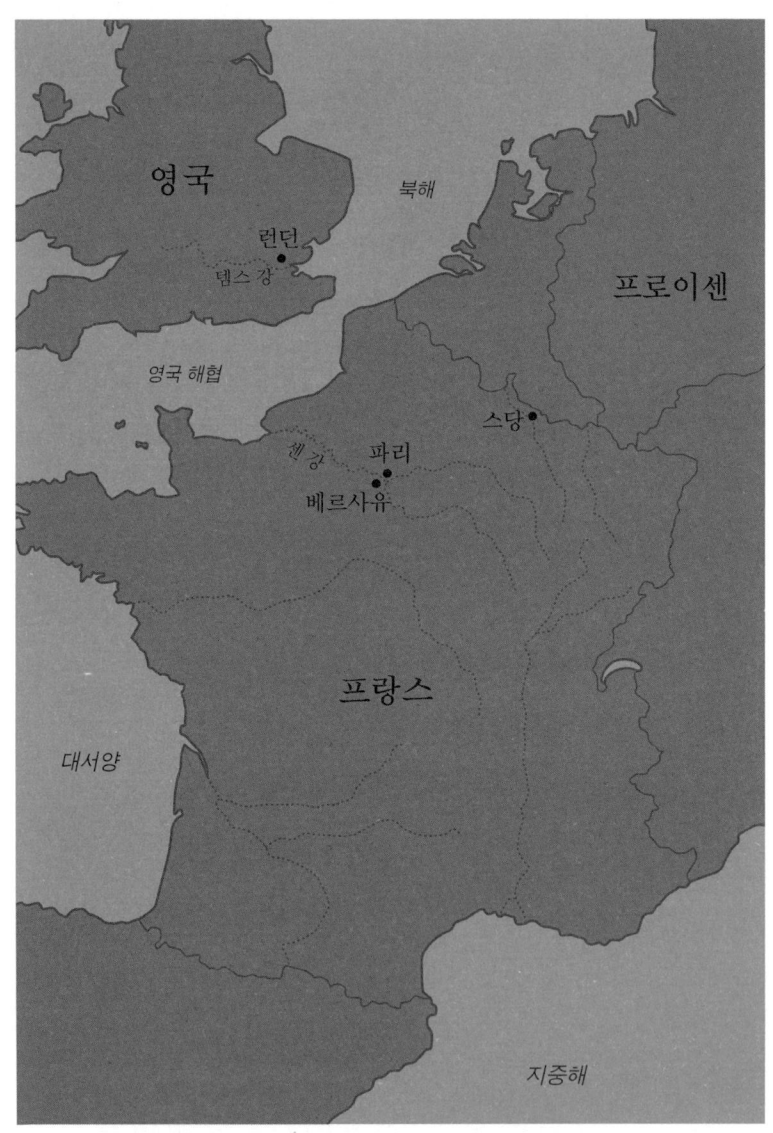

19세기, 제정과 공화정을 거칠 당시의 프랑스

제7장 프랑스와 독일

두 번의 제정과 세 번의 공화정을 거치는 프랑스

영국과 마찬가지로 프랑스도 전 세계에 두루 식민지를 가진 제국이었어. 그러나 프랑스가 항상 제국이었던 건 아니야. 1871년에 이르기까지 프랑스는 한 번의 왕정(군주국)과, 두 번의 제정(제국)과, 세 번의 공화정(공화국)을 거쳤는데*, 두 번의 제정과 세 번의 공화정은 불과 1백 년 사이에 일어서고 무너졌단다.

프랑스 제국을 살펴보기 전에 먼저, 이 몹시도 불안정했던 프랑스의 역사에 대해서 자세히 알아보기로 해. 1789년까지 프랑스는 부르봉 왕조의 국왕들이 대를 이어서 다스리던 군주국이었어. 그 국왕들은 나라를 자기들 마음대로 다스려도 좋다는 권리를 신으로부터 직접 부여 받았노라고 주장했어. 그러나 프랑스 사람들은 저 바다 건너 새로운 대륙에서 전혀 새로운 모습으로 등장한 미국처럼 프랑스도 공화국이 되기를 원했어. 국가의 모든 권력을 혼자 쥐고 있는 군주에게 속박되

---

*왕정(monarchy)은 나라의 주권이 세습적인 왕에게 있는 정치 체제이고, 제정(empire)은 황제가 다스리는 정치 체제, 공화정(republic)은 주권이 국민에게 있는 정치 체제를 가리킴.

어 살기보다는 자기들의 손으로 지도자를 뽑는 나라를 원했던 거야.

그래서 1789년에 프랑스가 발칵 뒤집혔어. 프랑스 혁명이 일어난 것이지. 수천 명의 귀족들과 함께 국왕이 처형당하고, 프랑스는 드디어 처음으로 공화국이 되었어. 그러나 첫 프랑스 공화국은 유혈과 수많은 사람들의 불행과 엄청난 사회적 불안이 가득했어. 그러할 때에 나폴레옹 보나파르트라는 이름의 장군이 정부를 장악하고 자기의 머리에 자기 손으로 왕관을 씌웠어. 이렇게 해서 최초의 프랑스 공화국은 막을 내렸단다. 프랑스 사람들은 대부분, 누구든지 앞에 나서서 엄청난 혼란을 가라앉히고 새로운 질서를 잡아 주기만 한다면 그저 감사할 따름이라고 생각했던가 봐! 그래서 나폴레옹은 아무 저항도 받지 않은 채 나폴레옹 1세 Napoléon Ⅰ라는 이름으로 황제가 되었고, 최초의 프랑스 제국이 시작되었어.

강력한 권력을 휘두른 샤를 10세

나폴레옹 이후에는 부르봉 왕조 출신의 두 국왕이 권좌를 다시 차지하여 최초의 프랑스 제국을 계속 통치했어. 그러나 이 두 국왕 중에서 샤를 10세Charles X는 예전 군주국 시절의 방식으로 프랑스를 지배하려고 했어. 그는 백성의 말에 전혀 귀를 기울이지 않은 채 무엇이든지 자기 마음대로 했고, 심지어는 신문 기사까지도 미리 검열*을 받게 했단다.

프랑스 사람들이 다시 한 번 들고일어났어. 또

사흘 동안 벌어진 7월 혁명

혁명이 일어난 거야! 그런데 이번 혁명은 1830년 7월 27일에서 7월 29일까지 단 사흘 만에 막을 내렸고, 그래서 '영광의 3일간Les Trois Glorieuses'이라고 불린단다. 분노한 파리 시민들이 거리에서 마차와 수레를 뒤엎고, 포석(도로를 포장한 돌)을 뜯고, 가로수를 뽑고, 민가의 쇠 울타리를 뜯어다가 쌓아서 바리케이드*를 치고, 혁명을 진압하러 온 군대와 총격전을 벌였어. 급기야 샤를 10세는 황급히 영국으로 달아나지 않을 수 없었단다!

그러나 이 '7월 혁명'에 참여한 사람들 사이에서 다음에는 누구를 국가의 지도자

---

*검열(檢閱) : 내용을 미리 검사하여 발표를 통제함.
*바리케이드(barricade) : 적군의 침입이나 공격을 막기 위해 길목 등에 임시로 설치해 놓은 장애물.

두 번의 제정과 세 번의 공화정을 거치는 프랑스 125

민중을 이끄는 자유의 여신
프랑스는 3일 동안 벌어진 '7월 혁명'을 통해 '시민 국왕' 루이 필리프를 새로운 왕으로 세웠어. 프랑스의 낭만주의 화가 들라크루아는 이를 소재로 이처럼 멋진 그림을 그렸단다. 이 그림의 부제는 '1830년 7월 28일'이란다.

로 앉힐 것인가를 놓고 의견들이 갈라졌어. 수많은 사람들이 프랑스가 다시 공화국이 되기를 원했는데, 이 의견을 대표한 사람은 마퀴스 드 라파예트Marques de Lafayette 백작이라는 사람이었어. 라파예트는 미국의 식민지들이 영국과 싸워서 독립을 쟁취하는 과정에서 큰 도움을 주었던 사람이야.

그러나 프랑스가 대영 제국처럼 입헌 군주국이 되어야 한다는 의견을 가진 사람들의 수가 훨씬 더 많았

공화국 건설을 주장한
라파예트 백작

어. 입헌 군주국이란, 국왕이 있기는 하지만 그 국왕이 모든 것을 자기 마음대로 하는 게 아니라 문서화된 법에 따라서 나랏일을 처리하는 제도를 채택한 나라를 말해.

마침내 라파예트는 혁명의 광기를 어서 끝내기 위해서 입헌 군주제를 받아들이겠다고 약속했어. 그는 프랑스 왕가의 깃발을 숄처럼 어깨에 두르고 추종자들 앞에 나서서, 국왕으로 가장 적합한 인물을 골라서 왕좌에 앉히자고 호소하고 설득했어.

혁명 지도자들 중 한 사람인 루이 필리프라는 사람이 프랑스의 새 국왕이 되었단다. 그러나 루이 필리프는 애초부터 예전 부르봉 왕조의 군주들처럼 절대 권력을 휘두를 수는 없도록 되어 있었어. 그래서 그는 '시민 국왕Citizen King'이라고 불렸는데, 모든 것을 국민이 원하는 대로 해야 하는 국왕이기 때문이었어. 그의 측

두 번의 제정과 세 번의 공화정을 거치는 프랑스

근 중 한 사람은 이렇게 말했단다. "그는 군림하되 지배하지 않는다."

루이 필리프가 다스렸던 동안을 '7월 왕정'이라고 불러. 7월 혁명으로 탄생했기 때문이야.

모든 것을 국민이 원하는 대로 해야 하는 시민 국왕 루이 필리프가 왕위에 앉아 있는 동안에도, 공화정을 원했던 혁명 지도자들은 국왕이란 존재 자체가 애초부터 위험천만하다는 내용의 글이나 연설을 통해 계속 불만을 표시했어. 심지어는 국왕의 공식 거리 행렬이 지나가는 곳에 폭약을 설치해서 그를 살해하려고 했던 적도 있었단다. 폭약이 제때에 터져서 신하들과 병사들이 여럿 죽었지만 루이 필리프는 무사했단다.

루이 필리프가 국왕의 자리에 앉은 지 18년이 지났을 때, 그를 반대하는 사람들이 파리에서 거대한 집회를 계획했어. 그들은 시민 국왕을 내쫓아 버리고 공화정을 세우려고 했던 거야. 거대한 군중이 모인 것을 보고 겁을 먹은 루이 필리프는, 처음에는 군중에게 스스로 해산하라고 명령했다가 말을 듣지 않자 기어이 군대를 보냈단다.

그러자 파리의 군중이 격분했어. 프랑스의 국왕이 또다시 자기 마음대로 하기 위해서 무력을 사용하려는 것을 용서할 수 없었던 것이야. 군중은 궁궐 문을 부수고 들어가서 복도를 휩쓸고 다니고, 값비싼 식기를 닥치는 대로 부수고, 가구를 장식한 금붙이를 잡아 뜯고, 순번을 정해 놓고 국왕의 옥좌에 앉아서 다시는 루이 필리프가 그 자리에 앉지 못하도록 지켰어. 루이 필리프는 황급히 마차를 타고 파리 바깥으로 달아났어. 달아나다가 어느 곳에서 마차가 멈추어야 했을 때 그는 자기 이름이 미스터 스미스라고 둘러댔대. 파리를 빠져나온 그는 샤를 10세가 그랬던 것처럼 배를 타고 영국으로 달아났단다.

그해가 1848년이었어. 프랑스의 시민 국왕이 달아났고, 7월 왕정도 막을 내렸어. 그리고 프랑스의 제2 공화정이 시작되었단다.

제2 공화정의 지도자들은 우선 새 헌법을 만드는 일부터 시작했어. 그들은 미국의 헌법과 모든 점에서 비슷한 헌법을 원했는데, 모든 프랑스 국민은 대통령 선거에서 투표권을 가질 수 있고, 의회를 구성하여 법률을 제정할 대표자들을 뽑는 선거에서도 한 표를 행사할 수 있으며, 국민의 투표로 선출된 대통령은 4년 동안만 나라를 다스린다는 내용이었어. 프랑스에서 다시는 그 어떤 개인이 너무 많은 권력을 갖게 되는 것을 방지하려는 것이었지.

그런데 첫 대통령을 뽑는 선거가 끝났을 때, 아무도 예상하지 못했던 너무나도 놀라운 일이 벌어졌어. 대통령으로 선출된 사람이 알고 보니까, 샤를 루이 나폴레옹 보나파르트Charles-Louis-Napoléon Bonaparte라고, 프랑스 최초의 황제였던 바로 그 나폴레옹의 조카였던 거야!

나폴레옹 황제의 조카가 프랑스의 대통령으로서 과연 타당한 인물일까? 수많은 사람들이 그렇게 생각하지 않았어. 하지만 루이 나폴레옹이 다른 후보들보다 수백만 표나 더 얻었으니 어쩌겠어? 못마땅하기 짝이 없었지만 그가 프랑스 제2 공화정의 대통령으로 취임하는 광경을 멀거니 지켜볼 수밖에 없었단다.

그러나 루이 나폴레옹은 의회를 그가 원하는 대로 움직일 수가 없었어. 의회는 그가 요구한 돈을 내주지 않았고, 나중에 그가 다시 한 번 대통령 선거에 출마하려 했을 때에는 그것을 허락하지 않았단다.

1851년 12월 2일, 루이 나폴레옹이 드디어 마각*을 드러냈어. 그는 그의 계획에 반대하는 정치 지도자 70명을 체포하고, 프랑스가 이제부터 새로운 헌법을 갖게 될 것이라고 선언했어. 그는 그 헌법을 만드는 데 직접 참가했는데, 의회의 권력을 빼앗아서 대통령에게 쥐어 주고, 루이 나폴레옹이 앞으로 10년 동안 더 대통령 자리에 있을 것이라는 내용이었단다. 파리 시민들이 거세게 반발하자 루이 나폴레옹은 군대를 보내서 수천 명을 체포했어. 그리고 1년 후 그는, 자기가 프랑스 황제 나폴레옹 3세Napoléon III가 되었다고 제멋대로 선포해 버렸어.

제2 공화정이 4년 만에 끝나고, 제2 제정이 시작된 것이야.

나폴레옹 3세는 어떻게 뜯어보아도 황제다운 풍모(풍채와 용모)가 아니었어. 저 유명한 삼촌 나폴레옹 1세처럼 그도 키가 매우 작았고, 아름다운 아내 유진느의 곁에 서 있으면 꼭 어린아이 같았대. 그는

대통령에서 황제가 된 루이 나폴레옹

---

*마각(馬脚) : 말의 다리. '마각이 드러나다'라는 말은, 말의 다리로 분장한 사람의 정체가 드러난다는 뜻으로, 숨기고 있던 일이나 본디 모습이 드러남을 뜻함.

콧수염을 길고 무성하게 길렀는데, 그가 아랫입술 밑에 작고 뾰족하게 기른 턱수염은 너무도 유명해서 지금도 그런 수염을 '나폴레옹 3세의 턱수염(imperial)'이라고 부른단다. 그러나 외모야 어떠했든 간에 나폴레옹 3세는 정말로 황제답게 처신하려고 마음을 단단히 먹었던가 봐. 그는 영국으로 건너가서 빅토리아 여왕에게, 영국이 러시아와 크림 전쟁에서 싸우는 데 프랑스가 지원을 해 주겠다고 약속했어. 그리고 영국과 프랑스가 크림 전쟁에서 승리한 뒤에는 동쪽의 프로이센에게 선전 포고를 했어.

나폴레옹 3세는 프랑스 군대를 강대하게 만들려고 갖은 애를 썼어. 하지만 그는 그의 선전 포고에 대해서 프로이센이 즉각 반응을 보일 줄은 미처 몰랐어. 프랑스 군대가 미처 전투를 치를 태세를 다 갖추기도 전에 프로이센 군대가 프랑스로 폭풍처럼 진격해 왔어. 게다가 나폴레옹 3세는 신장과 방광의 결석* 때문에 심하게 앓고 있었단다. 그러나 그는 쑤시고 아픈 몸을 끌어안고 동쪽에서 쳐들어오는 프로이센 군대를 맞이하러 말을 타고 나갔단다.

나폴레옹 3세와 그의 군대는 9월 1일에 북부 프랑스의 스당이라는 곳에서 프로이센 군대와 마주쳤어. 그는 그의 군대가 수적으로 너무도 열세라는 것을 그제야 알아차렸단다. 그래서 그는 싸우다가 죽을 각오로 싸움판의 한가운데에 몸을 던졌어. 하지만 죽지는 않았고 9월 2일에 거의 10만 명의 병사와 함께 프로이센의 포

---

*결석(結石) : 몸 안의 내장에 생기는 돌같이 단단한 물질.

두 번의 제정과 세 번의 공화정을 거치는 프랑스 131

로가 되었어.

전령들이 급히 파리로 달려가서 소식을 전했어. 파리 시민들은 황제가 포로가 되었다는 소식을 9월 4일에 들었어. 시민들이 환호성을 질렀대! 프랑스가 드디어 다시 공화국이 될 가능성이 생겼기 때문이었지. 그리고 그길로 제2 제정이 끝나고 제3 공화정이 시작되었단다.

1870년에 프랑스의 제3 공화정이 들어서고 그 지도자들이 프로이센과 화평을 맺자, 프로이센은 병이 들어서 골골거리는 나폴레옹 3세를 석방했어. 프로이센에서 돌아온 나폴레옹 3세는 이전의 다른 황제들처럼 영국으로 건너가서 여생을 보냈단다. 그러나 그는 언젠가는 다시 군대를 모아 가지고 프랑스로 건너가서 권좌를 되찾겠다는 희망을 버리지 않았다는구나.

하지만 희망은 희망일 뿐이고, 나폴레옹 3세는 다시는 프랑스로 돌아가지 못한 채 영국에서 병들고 늙은 몸을 부지하며 살다가 죽었단다. 1870년 이래 지금까지 프랑스는 공화정을 유지해 오고 있어. 그러니까 나폴레옹 3세가 프랑스의 마지막 황제였던 것이지.

비스마르크가 탄생시킨 '독일 제국'

프랑스가 공화국을 향해 나아가고 있을 때 프로이센은 왕국이 되어 가던 참이었어. 프로이센은 독일의 여러 주(state 군주국)들 중 하나일 뿐, '독일'이라는 나라의 일부가 아니었어. 1870년에는 독일이라는 나라는 아직 존재하지 않았거든. 단지 프랑스의 동쪽에 독일어를 사용하는 38개의 작은 주가 있었을 뿐인데, 그 작은 나라들이 서로 합쳐서 '독일 연방'이라는 이름의 느슨한 연합을 이루고 있었단다.

미국의 남북 전쟁 때, 남부의 여러 주들이 미합중국을 탈퇴하여 자기들끼리 '남부 연합'을 결성했던 것을 기억하고 있겠지? 독일 연방도 그것하고 비슷한 것이었단다. 연방제는 하나의 중앙 정부를 두고 여러 주들이 동시 선거를 통해서 외교를 비롯한 중요한 문제를 맡을 관리를 뽑지만, 각 주들은 제각기 그들의 정부를 가지고 그들의 독자성을 유지하는 제도란다.

프로이센은 독일 연방에 속했어. 그러니까 프로이센은 독일의 여러 주들 중 하나였던 것이지. 그런데 1847년에, 어깨가 떡 벌어지고 턱은 유난히 각이 진 어떤 사람이 프로이센 의회의 의원으로 선출되었어. 그의 이름은 오토 폰 비스마르크Otto von Bismarck로, 프로이센을 독일 연방을 이끌어 나가는 주로 만들겠다는 강한 포부를 품은 사람이었어.

프로이센을 이끈 비스마르크

비스마르크는 15년 동안 프로이센의 정부에서 일했어. 그는 그 15년 동안 프로이센을 위대하게 만들고자 하는 소망을 잠시도 잊지 않았단다. 그는 프로이센의 왕이 독일 연방을 이끌고, 프로이센의 강력한 군대가 독일 연방을 지키는 단일 국가가 되기를 원했어.

그러나 프로이센의 왕은 너무도 나약한 사람이었단다. 그는 어느 때에 중풍*에 걸린 뒤로 말도 제대로 못 하고 앞도 제대로 못 보는 채로 지냈어.

1861년에 병든 왕이 죽고, 그의 동생인 빌헬름Wilhelm이 뒤를 이어서 프로이센의 국왕(카이저*)이 되었어. 빌헬름은 비스마르크를 그의 재상(수상)으로 임명했단다. 재상이 된 비스마르크는 프로이센이 독일 연방을 이끌게 하기 위한 여러 가지 작업에 착수했어. 그렇게 하기 위해서 전쟁이라도 필요하다면 언제든지 전쟁을 치를 태세였어! 비스마르크는 프로이센의 의회에서 한 연설에서 '말이나 다수결에 의해서가 아니라 피와 쇠로써' 프로이센이 독일 연방의 가장 강대한 나라가 될 것이라고 선언했어. 그 연설을 한 뒤부터 비스마르크는 '철혈 재상(鐵血宰相 Iron Chancellor)'이라는 별명을 얻었단다.

그리고 곧 프로이센에서는 국왕보다 철혈 재상의 권력이 훨씬 더 강하다는 게 확실해졌어. 빌헬름은 점잖고, 사리 분별이 뛰어나고, 훌륭한 군인이고, 조심성 많은 군주였어. 그러나 그는 비스마르크만큼 대담하지는 못했어. 그는 비스마르크와 의견 차이로 말다툼을 벌인 적이 몇 번 있었는데, 그때마다 비스마르크는 그만 떠들라는 투로 아주 협박을 했다는구나. 그러면 빌헬름은 꼼짝없이 입을 다물어 버리고 그저 비스마르크가 하자는 대로 따랐다는 거야. 사람들은 비스마르크의 그러한 리더십(지도자로서의 능력이나 자질)을 '재상의 독재'라고 불렀단다.

*중풍(中風) : 한방에서, 몸 전체나 몸의 절반, 또는 몸의 일부가 마비되는 병을 이르는 말.
*카이저(Kaiser) : '황제'를 뜻하는 독일어로, 라틴 어 카이사르(Caesar)에서 유래함.

비스마르크의 '독재' 치하에서 프로이센은 두 차례의 전쟁을 치른 후 프랑스를 공격했어. 1864년에 프로이센은 덩치가 훨씬 더 큰 오스트리아 주와 합세하여 덴마크를 공격해서 덴마크 왕국의 남부를 점령했어. 그런 다음에 프로이센은 그 땅을 자기 혼자 차지하겠다고 우겼단다. 오스트리아가 그렇게는 못 한다고 대들자, 프로이센은 이번에는 아예 오스트리아를 공격해 버렸어.

프로이센의 황제 빌헬름 1세

프로이센 군이 이겼어. 기간은 짧았지만 매우 격렬했던 그 전쟁이 끝난 뒤에 비스마르크는 이제부터 프로이센은 '북독일 연방Norddeutscher Bund'이라는 이름의 새로운 연방을 구성할 것이며, 그 연방에 오스트리아는 포함되지 않는다고 선언했어. 연방의 주도권을 놓고 경쟁을 벌일 만한 주를 미리부터 빼 놓으려는 것이었지. 그리고 프로이센은 나폴레옹 3세가 다스리는 프랑스를 공격했어. 프랑스가 견디다 못해 항복했고, 프로이센은 프랑스 북동부의 알자스로렌 지방을 빼앗았단다. 프랑스와의 전쟁에서 프로이센이 승리를 거두자 이제까지 지켜만 보고 있던 독일의 네 개 주가 북독일 연방에 합세했어.

프랑스와 전쟁이 끝난 이듬해인 1871년에 비스마르크는 북독일 연방의 주들을 설득해서 프로이센의 빌헬름 국왕을 '독일 황제'라고 선언했어. 연방의 주들은 대충 찬성하기는 했지만 무척 못마땅해 하는 기색이 뚜렷했어. 그들은 빌헬름이 스스로를 '독일 황제'라고 부르는 것을 허락할 수 없었어. 왜냐하면 프로이센을 제외한 그 어느 주도 '독일'이라는 이름의 나라에 속하는 것을 원하지 않았기 때문이야. 각 주들은 저마다의 왕자와 공작과 의회를 가지기를 원했어. 하지만 그들은 빌헬름이 독일 연방의 여러 군주들 중에서 가장 중요한 인물이라는 뜻에서만 '독일 황제'라는 칭호를 쓰는 것을 허락했어. 그렇게 해서 북독일 연방은 이제 '제국 Reich'이 되었단다.

이제, 프로이센은 독일 제국에서 가장 강한 주가 되었어. 이 제국을 '제2 제국'이라고 해. 왜 '제2 제국'이라고 하냐면, 독일 사람들은 자기들이 신성 로마 제국의 후손이라고 자처하고 있는데, 신성 로마 제국을 '제1 제국'이라고 불렀기 때문이

철혈 재상 비스마르크

야. 물론 신성 로마 제국은 프로이센이 주도했던 왕국이 아니었어. 그러나 새로 세워진 왕국이 신성 로마 제국을 계승한 것이라고 주장함으로써 비스마르크와 프로이센 사람들은 빌헬름이 신성 로마 황제의 계승자라는 뜻을 은근히 표시하려고 했던 것이란다.

그러나 제2 제국에서도 가장 강력한 권력을 가진 사람은 빌헬름 황제가 아니라 비스마르크였어. 빌헬름은 비스마르크를 궁정 재상으로 임명했어. 이것이 무슨 뜻인가 하면,

비스마르크가 정부 관리를 임명하고 유럽의 다른 나라들과의 외교를 전부 맡는다는 것이야. 그런데 제2 제국은 이웃 나라들에 대해서 거의 반드시 매우 호전(싸우기를 좋아함)적인 자세를 취했어. 언젠가 비스마르크는 "조리 있는 말보다는 정확하게 조준해서 쏜 총알이 훨씬 낫다."라고 말한 적도 있단다.

비스마르크가 전쟁을 좋아한 것은 프로이센 사람들 특유의 기질

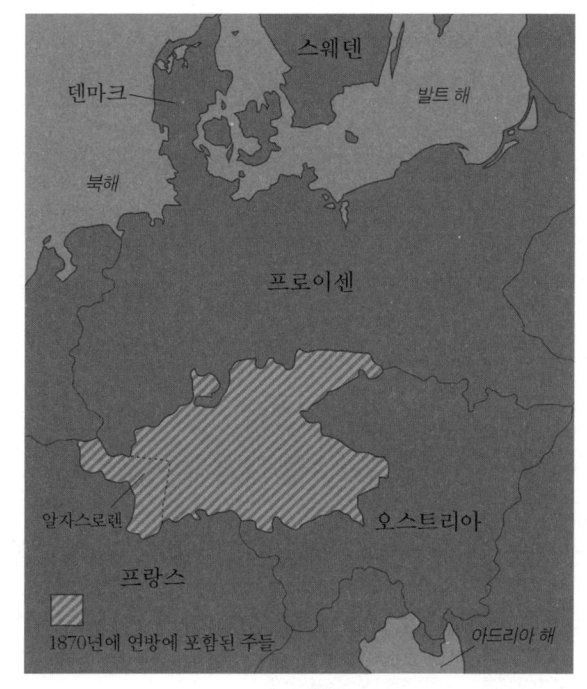

제2 제국

때문이었어. 독일의 다른 나라들은 예술과 과학과 학문에 더 관심을 기울였어. 그러나 프로이센의 귀족들은 입만 열었다 하면 전쟁 이야기였고, 실제로 프로이센은 나랏돈의 6분의 5를 군대에 썼어.

독일 제국은 날이 갈수록 프로이센처럼 변해 갔어. 빌헬름 황제의 아들이자 영국 빅토리아 여왕의 맏사위인 프리드리히는 독일의 여러 주들이 프로이센의 강력한 위력에 압도당하는 것을 지켜보면서 몹시도 심란했는지, 어느 날 일기에 이렇게 썼단다. "이 나라는 본디 사상가들과 철학자들과 시인들과 예술가들과 이상주의

비스마르크가 탄생시킨 '독일 제국' 137

자들과 열혈주의자들의 나라였으나, 이제는 정복자들과 파괴자들만 눈에 띌 뿐이다. 독일 국민은 문명 세계에서 가장 앞서 나가는 사람들이었는데, 지금 이 순간에…… 우리는 사랑도 존경도 받지 못하는, 오직 두려움의 대상일 뿐이다. 남들은 우리가 이 세상의 그 무슨 극악한 짓이라도 다 저지를 수 있는 인간이라고 생각하는 것 같고, 우리를 불신하는 목소리들을 날이 갈수록 숨기지 않는 것 같다. …… 비스마르크는 우리를 강력하고 위대하게 만들기는 했으나, 우리에게서 친구들을 앗아 가고, 이웃들에게 인심을 잃게 하고, 우리의 양심마저 잃도록 만들었다."

만약 프리드리히가 아버지의 뒤를 이어 독일 황제가 되었더라면 어쩌면 독일 제국은 조금은 덜 '프로이센처럼' 되었을지도 몰라. 그런데 아버지가 노년이 되었을 때 프리드리히가 병이 났어. 무슨 암이었는데 치료를 제대로 받지 못했단다. 그러다가 아버지가 죽자 황제가 되었지만, 고작 1백 일을 넘기지 못하고 그도 세상을 떠나 버렸어.

독일의 세번째 황제 빌헬름 2세

프리드리히의 아들 빌헬름이 세 번째 독일 황제 빌헬름 2세Wilhelm II가 되었어. 그는 매우 난폭하고, 싸움을 즐기고, 성질이 불 같은 사람이었단다. 그는 제2 제국이 이웃 나라를 정복해서 영토를 넓히고, 전 세계 곳곳에 식민지를 가지고, 거대하고 막강한 함대를 가진 영국 해군보다 더 강한 해군을 가지기를 원했어. 빌헬름 2세는 심지어 비스마르크조차도 매사에 너무 신중한 사람이라고 판단하고는 불만이 여간 아니었단다. 그는 황제가 된 지 2년 후에는 비스마르크를 강제로 물러나게 했어.

이제 제2 제국은 전쟁과 파괴의 길로 들어섰어. 비스마르크는 시골의 작은 읍에서 회상록*이나 쓰면서 여생을 보냈단다. 그는 8년 후에 죽었는데, 거의 자기 손으로 만들다시피 했던 제2 제국이 몰락하는 것을 보지 못했지. 하여간에, 독일 제2 제국의 몰락은 전 세계를 뒤흔들어 놓았단다.

*회상록(回想錄) : 지난 일을 돌이켜 생각하여 적은 기록.

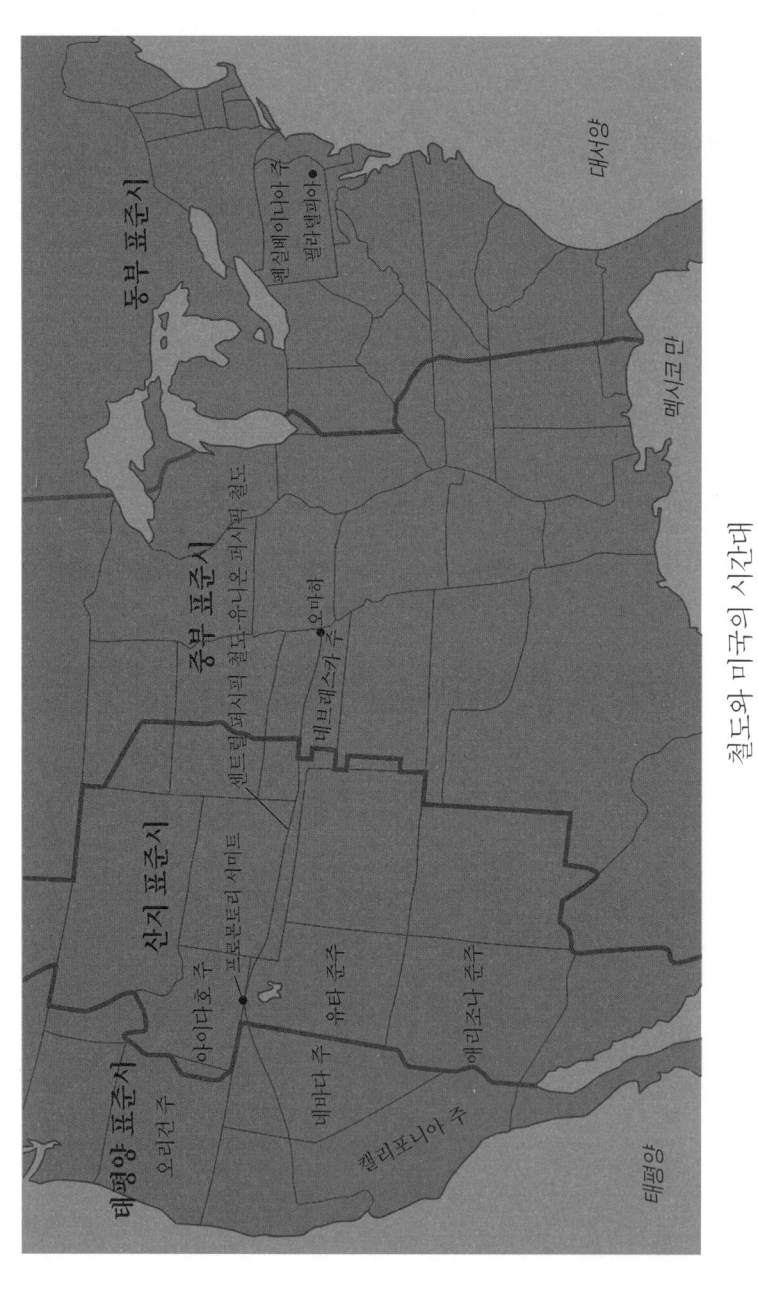

철도와 미국의 시간대

제8장 현대화

현대화를 불러온 철도, 시간대, 전구

미국 유타 준주의 따뜻한 봄날 아침, 두 대의 거대한 기관차*가 갓 놓은 선로 위를 서로 마주 보고 천천히 달리고 있었어. 각각 '주피터'와 '엔진 119'라는 별명이 붙은 두 기관차가 동쪽과 서쪽으로부터 같은 선로 위를 달려오고 있었는데, 그대로 두면 충돌하게 될 지점에 모여 있던 한 무리의 구경꾼들은, 충돌은 절대 일어나지 않는다는 것을 이미 알고 있었단다. 주피터와 엔진 119가 서서히 속도를 늦추다가 이윽고 멈추었어. 멈추어 선 두 기관차 사이에는 아직 선로가 놓여 있지 않았어. 그 부분만 마저 이으면, 드디어 미국 대륙을 동서로 가로지르는 철도가 완성되는 것이었지. 그날은 1869년 5월 10일이었고, 그곳은 유타 준주 프로몬토리 서미트였어.

두 명의 철도 공무원이 마지막 침목(선로 밑에 까는 목재)을 놓으려고 앞으로 나섰어.

---

*기관차(機關車) : 승객이나 화물을 실은 차량을 끌고 달리는 데 사용되는 동력 장치를 갖춘 철도 차량.

캘리포니아 산 계수나무를 깎아서 반질반질하게 닦은 특별한 침목이었는데, 마지막 네 개의 못을 박기 위한 네 개의 구멍이 뚫려 있었단다. 네 개의 못은 철도 회사가 만든 금 못 한 개, 애리조나 주와 네바다 주가 기증한 은 못 두 개, 그리고 캘리포니아 주 샌프란시스코의 어느 신문사가 기증한 금 못 한 개였어.

두 공무원이 계수나무 침목의 네 개의 구멍에 네 개의 못을 끼우고, 특별히 만든 은 망치로 톡톡 두드려 박았어. 하지만 계수나무 침목은 기차의 무게를 감당하지 못할 것이기 때문에, 곧 못을 도로 뽑고 계수나무 침목도 들어내었어. 그 못과 침목은 나중에 박물관으로 가져갈 것이었단다.

계수나무 침목을 들어낸 자리에 늙은 소나무로 만든 진짜 침목이 놓였어. 두 공무

프로몬토리 서미트에서 동부와 서부가 철도로 연결되는 모습

원이 마지막 네 개의 쇠못을 박으려고 진짜 망치를 들었어. 첫 번째 공무원이 망치를 어깨 너머로 크게 휘둘렀다가 내리쳤지만, 못을 맞히지 못하고 침목만 때렸어. 두 번째 공무원은 못도 침목도 맞히지 못하고 땅바닥을 때렸어. 경험 많은 철도 인부가 나서서 망치를 넘겨받고서야 못이 제대로 박혔단다.

미국을 동서로 가로지르는 철도가 마침내 완성된 것이야. 7년 동안 2만 명의 인부가 하루에 열두 시간씩, 다이너마이트를 터뜨려서 산을 뚫고, 강과 계곡을 가로질러 다리를 놓으며 쉬지 않고 공사를 했어. 인부 중에는 저 멀리 중국에서 온 사람들도 있었단다. 미국의 동부 해안에서 서부 해안까지 단 한 곳도 끊어진 곳이 없는 철도가 놓였어. 철도가 놓이기 전에는 뉴욕의 사업가가 캘리포니아로 출장을 가려면 거의 한 달이나 걸리는 역마차를 타거나, 저 남아메리카의 남쪽 끝을 돌아서 가는 배를 타야 했단다. 그러나 이제는 단 닷새 만에 동부 해안에서 서부 해안까지 갈 수 있게 되었지!

그리고 오래지 않아서 미국의 서부 지역을 오가는 철도들이 곳곳에서 건설되었어. 기차들이 수많은 사람을 이 도시에서 저 도시로 실어 나르고, 회사들은 곡물과 소 떼와 석탄 같은 무거운 짐을 먼 곳까지 쉽게 운반해서 예전과는 비교도 안 될 만큼 많은 돈을 벌었어.

그리고 철도는 시간에 대한 개념마저도 바꾸어 놓았단다.

지금까지 세계의 모든 도시들은 태양의 위치를 보고 시계를 맞추었어. 해가 하늘 꼭대기에 오르면 정오야. 그러나 지구의 표면은 둥글기 때문에 동쪽에 있는 어느 도시의 정오는 저 멀리 서쪽에 있는 도시의 정오보다 반드시 먼저 오게 되어 있어. 1869년의 경우, 뉴욕 시의 시계가 정오를 가리킬 때, 보스턴의 시계는 12시 12분이었고, 캘리포니아 주의 어느 도시는 8시 32분이거나 8시 47분이었어. 그렇다면 도시와 도시 사이의 수백 킬로미터 거리를 빠른 속도로 달려가는 기차들은 무슨 방법으로 정확한 도착 시간을 승객들에게 말할 수 있을까?

프로몬토리 서미트에서 마지막 침목에 마지막 못을 박은 지 10년 후에, 샌드포드 플레밍Sandford Fleming이라는 이름의 캐나다 철도 기사가 세계를 24개의 시간대(time zone)로 나누면 그 문제를 해결할 수 있다고 제의했어. 북극에서 남극까지, 마치 사과를 세로로 자르듯이 일정한 간격으로 24개의 선을 긋고, 각 시간대 안에서 모든 시계는 같은 시간에 맞추자는 것이었지. 그러면 보스턴과 뉴욕은 정확히 똑같은 순간에 정오가 되고, 한 시간대에서 그 앞이나 뒤의 시간대로 이동하는 사람은 정확히 한 시간을 앞이나 뒤로 이동하게 되는 것이야. 그리고 버지니아 주의 12시는 캘리포니아 주의 모든 도시에서, 9시 13분이나 9시 21분이 아니라 정확히 오전 9시가 되는 것이지.

철도 기사들은 플레밍의 아이디어를 대번에 받아들였단다. 1883년 11월 18일에 미국의 모든 도시들은 그들이 속한 시간대에 따라서 일제히 시계를 조정했어. 시간이 '표준화'된 것이야. 미국 내

표준 시간대를 만든 샌드포드 플레밍

의 모든 곳에서 똑같은 규칙에 따라 시간이 정해졌고, 오래지 않아서 전 세계가 그렇게 되었어.

철도와 시간대는 미국의 서부에 사는 사람들이 이 세계에 대해서 생각하는 방식을 바꾸어 놓기 시작했단다.

우선, 이 세계가 예전에 생각했던 것만큼 넓지 않은 것 같았어. 상품을 만들어서 최대한 많은 소비자에게 파는 일이 갈수록 편해지고 쉬워졌어. 대도시의 문물이 쏟아져 들어오자 시골의 소도시나 자그마한 마을의 삶이 급속히 변해 갔어. 비단 미국뿐만이 아니라 서양의 다른 모든 나라들도 더불어서 빠른 속도로 '현대화' 되어 갔단다.

철도와 시간대와 함께 세계의 현대화를 더욱 촉진한 또 하나의 발명이 있었어. 1879년에 과학자 토머스 에디슨Thomas Edison이 그의 새로운 발명품을 세상에 내놓았는데, 전기의 힘으로 일으키는 빛이 바로 그것이었단다.

에디슨은 전류를 이용해서 밤에도 가정과 사무실과 공장에 불을 밝히는 방법을 고안하려고 여러 해를 두고 연구를 거듭했어. 그는 조수들과 함께 3천 가지의 시안을 실험했단다! 에디슨이 얼마나 실험에 몰두했는가 하면, 결혼식 날에 자기가 그날 결혼했다는 사실을 깜빡 잊고는 실험실로 가 버리는

토머스 에디슨

바람에 신부가 혼자 집에서 밤새 기다렸다는구나.

마침내 에디슨은 진공의 유리 공 안에 필라멘트*를 넣는 방법을 선택했어. 공기가 닿지 않으면 필라멘트가 아무리 달아오르더라도 타 버리지 않고 빛을 낼 것이라고 보았던 거야.

에디슨이 발명한 첫 '전구'는 고작 몇 시간밖에 가지 않았어. 그래서 에디슨은 수천 가지의 재질로 필라멘트를 만들어 보았어. 호두나무, 삼나무, 아마 섬유, 계수나무, 회양목 등으로 실험을 하고, 열대 지방에 사람을 보내서 이제까지 보지 못했던 새로운 나무를 찾아보게도 했어. 그리고 마침내 에디슨은 필라멘트가 타 버리기까지 1천5백 시간을 버티는 전구를 만들었단다.

에디슨이 만든 첫 번째 전구

에디슨과 그의 조수들은 이어서 전선, 케이블, 발전기, 소켓(전구를 끼우게 되어 있는 전기 기구) 등 전구를 실제로 사용해서 가정과 사무실과 공장을 밝히고 한 빌딩과 한 도시 전체를 밝히기 위해서 필요한 모든 것을 만들었어.

필라델피아에서 큰 상점을 운영하는 존 워너메이커라는 사람이 그의 가게에 전등을 설치했는데, 손님들이 문밖에서 머뭇거리며 들어오지를 않더래. 전구들이 곧 폭탄처럼 터질 거라고 생각했던 거야. 그러나 한참을 지나도 전구가 터지지 않자

---

*필라멘트(filament) : 전기 에너지에 의해서 발갛게 달아오르는 매우 가는 끈.

손님들이 쏟아져 들어왔대. 그때부터 이웃 상점들이 줄줄이 전등을 설치했고, 수많은 공장들과 집들도 전기를 이용해서 밤을 밝히게 되었어.

철도는 공간을 정복했어. 이제는 어떤 회사가 수백 킬로미터 떨어진 곳에 사는 사람들에게 제품을 파는 일이 아주 손쉬운 일이 되어 버렸어. 그리고 시간대는 시간이라고 하는 아리송한 문제를 정복했던 것 같아. 이제 사람들은 해를 보고 시계를 맞추는 게 아니라 제각기 자기가 사는 곳의 시간대에 따라서 맞추게 되었어. 그리고 전등은 어둠을 정복했어. 이제는 해가 졌다고 해서 하루의 노동을 끝내지 않아도 되었어. 해가 진 뒤에도 언제까지나 일을 할 수 있게 되었지!

일본의 메이지 유신

철도와 시간대와 전구 덕분에 미국이 현대를 향해 내달리고 있을 때, 일본은 또 다른 면에서 똑같은 길을 나아가기 시작하고 있었어.

유타 준주의 프로몬토리 서미트에서 두 대의 기관차가 만나기 15년 전인 1854년에 페리 제독이 일본을 위협해서 미국의 상인들에게 일본의 여러 항구를 열어 주도록 만들었어. 그러나 수많은 일본 사람들은 쇼군(장군)이 미국과의 통상 조약을 체결하도록 허락한 것에 대해서 불만을 품었단다. 그 조약으로 미국은 일본 땅에서 여러 가지 특혜를 누리게 되었지만, 정작 일본 사람들에게는 그다지 이득이 되지 못했기 때문이었지. 조약이 체결된 지 4년 후, 일본 정부의 한 관리가 미국 사람들이 일본에 와서 사는 것을 허락하는 또 다른 조약 문서에 서명을 했을 때는 한

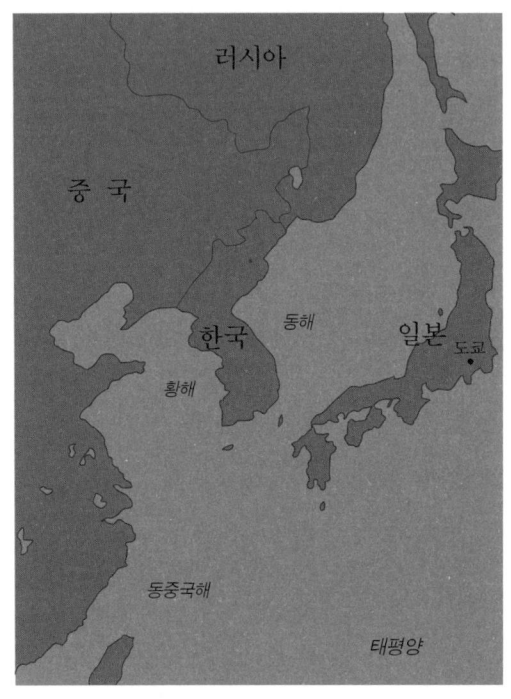
메이지 유신 때의 일본

무리의 사무라이가 그를 급습해서 목을 잘라 버린 사건도 있었어.

일본 사람들이 미국과의 통상 조약을 반대한 것은 미국이 일본을 일방적으로 이용하게 되리라고 우려했기 때문이었어. 그러나 한편으로 대다수의 일본 사람들은 일본이 언제까지나 서양과 담을 쌓고 살 수는 없다는 것을 잘 알고 있었단다. 그리고 250년 넘게 일본을 지배해 왔던 도쿠가와 막부가 이제는 일본이 안고 있는 여러 가지 문제들을 제대로 감당해 낼 능력이 없는 것 같다고 생각하는 사람들도 많았단다.

조약이 체결된 지 12년이 지났을 때 도쿠가와 막부의 쇼군이 죽고, 스물아홉 살의 청년 도쿠가와 요시노부(德川慶喜)가 뒤를 이었어. 그는 쇼군의 권력이 예전처럼 막강하지 않다는 것을 느끼지 않을 수 없었어. 그래서 그는 권좌에 오르자마자 많은 것을 바꾸기 시작했어. 그는 해군을 강화하려고 했고, 일본 땅에 있는 모든 외국인을 쫓아내겠다고 약속했어. 그러나 막부에게는 이미 때가 늦은 뒤였단다. 막부에 반대하는 다이묘*들이 이미 모여 있었는데, 그들은 요시노부가 물러나고 도쿠가와 막부는 영영 문을 닫으라고 요구했어.

요시노부는 내란이 일어난다면 일본은 더욱 힘이 약해져서 미국과 서양 여러 나라와 맞서 싸울 능력이 없는 나라가 될 것이라고 생각했어. 그래서 그는 1868년에 스스로 그 자리에서 물러났단다. 그는 자기 집으로 돌아가서 늘 감시를 받으며 살았어. 다이묘들은 열일곱 살의 어린 천황을 일본의 권좌에 다시 앉혔어. 쇼군이 일본을 지배하던 동안 아무 권력도 없이 명맥만 이어 왔던 천황이 다시 일본의 최고 권력자가 되었던 거야. 쇼군들이 지배해 왔던 도시 에도는 도쿄[東京 동경]로 이름이 바뀌어 천황의 도시가 되었단다.

막부에 충성을 바치는 사람들이 천황에게 충성을 바치는 사람들과 1년 동안 격렬하게 싸웠어. 마침내 2천 명가량의 막부 파의 마지막 군대가 3만 명의 천황 군대에게 밀려서 어느 성에 갇히고 포위당했어. 천황의 군대는 서양에서 사들인 신식 대포와 소총으로 성을 무너뜨렸단다.

이제 일본은 새로운 시대가 열렸어. 천황을 다시 권좌에 앉힌 다이묘들은 그 사건을 '메이지[明治] 왕정복고'라고 불렀어. 천황이 나라를 지배하는 전통적인 제도가 '복고' 되었다는 뜻이었지. 그러나 실제

도쿠가와 막부의 마지막 계승자
도쿠가와 요시노부

*다이묘[大名] : 일본의 막부 정권 시대의 영주.

메이지 유신 때의 일본 천황
무쓰히토

로는 그렇지가 않았어. 천황은 그전보다 더한 권력을 전혀 가지지 못했단다. 이제 일본은 천황을 에워싸고 조종하는 유식한 다이묘들이 지배하는 나라가 되었어.

다이묘들은 서양의 문물을 배우고 싶었어. 일본이 서양과 대등한 수준의 나라가 되려면 먼저 그들의 선진 학문과 기술을 배워야 한다고 보았던 거야. 그래서 그들은 젊은이를 유럽으로 보내서 공부를 시키고, 프랑스의 전문가를 초대해서 조선소를 짓고 배를 만들고 수리하는 기술을 가르치게 하고, 미국의 광산 전문가를 고용해서 탄광을 파는 법을 가르치게 하고, 영국의 공장 전문가를 불러다가 방적* 공장을 짓고 직공을 교육시키게 했어. 1872년에는, 모든 일본인들은 공식적인 행사나 집회에는 반드시 서양 의복을 입고 나와야 한다는 조치를 내리기도 했단다.

더욱 놀라운 변화는 그 다음에 일어났어. 막부 체제가 끝난 지 아직 10년도 지나지 않은 1876년에, 다이묘들은 사무라이들에게 이제부터는 칼을 몸에 지니고 다녀서는 안 된다고 말했단다. 그러자 사무라이들이 더 이상은 못 참겠다면서 들고 일어났어.

*방적(紡績) : 동식물의 섬유를 가공하여 실을 뽑는 일.

사무라이들이 칼을 버린다는 것은 곧 그들의 삶이 끝나는 것이나 마찬가지였어. 수세기 동안 일본은 '봉건제' 사회였어. 봉건제란 모든 개인이 다른 어떤 개인을 섬기고, 그 대가로 여러 가지 특권과 혜택을 받는 정치 제도를 말해. 쇼군은 다이묘에게 생명을 보호하고 토지를 주겠다고 약속하고, 다이묘는 쇼군이 필요로 하는 모든 것을 바치겠다고 약속해. 그리고 다이묘는 사무라이에게 성(城)을 주고,

메이지 유신 때 일본에 온 유럽 사람들

사무라이는 다이묘의 생명과 재산을 지키기 위해서 목숨을 걸고 싸워. 다이묘를 보호하는 이 특별한 직업을 가진 사람들이 사무라이이고, 그래서 그들만이 몸에 칼을 지닐 수 있었단다.

그런데 이러한 봉건제의 정점인 쇼군이 없어졌어. 이제 일본에는 한 명의 천황이 있고, 새로운 군대가 생겼어. 이 군대는 직업 무사인 사무라이가 아니라 징병한 병사로 구성되었어. 국가의 부름을 받고 군대에 들어가 급료를 받고 복무하는 병사를 '징병'이라고 하는데, 서양의 여러 나라들과 마찬가지로 일본의 병사들도 이제는 어떤 귀족에게 봉건적인 의무로써 몸이 묶였기 때문이 아니라 급료를 받는 대가로 싸우게 된 것이야.

사무라이들은 이제까지 그들이 누려 왔던 지위를 잃고 싶지 않았어. 다이묘로부터

사무라이를 이끌고 반란을 일으킨
사이고 다카모리

받은 성을 도로 내놓고 싶지도 않았지. 그래서, 이제부터는 몸에 칼을 지니고 다녀서는 안 된다는 말을 들었을 때, 사무라이들이 한데 모여서 반란을 일으켰는데, 힘이 장사라고 소문난 사이고 다카모리[西鄕隆盛]라는 사무라이가 그들을 이끌었어. 대다수가 촌민 출신인 징병으로 구성된 새 군대가 반란을 진압하러 출동했어. 하지만 신식 소총으로 무장한 촌민들은 칼을 든 사무라이보다 훨씬 강했어. 오랜 수련으로 뛰어난 무술을 갈고닦았던 사무라이들이 서양에서 들여온 소총 앞에서 속절없이 쓰러졌어. 이윽고 운명이 다했다는 것을 알아차린 다카모리는 자결해 버렸고, 세이난 전쟁[西南戰爭]이라고 불리는 그 반란은 채 1년을 못 넘기고 평정되었단다.

1884년에 이르러 일본은 새로운 헌법을 제정했어. 그 헌법의 초안(기초가 되는 글)을 작성한 사람은 비스마르크를 너무도 흠모한 나머지 비스마르크에 의해서 갓 태어난 독일을 방문해서 그 나라의 제도와 문물을 직접 보고 배웠던 정치가였어. 그래서 그는 일본 정부를 독일의 정부와 모든 면에서 매우 흡사하게 만들기 위한 헌법을 만들었단다. 빌헬름 2세가 독일의 황제인 것처럼 일본의 '수장'은 천황이지만, 나라 살림의 모든 것은 '내각'이 운영하는 제도를 택했던 것이야. 그리고 지식인들로 이루어진 두 개의 의회를 두고, 이 두 의회가 모든 법률을 제정하도록 했어.

어디선가 들어 본 이야기라고? 당연히 그럴 거야. 서양 여러 나라들이 채택한 정부의 형식을 일본이 받아들이기 시작한 것이야. 일본 역사에서는 이 시기를 '메이지 유신[明治維新]' 시대라고 하지만, 천황의 권력은 전혀 '새로워지지' 않았어. 천황은 단지 하나의 상징일 뿐이었지. 일본 사람들 개개인의 국가에 대한 신의와 충성의 상징일 뿐이었던 거야.

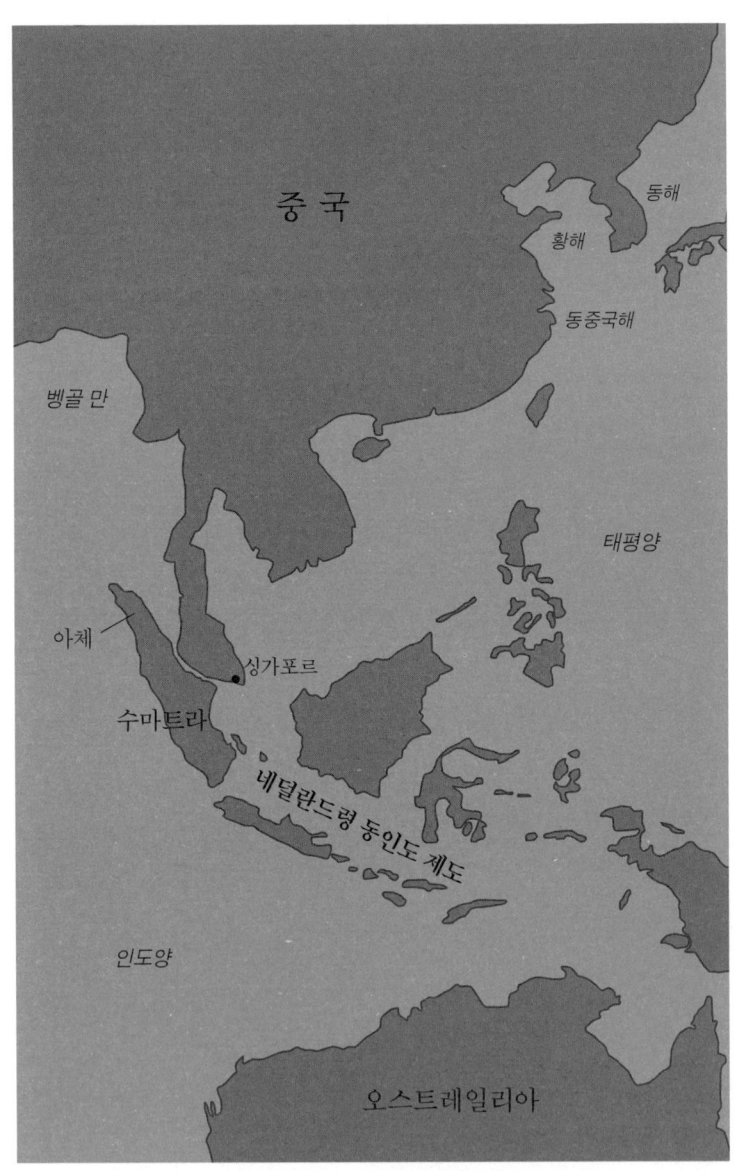

디엔이 살았을 때의 네덜란드령 동인도 제도

제9장 두 개의 제국, 두 번의 반란

네덜란드령 동인도 제도와 아체 왕국의 전쟁

프랑스와 독일이 더 강한 나라가 되려고 갖은 애를 쓰고 있을 때, 또 다른 제국들이 제각기 해외에서 빼앗은 땅을 지키려고 서로 싸우고 있었어. 일본으로부터 아득히 먼 남쪽에 6개의 큰 섬이 있고, 그 주위에는 아주 작은 섬들이 무수히 흩어져 있어. 지금은 '인도네시아 제도Indonesian Archipelago'라고 불리는 그곳을 1백 년 전에는 '네덜란드령(領) 동인도 제도Dutch East Indies'라고 불렀단다.

동남아시아에 있는 지역의 이름에 웬 '네덜란드'냐고? 지금으로부터 2백여 년 전에 네덜란드의 상인들이 연합해서 하나의 큰 무역 회사를 만들고, 동양으로 진출해서 곳곳에 무역항을 건설했어. 네덜란드의 상선들이 들락거리면서 계피와 육두구와 후추 등의 향료를 더 쉽게 사 올 수 있도록 하기 위해서였지. 네덜란드 동인도 회사도 영국의 동인도 회사와 마찬가지로 인도의 곳곳에 무역항을 건설했어. 그러나 네덜란드의 무역항은 거의 대다수가 인도보다 훨씬 더 동쪽에 있는 동인도 제도에 건설되었단다.

오래지 않아서 네덜란드 정부가 그 무역항들에 대한 지배권을 동인도 회사로부터 넘겨받고, 거의 동시에 동인도 제도 대부분의 지역을 장악했단다. 동인도 제도가 네덜란드의 일부가 된 것이지.

또 네덜란드 사람들은 동인도 제도의 북쪽에 있는 수마트라Sumatra 섬을 차지하려고 했어. 그런데 영국도 그 섬을 탐내었단다. 영국은 아시아 대륙의 본토에서 길게 뻗어 내린 반도의 남쪽 끝에 위치한 도시 싱가포르를 이미 점령하고 있었어. 싱가포르는 수마트라 섬과는 곧 닿을 듯이 가까운 거리인데, 만약에 수마트라 섬을 네덜란드가 차지한다면 영국으로서는 바로 코앞에 강력한 경쟁자를 두게 되는 셈이었지!

1824년에 두 나라가 합의를 보았어. 네덜란드는 절대로 싱가포르를 공격하지 않을 것이며, 인도에 있는 네덜란드 소유의 무역항과 거류지를 모두 영국에게 넘겨주겠다고 약속했어. 그 대신에 수마트라 섬을 독차지한다는 것이었지.

그러나 그 합의에는 함정이 하나 있었어. 수마트라 섬의 북쪽 끝에 '아체Atjeh'라

1. 육두구 / 열대 식물의 하나로, 살구 씨처럼 생긴 씨는 향미료 등으로 씀.
2. 계수나무 / 이 계수나무의 얇은 껍질을 계피라고 하며 독특한 향이 있어 향료의 원료로 씀.

는 이름의 작은 왕국이 있었는데, 네덜란드가 수마트라 섬을 차지하더라도 그 왕국의 독립은 인정해야 한다는 것이었지. 그렇게 되면 아체 왕국은 싱가포르의 영국 사람들과 수마트라의 네덜란드 사람들 사이에서 일종의 '중립 지대' 같은 것으로 남아 있게 되는 것이었어.

처음에는 모든 것이 합의한 대로 되어 가는 것 같았어. 동인도 제도가 네덜란드 사람들의 주머니를 불룩하게 채워 주었지. 그 섬들에는 금과 루비와 사파이어와 석탄 등, 온갖 놀라운 것들이 풍부했어. 따뜻하고 촉촉한 땅은 커피나무와 차나무와 고무나무를 경작하기에 완벽했어. 동인도 제도의 농부들은 그들이 가진 땅의 5분의 1을 떼어서 네덜란드 사람들이 원하는 작물을 경작해야 했고, 1주일에 사흘을 반드시 그 땅에서 일해야 했어. 네덜란드 사람들은, 농부들이 외국인 지배자를 위해서 그만큼이나 시간을 바치는 것을 당연히 싫어하리란 것을 잘 알고 있었겠지? 그래서 그들은 동인도 제도의 모든 곳의 토후(부족의 수장이나 실력자)들과 족장들에게 '공식적으로' 경작한 그 작물로 얻는 이익의 일부를 나누어 주겠다고 약속했어.

부자가 될 기회가 왔다 싶었는지 수많은 지방 관리들이 혈안(열중하여 바쁘게 몰아치는 일)이 되었어. 그래서 네덜란드 지배자들의 제의를 날름 받아들였고, 심지어는 네덜란드 사람들이 요구한 것보다 더 가혹하게 농민들을 몰아붙이는 사람도 있었단다. 어떤 지방에서는 농부들이 네덜란드 사람들의 농장에서 1년에 2백 일이나 일을 해야 했단다! 토후들과 족장들은 날로 부자가 되어 가고, 네덜란드 사람들은

네덜란드령 동인도 제도와 아체 왕국의 전쟁 **157**

주체하지도 못할 정도로 돈을 벌었어. 그리고 고된 노동에 지치기만 할 뿐, 가난을 면할 길이 없는 농부들의 분노도 나날이 커져 갔지.

곳곳에서 작은 봉기가 일어났어. 그러자 네덜란드 정부는 아체 왕국이 뒤에서 반란을 부추기는 게 틀림없다고 생각했어. 어느 네덜란드 인 관리는 "아체 왕국은 해적들의 소굴일 뿐이다!"라고 거품을 물고 씩씩거렸다는구나.

그렇다고 해서 아체 왕국을 공격한다면 영국이 화를 낼 게 분명하다는 걸 네덜란드 사람들은 모르지 않았어. 그래서 1871년에 네덜란드는 영국과 또 하나의 조약을 체결했어. 수마트라 조약이라고 하는 것인데, 이 조약에서 영국은 네덜란드가 아체 왕국까지 마저 차지해도 좋다고 한 걸음 물러났단다.

1873년에 네덜란드는 3천 명의 병력으로 아체 왕국을 쳐들어갔어. 그러나 그 전쟁이 앞으로 30년 동안이나 계속될 줄은 미처 몰랐단다.

아체 사람들은 결코 굴복하지 않았어. 이슬람 교 지도자들과 군대의 장군들, 토후들, 심지어는 여자들까지도 네덜란드 군대와 용감하게 맞서 싸웠어. 트조엣 엔작 디엔Tjoet Njak Dien이라는 젊은 여자가 있었어. 아체 왕국의 여전사들 중에서도 가장 용감무쌍한 여자였지. 그녀의 아버지와 남편도 아체 왕국 군대의 병사였어. 네덜란드 군대가 아체 왕국의 수도를 포위했을 때, 디엔은 아버지와 남편과 함께 밀림 속으로 숨었어. 그리고 그곳에서 게릴라 전쟁을 시작했어. 남편과 아버지가 싸우다가 죽자 디엔이 게릴라 부대의 사령관이 되었어. 그녀는 다른 게릴라 지도자와 결혼해서 늘 나란히 붙어서 전투를 치렀어. 그리고 그 전쟁의 와중에서 딸을

낳고, 그 딸을 등에 업은 채로 싸움터에 나갔단다.

디엔과 그녀의 남편은 네덜란드 군대에 저항하기 위해서는 그들의 게릴라 부대가 성능이 더 좋은 무기와 탄약을 가져야 한다고 판단했어. 그래서 그들은 한 가지 계책을

트조엣 엔작 디엔과 남편 테우쿠 우마르

꾸몄단다. 두 사람은 밀림의 은신처(숨는 곳)에서 나와서 네덜란드 군의 어느 진지를 찾아가서 곧장 그 한가운데로 들어갔어. 그리고 이렇게 말했어. "우리는 투항하려고 왔다! 우리가 당신들하고 싸운 게 애초에 잘못이었다. 부탁인데, 우리를 받아 주면 당신들한테 협력해서 반란군을 진압하는 데 앞장서겠다."

네덜란드 사람들은 너무도 기뻐서 디엔의 남편에게 훈장을 주고, 한 부대의 지휘를 맡겼어. 아체 왕국 사람들은 기겁을 했지. 디엔과 그녀의 남편이 아무래도 배신을 한 게 틀림없는 것 같았거든. 그러나 두 사람은 속셈이 따로 있었어. 그들은 네덜란드 군의 전략을 차근차근 살피고, 네덜란드의 무기를 사용하는 법을 배우고, 작전 계획들을 몰래 엿들었어. 그리고 아체의 병사들을 하나씩 하나씩 네덜란드 군대로 불러들였단다. 그러나 그 병사들은 네덜란드에게 충성을 바치는 척만 할 뿐, 사실은 아체의 자유를 위해서 싸우는 밀림의 게릴라 전사였어.

디엔의 남편은 아체의 전사들을 네덜란드 부대에 끌어들인 다음 부대를 이끌고

전투에 나갔어. 그러고는 다시 돌아가지 않았지, 물론! 그는 소총과 탄약과 대포를 모두 아체 부대에 넘겨주었어. 게릴라 부대는 난데없이 생긴 신식 무기 덕분에 네덜란드 군대를 몰아낼 수 있었지.

체포된 디엔(오른쪽)

그러나 해가 바뀌고 또 바뀌고 또 바뀌어도 전쟁은 끝날 줄을 몰랐어. 24년 동안이나 디엔 부부는 싸우고 또 싸웠어. 마침내 디엔의 남편이 싸우다가 죽음을 맞이했고, 이제 쉰한 살이 된 디엔은 그 후에도 계속 밀림에서 싸우고 또 싸웠어. 하지만 그녀는 어느 때부터인가 병이 들어서 몸이 극도로 쇠약해졌는데, 병이 얼마나 심했는지 시력을 거의 잃을 정도였어. 그런데도 그녀는 포기하지 않았단다.

전쟁이 시작된 지 거의 30년이 지난 1901년에 디엔은 네덜란드 군에게 체포되었어. 네덜란드 사람들은 그녀를 아득히 먼 곳으로 보내서 늘 감시를 받으며 살게 했어. 유형*의 삶을 사는 동안에도 디엔은 '이부 페르부Ibu Perbu'라는 별명으로 불렸는데, 이것은 '여왕'이라는 뜻이란다.

그리고 2년 후인 1903년에 네덜란드가 마침내 아체 왕국을 점령했어. 그러나 길

---

*유형(流刑) : 죄인을 외딴 곳으로 보내어 그곳을 떠나지 못하게 하는 형벌.

고도 험했던 그 전쟁에서 이기기까지, 네덜란드 정부는 동인도 제도에서 벌어들인 돈을 몽땅 쏟아 부어야 했단다.

유럽의 병자 '오스만 투르크 제국'

러시아의 도시 상트페테르부르크의 춥고 어두컴컴한 아침이었어. 다닥다닥 붙은 지붕 위에 쌓인 눈이 바람에 날려 얼음장처럼 차가운 도로 위에서 춤을 추는구나. 기온이 영하 10도도 더 내려가서, 그곳의 기후에 길든 사람이 아니고서는 견디기가 힘들 정도야. 손발이 금방이라도 얼어 버릴 것 같다고. 그러나 영국 대사*는 지금 겨울 궁전Winter Palace의 접객실에 있기 때문에 바깥의 추위를 전혀 모르고 있어. 동굴처럼 속이 깊고 넓은 벽난로에서 장작불이 활활 타고 있기 때문이야. 그 열기에 실내가 좀 덥다 싶을 만큼 후끈해진 지가 벌써 오래야.

이윽고 저쪽에서 기침 소리가 들려. 대사가 고개를 돌려 보니까 러시아의 차르 니콜라이 1세가 양 옆에 시종을 거느리고 문으로 들어오고 있어. 차르는 벌써 여러 날째 고열로 앓아 누워 있었지만, 오늘은 억지로라도 일어나서 영국 대사를 만나기로 했던 것이야.

차르와 대사는 한참 동안 그저 이런저런 이야기를 나누었어. 그런데 차르의 생각 속에는 무언가 심각한 것이 들어 있었던가 봐. 차르가 앞으로 몸을 수그리고 이렇

---

*대사(大使) : 한 나라에서 그 나라를 대표하여 다른 나라에 보내어, 외교 교섭을 하고 그 나라 사람에 대한 보호와 감독하는 일을 하는 제1급의 외교 사절.

게 말했어.

"지금 우리 손안에 병자가 있소이다."

영국 대사는 그게 대체 무슨 말인지를 얼른 알아차리지 못했어. 차르가 지금 자기가 몹시 아프다는 이야기를 하고 있는 것일까?

차르가 또 말했어. "상태가 아주 심각한 병자지요. 만약 그 병자가 조만간에 우리 손안에서 빠져나간다면, 그건 우리한테 키다란 불운이 될 거요. 그러니까 우리가 하루빨리 필요한 조치를 취해야 합니다."

대사는 그제야 차르의 말뜻을 알아차렸어. 차르가 말하는 병자란 다름 아닌 러시아의 남쪽에서 동서로 길게 뻗어 있는 '오스만 투르크 제국'이었어. 오스만 투르크 제국은 티그리스 강과 유프라테스 강으로부터 소아시아의 전 지역을 거쳐 그리스 반도에까지 이르는 대제국이야. 러시아는 오스만 투르크 제국을 공격해서 그 영토의 일부를 손에 넣으려는 야심을 가지고 있었고, 그래서 오스만 투르크를 정복하기 위해서 '필요한 조치'를 취할 때 영국이 적이 아니라 동맹이 되어 주기를 바란다는 것이었지.

러시아 차르 니콜라이 1세

러시아의 차르가 오스만 투르크 제국을 '병자'라고 부른 이유가 무엇일까? 벌써 오래전부터 오스만 투르크 제국은 날이 갈수록 허약해지고 가난해졌어. '술탄'이라 불리는 황제들이 나랏돈을 너무도 심하게 낭비하는 바람에

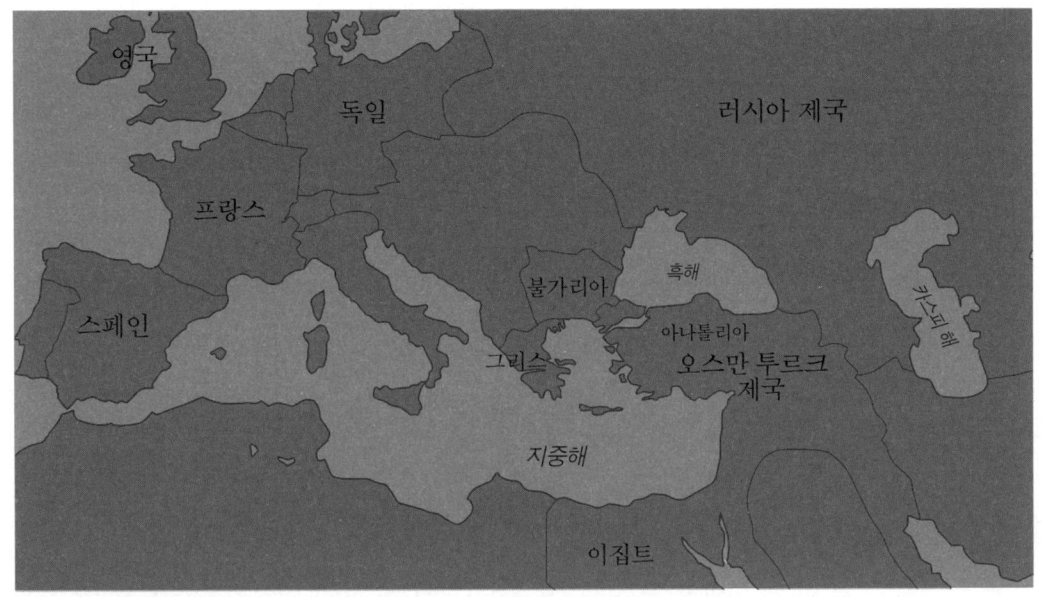

쇠퇴하는 오스만 투르크 제국

급기야는 외국에서 돈을 빌려다가 군대의 병사들에게 급료를 주어야 하는 지경이 되어 있었단다. 또 방대한 제국의 영토를 명목상으로는 술탄이 지배하고 있었지만, 적어도 세 곳 이상의 지역이 술탄을 무시하기 시작했어. 오스만 투르크 사람들이 발칸Balkan(터키 어로 '산'이라는 뜻)이라고 부르는, 그리스 북쪽의 산악 지대에 사는 사람들이 이미 자기들 마음대로 행동하고 있었고, 소아시아 한가운데 지역의 아나톨리아 사람들과 지중해 동쪽 해안 지대의 레바논 사람들도 마찬가지였어.

오스만 투르크 제국은 확실히 병이 들었어! 영국 대사는 차르의 말이 정확히 무슨 뜻인지를 알아차렸어. 이제는 오스만 투르크 제국을 집어삼킬 때가 되었다는 뜻이라는 것을! 그러나 오스만 투르크 제국의 일부를 병합한다면 러시아가 더욱 커지고 더욱 강해진다는 사실을 영국 대사가 모를 리가 없었어. 영국은 러시아의 힘이 커지는 것을 절대로 원하지 않았고, 그래서 대사는 차르에게 그러한 영국 정부의 방침을 알려 주어야 했지.

대사가 미소를 지으며 말했어. "속병이 걸린 병자는 내과 병원에 보내서 치료를 받게 해야겠지요. 외과 병원에 보내서 팔다리를 잘라 버린다면 아주 죽어 버릴 테니까요."

그러자 니콜라이 1세는 러시아가 오스만 투르크 제국과 싸우더라도 영국이 절대로 도와주지 않으리라는 것을 알아차렸어. 물론 그건 사실이었어. 영국은 오히려 언제든지 러시아와 싸우겠다는 입장이었단다. 크림 전쟁을 기억하지? 1853년에 러시아가 오스만 투르크 제국의 영토를 빼앗으려고 남쪽으로 국경을 넘어 쳐들어갔어. 그러자 영국과 프랑스가 군대를 보내서 러시아 군을 쫓아내었지. 영국도 프랑스도 러시아가 더 커지고 더 강해지는 것을 바라지 않았던 것이야.

그러나 러시아는 '유럽의 병자' 오스만 투르크 제국을 공격하겠다는 생각을 아직 버리지 않고 있었던 거야.

1876년에 러시아가 마침내 또 기회를 잡았어.

당시 오스만 투르크 제국의 술탄은 아브뒬라지즈Abdülaziz라는 이름의, 체구가 크고 성격이 쾌활하고, 파티를 즐기고 좋은 음식을 탐내는 사람이었어. 그는 불가리아 때문에 골머리를 앓고 있었어. 불가리아는 흑해 서쪽 해안에서 러시아와 국경을 맞대고 있는 나라인데, 4백 년도 훨씬 더 이전부터 오스만 투르크 제국의 일부였단다. 그러나 불가리아 사람들은 오스만 투르크 지배자들에게 늘 불만을 품고 살아왔어. 그들은 오스만 투르크의 지배를 '투르크가 씌운 멍에'라고 불렀단다.

불가리아의 젊은 혁명가들이 전국을 돌아다니면서 불가리아가 독립해야 한다고 연설했어. 주세페 가리발디가 이끄는 이탈리아의 젊은이들이 그랬던 것처럼, 불가리아의 젊은이들도 불가리아가 투르

오스만 투르크 제국의 술탄
아브뒬라지즈

크 인의 지배에서 하루빨리 벗어나고, 미국의 헌법과 같은 현대적인 헌법을 가진 독립 국가가 되기를 간절히 원했어.

1876년 4월에 불가리아의 젊은 혁명가들이 무기를 들고 일어났어. 그러나 그들은 이탈리아의 혁명군만큼 잘 짜인 군대를 구성하지 못한 채, 작은 무리들을 지어 불가리아 전 지역에 흩어져서 싸웠어. 아브뒬라지즈와 그의 대신들은 머뭇거리지 않았어. 그들은 당장 오스만 투르크 군대를 불가리아로 보내서 젊은 혁명가들을 몰살하고, 그들에게 협력한 사람들까지 모조리 죽였단다.

혁명이 무엇인지도 모르는 사람들조차도 수없이 살해당하고, 60개의 마을이 불에 타서 없어져 버렸어. '4월 봉기April Uprising'라고 불리는 이 반란을 오스만 투르크 군이 완전히 진압해 놓고 보니까 거의 1만 2천 명의 불가리아 사람이 사라지고

유럽의 병자 '오스만 투르크 제국' 165

없었어.

이 끔찍한 유혈 사태를 보고 유럽의 모든 나라들이 충격을 받았어. 독일에서는 비스마르크가 독일 사람들에게, 이제부터 오스만 투르크 제국을 유럽의 일부로 인정하지 말아야 한다고 말했고, 이탈리아에서

1876년경 불가리아 사람들의 모습

는 가리발디가 투르크 술탄의 잔학한 행위를 규탄했고, 영국 수상은 유럽 여러 나라가 힘을 합쳐서 불가리아에서 투르크 군을 몰아내야 한다고 선언했어.

한편, 아브뒬라지즈 그 자신도 몹시 딱한 처지가 되어 있었어. 백성들이 그에게 반기를 들고 일어났던 거야. 불가리아에서 참혹한 유혈 사태가 일어난 지 채 한 달도 안 된 5월 30일에 투르크의 반란군이 한밤중에 궁궐로 쳐들어왔어. 아브뒬라지즈는 잠옷 바람으로 칼을 휘두르면서 침실에서 뛰쳐나왔어. 그러나 그는, 그를 에워싼 사람의 숫자가 자기 혼자 칼을 휘둘러서 물리칠 수 없을 만큼 많은 것을 보고는 옥좌에서 물러나겠다고 선언했어.

그리고 나흘 후에 아브뒬라지즈가 죽었어. 그의 의사는 그가 자살했다고 말했지만, 아브뒬라지즈의 시신을 본 영국인 의사는 그가 살해당한 게 틀림없다고 말했단다.

오스만 투르크 사람들은 새로운 술탄을 앉혀야 했어. 그래서 그들은 아브뒬라지

즈의 조카를 옥좌에 앉혀서 무라드 5세Murad V로 선포했어. 무라드 5세는 똑똑하지도 않고 용감하지도 않았어. 아브뒬라지즈가 죽었다는 소식을 들었을 때 그는 까무러쳐서 이틀 동안이나 깨어나지를 못했다는구나. 그리고 옥좌에 앉았을 때는 몇 시간 동안이나 오른손으로 턱을 매만지고 있었는데, 아무래도 제정신을 잃어버린 게 틀림없는 것 같았대.

무라드가 옥좌에 앉은 지 93일 만에 투르크 사람들은 그를 먼 시골구석으로 보내 버렸단다.

아브뒬라지즈의 뒤를 이은
술탄 무라드 5세

무라드의 동생이 오스만 투르크 제국의 새 술탄이 되어서 아브뒬하미드 2세 Abdülhamid II라고 불리게 되었어. 그는 오스만 투르크 제국의 경제가 파산된 지 오래이고, 곳곳에서 반란이 들끓고, 게다가 유럽의 모든 나라들로부터 위협을 받고 있다는 걸 잘 알았어. 그는 '유럽의 병자'인 자신의 나라를 치료하기 위해서 최선의 노력을 다했단다. 그는 오스만 투르크 제국도 서양의 다른 나라들처럼 헌법을 가질 것이고, 법률을 제정하기 위한 의회를 가지게 될 것이라고 선언했어.

아브뒬하미드 2세는 국가를 위해서 정말 열심히 일했단다. 영국 대사까지도 그를 '자상하고 친절하며, 확 트인 식견을 가진 사람'이라고 칭찬했어. 그러나 아브뒬하미드 2세조차도 러시아의 야심을 꺾어 놓지는 못했어. 러시아는 오래전부터 오스만 투르크의 땅을 탐내었는데, 이제는 군대를 보낼 완벽한 구실을 가지게 되었어. 러시아의 차르는 투르크 군대가 불가리아의 마을들을 불태워 없앨 때, 이슬람 교도 병사들이 불가리아의 기독교도들을 무수히 죽였다는 사실을 지적했어. 그래서 러시아의 기독교도들 대부분이 지금이라도 러시아가 불가리아의 동료 신자들을 보호하러 나서야 한다고 생각하고 있다고 주장했어. 그리고 러시아 군대가 남쪽으로 오스만 투르크 제국의 국경을 넘어가기

오스만 투르크 제국을 일으키려 한
아브뒬하미드 2세

시작했어. 그러자 수천 수만 명의 불가리아 사람들이 오스만 투르크의 압제자들과 싸우겠다는 일념으로 러시아 군대에 합세했어. 전쟁이 시작된 지 넉 달 만에 러시아 군대가 오스만 투르크 제국의 영토를 대거 점령하고 이스탄불에까지 바싹 다가갔단다.

1878년 1월에 이르러 투르크 군대가 무너지기 시작하고, 3월에 이르러서는 러시아 군대의 승리가 거의 확실해졌어. 그래서 아브뒬하미드 2세는 불가리아의 독립을 인정하는 조약에 서명하지 않을 수 없었단다. 러시아는 아나톨리아(이따금 '소아시아'라고 불리는 지역)의 대부분을 차지했고, 오스만 투르크 제국은 영토의 절반을 잃었어!

그 후에도 아브뒬하미드 2세는 여전히 오스만 투르크 제국의 옥좌에 앉아 있었어.

그러나 유럽의 병자는 러시아가 원했던 꼭 그대로 팔다리가 거지반 잘려 버렸어. 오스만 투르크 제국은 이제부터 다시는 세계 강대국의 반열(등급의 차례)에 들어가지 못하게 된단다.

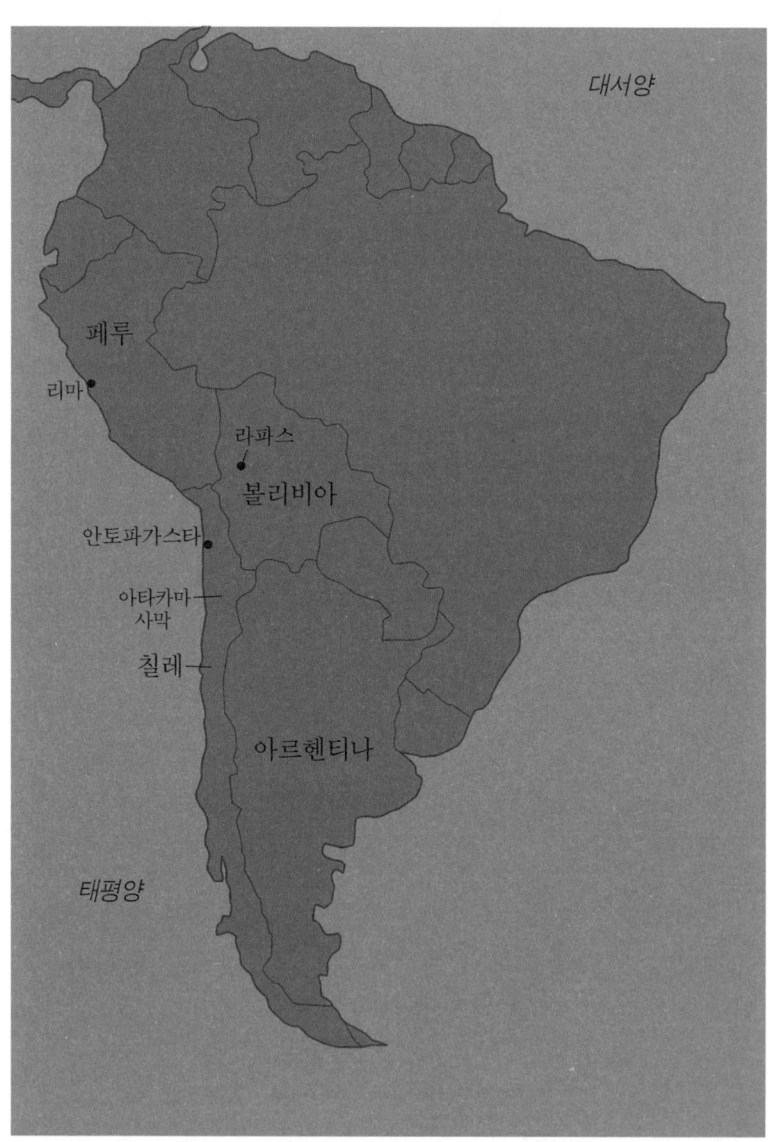

태평양 전쟁 후의 남아메리카 해안선

제10장 세상에서 가장 메마른 땅, 동양을 잇는 운하

페루, 볼리비아, 칠레가 벌인 '태평양 전쟁'

오스만 투르크 제국이 영토의 절반을 잃었던 무렵에 남아메리카에서는 5년 동안에 걸친 전쟁이 막 시작되고 있었어. 그 전쟁은 이 지구상에서 가장 메마른 땅을 서로 차지하려고 싸운 것이었단다.

제6장에서 우리는 3국 동맹 전쟁에 관해서 이야기했어. 브라질과 아르헨티나와 우루과이 세 나라가 연합해서 파라과이와 싸웠던 그 처절한 전쟁을 기억하고 있겠지? 그 3국 동맹 전쟁이 일어난 지 14년 후에 또 한 번의 전쟁이 남아메리카의 또 다른 세 나라 사이에서 터졌던 것이야.

이번 전쟁은 남아메리카의 서쪽 해안에 자리 잡은 세 나라 사이에서 일어났어. 세 나라 중에서 페루가 가장 북쪽에 있는 나라인데, 이 나라는 적도(지구 표면의 가운데를 가로지르는 가상의 선) 바로 아래에 있어. 페루 서쪽의 수백 킬로미터 해안선에는 태평양의 파도가 닿지만, 해안에서 내륙 쪽으로 들어가면 얼마 가지 않아 완만한 땅이 갑자기 솟구치면서 하늘을 찌를 듯이 높은 산이 막아선단다. 바위투성이에

페루, 볼리비아, 칠레가 벌인 '태평양 전쟁' 171

다가 늘 머리에 흰 눈을 쓰고 있는 안데스 산맥이 페루의 한가운데에 마치 등뼈처럼 내리 뻗어 있거든.

페루의 바로 아래에 있는, 페루보다 길이는 짧고 훨씬 더 통통한 나라는 볼리비아야. 볼리비아도 한때는 해안선을 가지고 있었지만 지금은 그렇지가 않아. 볼리비아 땅에 해안선이 없어지게 된 사연을 지금부터 이야기하려는 것이란다.

볼리비아의 바로 아래에 있는 나라는 칠레야. 칠레는 남아메리카 대륙의 남쪽 끝까지 내리 뻗은 가느다랗고 기다란 나라야. 볼리비아 땅이 오렌지 같은 모양이라면, 칠레는 국수 가락 같아! 칠레 땅은 길이가 폭의 열 배 이상이나 된단다.

그 전쟁은 볼리비아와 칠레가, 볼리비아의 남부와 칠레의 북부에 걸쳐 있는 너무도 황량하고 인적이 없는 아타카마 사막Atacama Desert을 놓고 다투는 데서부터 시작되었어. 두 나라는 그 사막에 국경선조차도 긋지 않고 지냈어. 굳이 국경선을 그을 필요조차도 없었거든. 아타카마 사막은 소금과 모래와 용암이 굳은 돌뿐인 황무지였단 말이야. 그 사막은 미국의 저 유명한 데스 밸리*보다도 열다섯 배나 더 메마른 땅이라는구나. 그러니까 지구상에서 가장 건조한 땅이지!

이 사막이 그처럼 건조한 이유는 이 지역이 '비그늘(rain shadow)' 지역이기 때문이란다. '비그늘'이란 높은 산이 비바람을 가로막기 때문에 비가 거의 내리지 않는

---

*데스 밸리(Death Valley) : 미국 캘리포니아 주에 있는 계곡으로, 이곳에서 금광을 찾던 사람들이 혹독한 더위 때문에 대부분 죽음을 당해서 '죽음의 골짜기'란 뜻의 이름이 붙었음. 여름의 기온이 58.3도까지 올라간 적이 있음.

곳을 말해. 바다 쪽에서 불어오는 비바람이 높은 산에 부딪치면 공기가 그 산을 넘으려고 높이 솟구치게 돼. 그런데 위로 올라가는 공기는 차츰 온도가 낮아지고, 그러면서 공기가 품고 있던 수증기가 응축(기체가 액체로 변하는 현상)되어 비가 되어 내리게 돼. 그래서 산을 넘은 공기 속에는 더 이상 비를 내릴 수증기가 남아 있지를 않아. 아타카마 사막이 바로 그런 지역인데, 과학자들이 그곳의 토양을 분석해 보니까 화성의 토양만큼이나 황폐해서 생명체가 전혀 살 수 없다는 결론이 나왔다는구나.

아타카마 사막에는 물이 없어서 생명체는 살 수가 없어. 하지만 그곳에는 화학 물질과 광물질이 있단다. 모래 속에 구리가 묻혀 있고, 화약을 만드는 데 쓰는 질산칼륨이 있고, 질산나트륨이라는 화학 물질이 있어. 질산나트륨은 몹시 지저분한 곳에서 나는데 흔히 박쥐나 바닷새의 배설물이 썩은 자리에서 생성돼. 그런데 그 지저분한 것이 비료를 만들고, 또 포탄을 만드는 데 대단히 유용하게 쓰인단다.

칠레의 광부들이 구리와 질산나트륨을 캐러 아타카마 사막에 들어갔어. 그러자 볼리비아가 그 사막의 일부는 자기들 땅이니까, 거기서 광물을 캐려면 볼리비아에 세금을 내야 한다고 주장했어.

그래서 두 나라가 그 사막을 놓고 입씨름을 벌였어. 한쪽은 세금을 내라고 우기고 한쪽은 못 내겠다고 버티면서, 사막의 어디쯤까지가 자기들 땅이냐 하는 것을 놓고 다투었어. 이윽고 볼리비아 사람들이 너무도 화가 났어. 그래서 볼리비아 관리들이 아타카마 사막으로 달려가서 칠레의 광산 회사가 지어 놓은 건물과, 광부들

페루, 볼리비아, 칠레가 벌인 '태평양 전쟁'

이 쓰는 연장과, 캐어서 쌓아 둔 것을 빼앗았어. 그리고 볼리비아는 그 모든 것들을 경매*를 통해서 처분하겠다고 선언했어.

경매가 열리기로 예정된 날, 칠레 군대가 안토파가스타 시로 쳐들어가서 그곳을 점령했어. 안토파가스타 시는 아타카마 사막의 해변에 자리 잡은 볼리비아의 항구 도시야. 세계의 각 나라에서 온 상선들이 아타카마 사막에서 운반해 온 광물을 실어 가는 곳이지. 그 항구를 점령한 칠레는 이제부터 아타카마 사막은 칠레의 것이고, 따라서 그곳에서 캐낸 광물도 모두 칠레의 것이라고 주장했어.

그러자 2주일 후에 볼리비아가 칠레에게 선전 포고를 했어.

그러나 볼리비아는 자기 혼자서 칠레와 맞붙으려는 것이 아니었어. 볼리비아는 6년 전에 페루와 조약을 맺었는데, 두 나라가 언제나 서로에게 동맹이 될 것이고, 특히 칠레와 싸우게 될 때에는 반드시 돕는다고 하는 내용이었어. 그러니까 당연히 볼리비아는 페루에게 도움을 요청했지.

그러나 너무도 메말라서 뱀조차도 살지 못하는 그 사막에서는 전쟁을 치르기가 너무도 어려웠어. 그래서 세 나라는 태평양의 바다에서 싸웠단다. 그래서 이 전쟁을 '태평양 전쟁War of the Pacific'이라고 불러. 그런데 이 전쟁은 볼리비아와 칠레가 아타카마 사막을 놓고 입씨름을 벌인 데서부터 시작되었지만, 바다에서의 싸움은 주로 칠레와 페루 사이의 전쟁이 되어 버렸단다.

---

*경매(競賣) : 사려는 사람이 많을 때, 경쟁시켜서 비싸게 사겠다는 사람에게 물건을 파는 일.

엄청나게 긴 해안선을 가진 칠레는 남아메리카에서 그 어느 나라에도 뒤지지 않을 만큼 강력한 해군을 가지고 있었어. 그러나 볼리비아는 해군이 거의 없었고, 페루의 해군은 '우아스카르'와 '인디펜덴시아'라는 이름의 두 척의 철선이 전부였단다.

전쟁이 시작된 직후에 인디펜덴시아 호가 칠레 해군의 작은 나무배를 추격하다가 그만 날카로운 산호초에 걸렸는데, 밑바닥이 찢어져서 못 쓰게 되어 버렸단다. 단 한 번의 타격으로 페루는 해군력의 절반을 잃어버린 것이야.

우아스카르 호의 지휘자는 미겔 그라우Miguel Grau 함장이었는데, 그는 그런대로 잘 싸웠던가 봐. 여섯 달 동안 미겔 그라우 함장은 칠레의 해안을 따라 오르내리면서 칠레의 배들을 공격하고, 칠레의 상인들이 항구에서 꼼짝없이 못 나오도록 만들었어. 그러나 마침내 칠레 해군은 매우 격렬했던 해전에서 우아스카르 호를

미겔 그라우 함장과 철선 우아스카르 호

궁지에 몰아넣었어. 그라우 함장은 전사했단다. 그의 부하들은 우아스카르 호를 칠레에게 빼앗기느니 차라리 바다에 가라앉혀 버리려고 배수구를 모두 열어젖히고 있었는데, 칠레의 수병들이 제때에 우아스카르 호에 우르르 올라가서 배를 구했단다.

이제 칠레가 페루로 쳐들어갈 길이 훤히 뚫렸고, 칠레 군대가 곧장 페루를 침공했어. 태평양 전쟁이 육지로 싸움터를 옮긴 것이지.

페루의 대통령은 외국으로 달아났어. 칠레 군은 페루의 수도 리마를 공격해서 남쪽 일대를 불태워 버렸어.

하지만 페루는 그 후 3년 동안이나 항복하길 거부했어. 그러나 마침내 남쪽 해안선의 일부를 칠레에게 넘겨준다는 조건으로 평화 조약을 맺지 않을 수가 없었어. 볼리비아도 칠레에게 땅을 내주어야 했는데, 해안선을 몽땅 잃어버리고 말았단다. 그날로부터 볼리비아는 육지에 갇힌 나라가 되었어. 바다로 나갈 길이 없어진 거야. 그리고 칠레는 아타카마 사막과 그곳의 광물을 독차지하게 되었어. 그 후 칠레는 여러 해 동안, 전쟁을 치르기 위해서 폭약을 만들어야 하는 나라들에게 질산나트륨을 팔아 막대한 돈을 벌어들였단다.

페루는 이 전쟁에서 이루 말할 수 없는 고통을 당했어. 전쟁이 끝나고 나서 보니까 수만 명의 병사를 잃은 것은 고사하고, 도저히 감당할 수 없을 만큼 빚을 지고 있었어. 칠레와 평화 조약이 체결된 후에 페루 사람들은 너무도 비참해진 자신들의 삶에 슬퍼하고 분노하다가, 급기야는 서로 갈라져서 내전을 일으키고 말았단다. 그 내전은 7개월 동안이나 계속되었어.

한편, 볼리비아 사람들은 해안선을 몽땅 잃어버린 것에 대한 분노를 삭일 수가 없었던가 봐. 태평양 전쟁이 끝난 지 1백 년도 훨씬 더 지난 2004년에 볼리비아의 대통령이, 칠레 북쪽 끝 부분의 해안선의 진짜 주인이 누구인지를 놓고 볼리비아와 칠레가 이제라도 충분한 논의를 통해서 차근차근 따져 보아야 한다고 주장하기까지 했단다.

지중해와 홍해를 이은 수에즈 운하

남아메리카에서 태평양 전쟁이 시작된 그해에 이집트에서는 통치자가 권좌를 잃었어.

이집트라는 나라의 이름을 들으면 너는 무엇보다 먼저 피라미드 속에 깊숙이 묻힌 미라와, 사원의 벽에 새겨진 상형 문자와, 갈대를 엮어 만들어서 나일 강을 오르내리는 배와, 코브라 모양의 왕관을 쓴 파라오 같은 것들을 떠올리겠지.

그러나 파라오가 이집트를 지배하던 시절은 까마득한 옛날이고, 중세 시대에 이르러 이집트는 이슬람 제국의 일부가 되었어. 1500년대 중엽에는 오스만 투르크가 이슬람 제국을 정복했어. 그래서 이집트는 오스만 투르크 제국의 먼 변방이 되었어. 오스만 투르크 제국에서는 그 땅에 대해서 관심을 가진 사람이 거의 없었단다. 1805년에 오스만 투르크 제국 군대의 한 장교가 이집트의 권좌를 빼앗았어. 이름이 무하마드 알리Muhammad Ali(메메트 알리라고도 함)인 그 장교는 자기가 오스만 투르크 제국의 술탄의 이름으로 이집트를 통치한다고 주장했어. 그러나 당시 오스만 투르크 제국의 술탄은 너무도 힘이 약했기 때문에 무하마드 알리는 술탄의 통제를 받지 않고 이집트에서 모든 일을 자기 마음대로 할 수 있었단다. 그는 이집트를 유럽의 어느 나라와 비슷한 나라로 만들고 싶었어. 그래서 유럽의 대학교에서 교수들을 초청해서 학생들에게 유럽에 관해서 가르치게 했어. 그는 또 영토를 더 넓히려고 바로 남쪽에 붙어 있는 수단Sudan을 침공해서 그 땅의 일부를 빼앗았고, 프랑스의 군인들을 고용해서 병사들을 훈련시켰단다.

이집트가 날이 갈수록 강해지고, 현대화되어 가고, 유럽의 여느 나라들과 비슷해져 갔어.

무하마드 알리가 죽은 뒤에는 그의 아들 사이드 파샤Sa'id Pasha가 뒤를 이었어. 아버지와 마찬가지로 사이드 파샤도 자기가 오스만 투르크 제국의 술탄의 신하라고 주장했어. 그러나 이번에도 오스만 투르크 제국에서는 이집트의 통치자에게 관심을 가지는 사람이 거의 없었단다.

그러나 사이드 파샤는 유럽의 모든 나라들이 이집트에 관심을 가지지 않을 수 없도록 만드는 중대한 결단을 내렸어. 프랑스의 어느 토목 회사가 지중해의 남쪽 해안과 홍해의 왼쪽 끝을

이집트를 독자적으로 다스린 무하마드 알리

잇는 운하(육지를 파서 만든 수로)를 건설하겠다고 제의했는데, 사이드 파샤가 허락했던 것이야.

나중에 수에즈 운하Suez Canal라고 불리게 되는, 지중해와 홍해를 잇는 운하가 건설된다는 소식이 전해지자 유럽의 모든 나라들이 귀를 쫑긋 세웠어. 그 운하가 뚫린다면 유럽의 나라들이 인도와 중국을 비롯한 극동 지방의 여러 나라들과 교역을 하는 방식이 달라질 것이기 때문이었어. 이제까지는 상선들이 아프리카의 서부 해안을 따라 내려가서는 남쪽 끝을 돌아서 다시 북쪽이나 동쪽으로 항해해야 했지만, 그 운하를 통한다면 지중해에서 곧장 홍해로 건너가서 동쪽을 향해 나아가기만 하면 되거든. 수심 약 8미터, 길이 약 160킬로미터가 될 이 운하가 완성된다면 유럽에서 동양까지의 뱃길이 무려 9,600킬로미터나 짧아지는 거야!

수에즈 운하를 건설한 사이드 파샤

수에즈 운하는 10년 만에 완공되었어. 공사가 진행되던 중에 사이드 파샤가 죽고, 그의 조카인 이스마일 파샤Ismail Pasha가 뒤를 이어 이집트의 통치자가 되었어.

이스마일의 통치는 시작부터가 아주 좋았어. 그가 이집트의 통치자가 되고 4년 후에 오스만 투르크 제국의 술탄이 그에게 '케디브(khedive)'라는 칭호를 내렸어. 그 무렵에 오스만 투르크 제국은 이집트에까지 미칠 힘이 없을 만큼 허약해졌는데도 여전히 이집트를 그들의 영토라고 주장하고 있었단다. 하여간에 이스마일이 오스만 투르크 제국의 술탄으로부터 케디브라는 칭호를 받았다는 것은 그로서는 그저 조금만 기쁘고 말 경사가 아니었어. '케디브'는 '군주'를 뜻하는 고대 페르시아어인데, 터키 어로는 '왕' 혹은 '최고 통치자'란 뜻이란다.

2년 후인 1869년에 케디브 이스마일이 수에즈 운하의 개통을 축하하기 위한 공식 행사를 계획하고 전 세계 여러 나라의 지도자들을 초대했어. 프랑스의 황후, 프로이센의 황태자, 오스트리아의 황제를 비롯해서 수십 명의 통치자들과 대사들이 수에즈 운하에 첫 배가 나타나는 순간을 지켜보았어. 개통 축하 행사를 직접 보았다는 영국의 어느 귀족은 이렇게 썼단다. "참으로 거창하고 빛나는 광경이었다. 유럽 모든 나라의 국기들을 내건 50척의 군함이 축포를 쏘고 군악대가 연주를 하고, 운하 양편의 모래밭에는 고대 이래로 이집트 땅에서 다시는 보지 못했을 성대한 축제의 현장을 함께하려는 일념으로, 멀리서 혹은 가까이에서 말을 타고 혹은 낙타를 타고, 가족을 모두 데리고 온 아랍 사람들과 베두인 사람들의 천막이 구름 같았다."

한바탕 폭죽이 터지고, 세계 각국의 명사들이 나서서 연설을 하고, 기독교 목사들과 이슬람 지도자들이 축사를 하고, 또 한바탕 폭죽이 터지고, 먹고 마시는 잔치가 벌어졌어. 이스마일 파샤는 또 귀빈들을 위해서 바로 그 행사장에서 특별히 오페라를 공연하게 할 계획이었어. 이탈리아의 작곡가 주세페 베르디가 고대 이집트의 영웅적인 군인의 이야기를 그린 〈아이다〉*를 쓰고 있었어. 수에즈 운하의 개통을 축하하는 작품으로 그만한 작품이 다시 없겠지만, 베르디는 제때에 작품을 완성하지 못했어. 그래서 대신에 이탈리아의 어느 광대의 이야기인 〈리골레토〉*가 공연되었단다.

이집트의 케디브 이스마일 파샤의 지배는 날로 번성해 가는 것 같았어. 그는 이집트를 더 강한 나라로 만들려는 야심으로 여러 방면에서 위대한 계획을 세웠어. 학교를 개선하기 위해서 먼저 여자 아이들을 위한 반을 만들었고, 전국 곳곳에 새로운 도로와 철도를 놓았고, 그가 직접 감독하여 새로운 공장과 면직 제조 공장을 지었어. 미국에서 남북 전쟁 때문에 목화 농장이 많이 파괴된 이후 이집트 면제품의 수요가 엄청나게 많아졌거든. 그는 또 바로 남쪽에 있는 수단을 공격해서 땅을 빼앗아서 이집트의 국경을 홍해 해안까지 넓혔어.

그러나 이스마일 파샤는 그의 계획들을 실행하느라고 돈을 너무 많이 썼어. 그래서 어느 때부터인가 프랑스와 영국한테 돈을 빌리기 시작했어. 그가 다스리는 동안에만도 이집트는 1천만 달러가 넘는 빚을 졌단다! 마침내 이스마일은 빚을 갚을 돈을 또 빌리기 위해서 수에즈 운하의 관할권을 영국에게 넘겨주지 않을 수 없는 처지가 되었어.

---

*아이다(Aida) : 전 4막의 오페라로 수에즈 운하 개통을 기념하여 카이로에 오페라 하우스를 건설한 이집트의 케디브 이스마일의 부탁으로 작곡됨. 내용은 이집트의 젊은 장군 라다메스와 포로의 몸인 적국 에티오피아의 왕녀 아이다의 슬픈 사랑 이야기임.

*리골레토(Rigoletto) : 전 3막의 오페라. 내용은 만토바 공작의 시중을 드는 꼽추 익살꾼 리골레토가 자신의 딸 지르다를 농락한 공작을 죽이려 하자, 지르다가 미리 알고 공작 대신 찔려 죽고 리골레토는 절망한다는 이야기임.

수에즈 운하의 개통

1869년에 있었던 수에즈 운하의 개통식 날 모습이란다. 지중해와 홍해를 연결시켜 뱃길을 크게 단축시킨 수에즈 운하의 개통을 축하하기 위해 세계 각국에서 수많은 유명 인사들이 몰려왔어. 축하 행사는 먹고 마시고 폭죽이 터지는 신나는 잔치였다고 해.

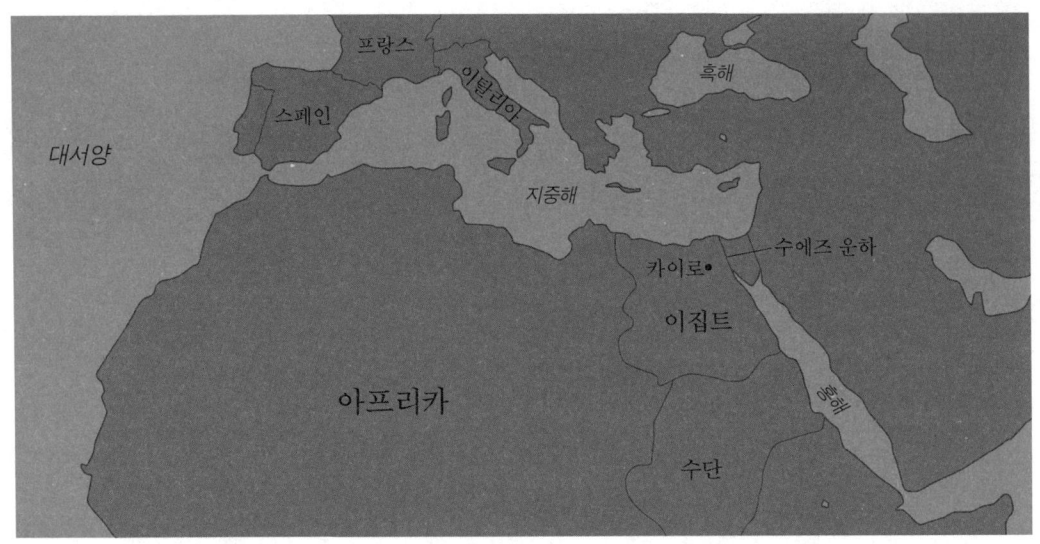
이스마일 파샤 지배 하의 이집트

그러나 그 돈으로도 빚을 다 갚을 수가 없었단다. 프랑스와 영국은 빌려 준 돈을 도로 받아 내려고 이집트의 국고를 자기들이 관리하겠다고 나섰어. 그리고 돈을 전부 받아 냈단다. 그것이 이스마일 파샤가 몰락의 길로 들어선 시초였어. 그는 이집트의 돈뿐만이 아니라 이집트 정부까지도 남의 손에 넘겨주지 않을 수 없게 되었던 것이지.

4년 후에, 프랑스와 영국은 오스만 투르크 제국의 술탄에게 이제는 이스마일 파샤를 물러나게 해야 할 때가 되었다고 말했어.

그 무렵에 오스만 투르크 제국의 술탄은 러시아와의 전쟁에서 패한 직후였어. 그는 프랑스와 영국의 요구를 거절할 힘이 없었지. 그래서 이스마일에게 권좌에서 내려오라고 명령했어. 아니, 프랑스와 영국의 요구를 그대로 전했다고 해야 할까? 어쨌거나 이스마일은 술탄의 명령과 프랑스와 영국의 압력에 저항할 힘이 없었어. 1879년에 그는 궁정을 떠났어. 하지만 집으로 돌아가지 못하고 이탈리아의 어느 곳으로 가서 유배의 삶을 살았단다.

이스마일의 아들 타우피크Taufiq가 케디브가 되었어. 그러나 새 케디브는 영국의 명령에 복종해야 하는 케디브였어. 영국이 사사건건 간섭을 하고 명령을 해 대자 이집트 군대의 분노가 날이 갈

이집트의 번영과 쇠퇴를 주도한
이스마일 파샤

수록 커졌고, 급기야는 장교들이 중심이 되어서 반란을 꾸몄어. 그러자 어떻게 알았는지 영국이 당장 군대를 보내서 수도 카이로를 점령해 버렸어. 이제 이집트는 정복당한 땅이 되어 버렸고, 영국은 곧 이어서 수단까지도 점령했단다.

인도가 그랬던 것처럼, 이집트는 이제 영국의 속국이 되었어. 해가 지지 않는다는 대제국이 조금 더 커진 것이었지.

네드 켈리가 살았던 때의 오스트레일리아

제11장 세계의 아득히 먼 곳

오스트레일리아의 '강철 무법자' 네드 켈리

찌는 듯이 더운 6월의 어느 날 아침에 네 명의 사나이가 자기들 손으로 만든 갑옷을 차려입고 있었어. 그들은 쟁기의 날을 뜯어서 만든 가슴 판을 차고, 쇠 양동이에 구멍을 뚫어 만든 투구를 썼어. 그들의 모습은 마치 가장무도회에 나가기 위해서 치장을 한 기사들 같았어.

그러나 그 네 사나이들은 가장무도회에 나가려는 게 아니었단다. 그들은 오스트레일리아 경찰과 필사의 싸움을 벌이려고 채비를 했던 거야. 싸움이 끝났을 때는 네 사나이들 중에서 세 명은 죽고, 한 명은 부상당한 채 끌려가서 재판을 받고 교수형을 당하게 된단다.

오스트레일리아가 대영 제국의 일부라는 건 알고 있겠지? 그러나 그 시절에 영국 사람들은 오스트레일리아라는 곳이 세상의 저 밑바닥에 있다고 생각했어. 또 영국으로부터 너무도 까마득히 먼 곳이기 때문에 그곳에 가 본 사람이 거의 없었단다. 그리고 오스트레일리아에서 사는 사람들은 대다수가 버림받은 죄수들이거나 그 죄수들의 자식들이었어. 수십 년 전부터 영국은 나라 안의 모든 감옥이 이미 꽉 찼기 때문에 더 이상 죄수들을 가두어 둘 곳이 없었어. 그래서 죄수들을 배에 실어서 저 멀리 남동쪽에 있는 오스트레일리아 대륙으로 보내기 시작했던 거지. 그곳에서 죄수들은 영국 총독의 지배를 받고 영국인 간수들의 감시를 받으면서 집을 짓고 논밭을 일구어 농사를 지었단다.

죄수들은 처음에는 너무도 혹독하게 뜨거운 태양 아래에서 그저 목숨이라도 부지하면 다행이라고 여기며 살았어. 그러나 시간이 흐르자 그들은 바짝 말라 터진 땅에서 곡식을 기를 수 있는 방법을 터득했어. 그리고 이윽고 형기를 마치고 자유의 몸이 된 수많은 죄수들이 저마다 부쳐 먹고 살 땅을 찾아서 정착을 하고 가정을 이루었어. 또 영국 본국에서도 수많은 남녀들이 새로운 터전을 찾아서 오스트레일리아로 왔어. 영국에서는 가난한 사람이 부자가 될 기회가 영원히 오지 않지만, 오스트레일리아에서는 누구나 자기의 토지를 가질 수 있기 때문이었지.

오스트레일리아의 붉은 땅속에서 금이 발견되었을 때는 전 세계 곳곳에서 수많은 사람들이 그곳으로 몰려왔어. 그 사람들 중에는 가진 것을 다 바치고 죽을 고생만 하다가 더욱 가난뱅이가 되어 버린 사람도 더러 있었지만, 믿어지지 않을 만큼 엄청난 부자가 된 사람이 훨씬 더 많았단다. 그들은 심지어 장난삼아서 금 덩어리를 엽총에 우겨넣어서 쏘기도 하고, 크리스마스 파티 때에는 금가루를 펑펑 뿌리기도 했다는구나! 빅토리아 주에서는 무게가 70킬로그램이나 나가는, 보통 남자 어른의 몸무게와 맞먹는 금 덩어리가 발견되기도 했대.

골드 러시*가 시작된 지 2년 후에 영국 정부는 이제부터는 죄수들을 오스트레일리아로 보내지 않기로 결정했어. 오스트레일리아가 갈수록 부강해지자, 그곳의 모든 백인 정착지들을 대영 제국의 정식 식민지로 만들려고 했던 것이란다.

금을 찾아 떠나는 사람들

그러나 그곳의 식민지들은 여러 가지 분란의 소지를 안고 있었단다. 금과 힘을 가진 부자들이 가장 질이 좋은 땅을 차지해서 목장을 일구고 양 떼를 길렀어. 가난한 농부들은 바짝 말라 터진 작은 땅뙈기나 부쳐 먹으며 겨우 목숨을 이어 가야 했지. 또 대다수의 사람들은 정부 관리들과 경찰들이 양이나 소를 먹이며 사는 가난한 사람들의 권리에 대해서는 전혀 관심을 가지지 않는다고 믿었어.

절망에 빠진 사람들이 무리를 지어 도로 가에 몸을 숨기고 있다가 금광에서 도시로 금을 실어 나르는 마차를 통째로 빼앗는 사태가 잇달았어. 산적이란 뜻의 '부시레인저(bushranger)'라고 불리는 이들 중 몇 명은 영국에서 로빈 후드가 유명한 것만큼이나 이름을 날렸단다. 마틴 캐쉬라는 사람은 '젠틀맨 부시레인저'(신사 산적)라는 별명으로 불렸는데, 총구를 들이대고 강도질을 하면서도 피해자를 처음부터 끝

---

*골드 러시(Gold rush) : 금광이 발견된 지역에 사람이 몰리는 일.

오스트레일리아의 '강철 무법자' 네드 켈리 189

가장 유명한 부시레인저
네드 켈리

까지 아주 정중하게 대했기 때문이래. 그 외에 이름을 날린 부시레인저로는 여인숙을 습격해서 돈을 훔친 '캡틴 선더볼트'(번개 대장)와 은행털이를 전문으로 했던 '캡틴 문라이트'(월석(月石) 대장)가 있어.

그러나 제일 유명했던 부시레인저는 네드 켈리Ned Kelly라는 사나이였어.

네드 켈리의 아버지는 죄수로서 형기를 마치고 자유민이 되었는데, 네드가 열한 살 때 세상을 떠났어. 그래서 어머니 엘런이 일곱 자식을 거느리고 30제곱 미터 정도의 척박한 땅을 부치며 살았단다.

네드는 아주 어릴 때부터 말썽을 부리기 시작했어. 그러나 경찰이 혐의를 씌운 짓들을 네드가 정말로 저질렀는지는 분명하지가 않았어. 네드는 겨우 열네 살 때 혼자서 길을 가던 나그네에게 강도질을 했다는 혐의로 체포되었지만, 혐의를 인정할 만한 증거가 충분하지 않아서 풀려 났어. 1년 후에는 어느 산적의 강도질을 도왔다는 혐의로 또다시 체포되었는데, 이번에는 6개월 징역형을 받고 감옥에 갇혔어. 그는 감옥에서 풀려 난 지 몇 주일 만에 또 체포되었는데, 친구가 훔쳐 가지고 온 말을 넘겨받았다는 혐의였어. 네드는 "난 그게 훔친 말인 줄 몰랐어요!"라고 항의했어. 그러나 판사는 그를 다시 감옥에 보냈는데, 이번에는 3년 형이었어.

네드가 3년 형기를 마치고 집에 돌아오고 얼마 뒤였어. 어느 더운 날 늦은 오후에 경찰 한 명이 네드의 집에 왔어. 경찰은 네드의 동생 댄을 체포하러 왔다고 말했어. 댄이 남의 말을 여러 마리 훔쳐다가 팔았다는 것이었어.

네드의 집에서 그 다음에 무슨 일이 있었는지는 아무도 몰라. 경찰서로 돌아온 그 경찰은 네드가 자기에게 총을 쏘았고, 네드의 어머니 엘런이 부삽을 휘두르며 달려들었다고 말했어. 그러나 네드의 이웃 사람들은 그 시각에 네드는 집에서 수 킬로미터나 떨어진 곳에 가 있었다고 말했고, 네드의 어머니는 자기는 부삽을 휘두르며 경찰을 때리려고 하기는커녕 저녁을 대접하려 했다고 말했어!

그러나 경찰은 네드와 댄을 살인 미수*로 체포하기로 결정했어. 형제는 집에서 도망쳐서 황야의 덤불 지대에 숨었어. 그러자 경찰은 어머니 엘런을 체포해서 재판에 넘겼고, 엘런은 3년 형을 선고받고 감옥에 갇혔단다.

덤불 지대에 숨어 있다가 그 소식을 들은 네드는 격분했어. 그는 자기 같은 가난한 농부의 자식은 경찰이 결코 공정하게 대접해 주지 않을 것이고, 정부는 언제나 부자의 편을 들 것이라고 믿지 않을 수 없었어.

네 명의 경찰이 네드와 댄을 잡으려고 추적해 왔을 때 형제는 그들과 맞서 싸웠단다. 스트린지바크 크리크라는 곳에서 벌어진 총격전에서 경찰 세 명이 죽었어.

네드는 나중에 체포되었을 때 쓴 자술서에서, 자기가 경찰들을 쏜 것은 정당방위*였다고 주장했어. "나는 그들을 쏘지 않을 수 없었다. 그냥 엎드려 있었더라면 그

---

*미수(未遂) : 범죄를 저지르려고 시도했지만 결과가 발생하지 않음.
*정당방위(正當防衛) : 자기 또는 남의 생명이나 권리를 지키기 위하여 어쩔 수 없이 하게 된 가해 행위.

오스트레일리아의 '강철 무법자' 네드 켈리

들이 날 쏘아 죽였을 것이다." 그러나 정부는 네드와 댄, 그리고 그들과 함께 황야로 달아났던 두 친구를 '고의적인 살인' 혐의로 지명 수배했어. 그리고 그 네 무법자를 잡아 오는 사람에게는 8천 파운드를 줄 것이며, 그들을 본 사람은 누구든지 덮어놓고 쏘아 죽여도 좋다고 발표했어.

네드와 댄과 두 친구는 대략 2년 동안 한 무리의 부하를 이끌고 오스트레일리아의 동남부 일대를 휩쓸고 다녔어. 그들은 경찰의 눈을 피해 가면서 은행을 털었단다. 그러나 대다수의 주민들은 네드와 그의 무리를 영웅으로 여겼어. 그들이 잔인하고 불공정한 경찰들과 정부 관리들과 싸웠기 때문이지.

1880년 6월에 네드와 그의 무리는 글렌로완이라는 소도시 근처의 철도 선로를 폭파한다는 계획을 세웠어. 그래서 글렌로완의 한 여인숙을 점거(차지하여 자리를 잡음)해서 본부로 삼았는데, 선로에 폭약을 설치하기 전에 경찰이 여인숙을 포위했단다.

글렌로완 여인숙

네드와 동생 댄과 두 명의 친구는 총격전을 치를 준비를 했어. 그들은 쟁기의 날을 뜯어서 갑옷을 만들었어! 갑옷의 무게가 23킬로그램도 넘어서 몸을 가누기 힘들었지만, 총알을 맞고 죽지 않으려면 어쩔 수가 없었어. 그들이 갑옷을 다 입었을 때 경찰이 총을 쏘기 시작했어.

그런데 네드는 다리를 가릴 갑옷까지는 없었어! 총격전이 한창일 때 그는 다리에 총알을 맞았어. 그는 다리에 총알을 맞고 쓰러지면서도 동생과 친구들을 보호하려고 안간힘을 썼어. 그러나 동생도 죽고 친구들도 다 죽고, 네드만 죽지 않았어. 네드는 경찰에게 사로잡혀서 멜버른 시로 끌려갔고, 그곳에서 살인 혐의로 재판을 받았어.

재판정에서 네드는, 자기는 언제나 목숨을 지키기 위해서만 싸웠다고 주장했어. 그는 판사에게 이렇게 말했어. "나는 남의 목숨을 죽일 인간이 절대로 못 된다!"

그러자 판사는 "너는 지금 너의 악행을 목격한 증인들이 거짓말을 했다고 우기고 있다!" 그러자 네드가 또 말했어. "마음대로 생각해라. 그러나 언젠가는, 여기보다 훨씬 더 높은 법정에서, 무엇이 옳고 무엇이 그른지를 누구나가 다 알게 될 날이 반드시 올 것이다!"

네드는 교수형을 선고받았어. 그러자 3만 명의 오스트레일리아 사람들이 네드를 죽여서는 안 된다며 멜버른의 총독에게 호소하는 청원서에 서명을 했어. 하지만

네드 켈리에 대한 기사가 실린 신문

총독은 받아들이지 않았단다. 1880년에 네드 켈리는 교수형을 당했어.

그 후 1백여 년 동안, 오스트레일리아 사람들은 네드 켈리에 관한 소설과 시를 많이 썼단다. 네드 켈리가 한낱 범죄자에 지나지 않는다고 주장하는 사람들도 있었지만, 더 많은 사람들이 그를 대영 제국이 오스트레일리아 사람들에게 강제로 들이댄 부당한 법에 대항해서 싸운, 진정으로 용감한 사나이였다고 믿었어.

네드가 죽은 지 21년 후에 오스트레일리아는 '오스트레일리아 연방Commonwealth of Australia'이 되었어. 오스트레일리아도 캐나다와 마찬가지로 대영 제국의 일부로 남아 있는 한편, 스스로 법을 만들고 스스로 지도자를 뽑을 권리를 가진 국가가 된 것이야.

유럽에 의해 토막토막 잘리는 아프리카

오스트레일리아가 까마득히 먼 곳인 것처럼, 신비에 싸인 아프리카의 밀림과 평원도 아득히 먼 곳이었어. 영국과 프랑스와 독일을 비롯한 유럽의 각 나라들에게 아프리카는 그저 아득히 먼 신비와 야생의 땅일 뿐이었지.

데이비드 리빙스턴 이후에 수많은 탐험가들이 그가 갔던 길을 따라갔단다. 그들은 나일 강을 따라 거슬러 올라가서 그 발원지(강물의 근원지)를 찾아내고, 드넓은 콩고 강을 배를 타고 내려가서 아직 유럽 사람은 아무도 가 보지 않은 아프리카의 한가운데 지역을 탐험했어. 그들이 발견한 수백 킬로미터의 길 위에는 돈이 될 만한 온갖 귀한 것들이 널려 있었어. 거대한 엄니가 돋은 코끼리가 떼를 지어 다니고, 엄청난 양의 금과 은이 묻힌 산이 있고, 삽을 들고 가서 퍼내기만 하면 될 석회석 지대가 있고, 고무나무가 지천으로 널려 있고, 목화와 커피와 차를 경작하기에 그 이상 좋을 수가 없는 완벽한 땅이 있었어. 그런데 아직은 유럽의 그 어느 나라도 그 땅을 자기들의 땅이라고 주장하지 않았어. 그러니까 탐험가들의 눈에는 그 황금의 땅이 주인 없는 땅이었던 것이야.

프랑스와 독일과 영국은 물론이고 스페인과 포르투갈과 러시아도 아프리카 해안의 곳곳에 무역항들을 건설해 나가고 있었어. 1870년대 말 무렵에 아프리카는 유럽에서 온 상인들과 선교사들이 우글거렸지만, 아직 아프리카 대륙의 대부분은 아프리카의 추장들과 왕들이 지배하고 있었단다.

그런데 유럽의 두 나라가 강하게 밀고 나오기 시작했어.

벨기에의 레오폴드 2세Leopold II가 맨 먼저 아프리카의 땅을 차지했어. 레오폴드는 벨기에의 왕좌에 오르기 이전 왕자 시절부터 벨기에가 전 세계 곳곳에서 식민지를 확보함으로써 더욱 부강한 나라가 되기를 원했어. 그는 이미 국왕이 되기 5년 전에 국민들에게 이렇게 말했단다. "나는 이제 우리가 영토를 넓혀야 할 때가 되었다고 생각합니다. 머뭇거리고 있다가는 우리보다 강성한 나라들이 차지하고 남은 찌꺼

아프리카 땅을 제일 먼저 차지한 벨기에 왕, 레오폴드 2세

유럽에 의해 토막토막 잘리는 아프리카　195

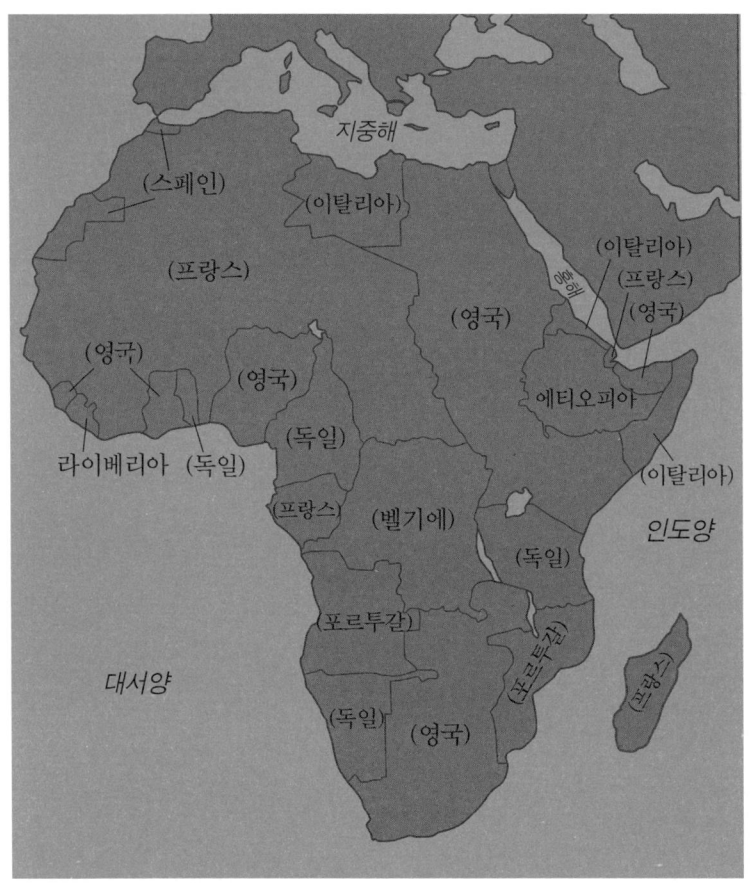

스크램블 이후 유럽이
차지한 아프리카

기나 기웃거리게 되고 말 것입니다." 그리고 1년 후에 그는 또 국민들에게 이렇게 말했어. "이웃 나라들을 보십시오. 그들을 본받아야 합니다. 우리에게도 아직 기회가 남아 있을 때 저 바다 너머로 눈을 돌려야 합니다. 저 바다 너머에는 여러분이 만든 제품을 얼마든지 팔 수 있는 시장이 있고……."

레오폴드 왕자가 왕위에 올라서 레오폴드 2세가 되었어. 그는 먼저 의회를 설득해서 아프리카 한가운데의 콩고 분지를 차지하려고 했어. 그러나 의회가 거절하자 레오폴드는, 그렇다면 다른 후원자의 도움을 받겠다고 선언했어. 그가 말한 후원자란 아프리카 대륙에 서양의 현대 문물을 소개한다는 구실로 서양 사람들이 만든 '국제 아프리카 협회International African Association'라는 단체였어. 레오폴드 2세는 전에 리빙스턴을 찾아서 아프리카로 갔던 미국인 헨리 모턴 스탠리를 고용해서 콩고로 들어가는 무역로의 지도를 그리게 했어. 스탠리는 약 1천6백 킬로미터 거리의 무역로를 표시한 지도를 그렸단다! 레오폴드 2세는 국제 아프리카 협회의 이름으로 그 길의 곳곳에 통상 기지와 작은 선교 사무소를 세웠어. 그런 다음 그는 그 길 주위에 있는, 아직 누구의 소유도 아닌 땅은 모두 이제부터 그의 식민지가 되었다고 선언했어.

독일이 그것을 그냥 보고만 있지 않았어. 독일의 여러 주들이 마지못해서 프로이센의 빌헬름 1세를 '독일 황제'로 인정한 지 9년 후인 1880년에, 독일 제2 제국이 아프리카의 동부와 서부 여러 곳의 땅을 독일의 소유라고 주장했어.

벨기에와 독일이 잇달아 아프리카 땅을 뭉텅뭉텅 차지하는 것을 유럽의 다른 나라들이 가만히 보고만 있을 리가 없었어. 포르투갈은 아프리카의 남동부 해안을 자기들 땅이라고 주장했고, 프랑스는 서부와 남서부와 북부의 땅을 차지한 것으로도 모자란다는 듯이 '상콩고Upper Congo'의 여러 추장들에게 옷감과 술을 안겨 주며 어르고 꾀어서 평화 조약을 맺었어. 이탈리아는 북동부의 에티오피아와

유럽에 의해 토막토막 잘리는 아프리카 197

헨리 모턴 스탠리와 아프리카
스탠리는 소식이 끊긴 데이비드 리빙스턴을 찾아내기도 하고 콩고로 들어가는 지도를 그리기도 하는 등 아프리카에서 많은 활약을 한 미국의 탐험가야. 이 그림은 스탠리가 아프리카 사람들의 환영을 받으며 한 마을에 들어가는 모습이야.

동맹 조약을 맺었고, 영국은 남동부 해안과 남쪽 끝을 차지하고 또 서부 해안에 드문드문 흩어져 있는 왕국들을 집어삼켰어.

그러나 어느 나라도 만족할 줄을 몰랐어. 1880년 이후의 몇 년 동안을 '스크램블 The Scramble'이라고 부르는데, 이것은 '쟁탈전'이라는 뜻이야. 쟁탈전이라고 하니까 제법 그럴듯하게 들릴지도 모르겠지만, 실은 난장판이나 뒤범벅이라고 하는 게 더 적절한 표현일 거야. 유럽의 여러 나라들이 아프리카 땅을 서로 많이 차지하려고 체면이고 뭐고 가리지 않고 드잡이*를 했던 형국을 이르는 말이니까. 그들은 어느 나라든지 아프리카에서 다른 나라보다 더 많은 땅을 차지하는 나라가 제일 잘난 나라가 되는 것이라고 믿었던 게 틀림없었나 봐.

1884년에 독일이 유럽의 다른 나라들을 초대해서 베를린에서 회의를 열었어. '베를린 회의Berlin Conference'라고 불리는 이 회의에서 12개 나라의 대표들은, 아프리카에서 서로 땅을 많이 차지하려고 앞을 다투는 것까지는 괜찮지만, 전쟁만은 절대로 하지 않는 게 서로를 위해서 가장 좋은 길이 아니겠느냐고 합의를 보았단다. 전쟁을 하자면 돈이 너무 많이 들지 않겠느냐는 것이었지! 아프리카에는 아직도 빼앗을 땅이 널려 있으니까, 싸우지 않고도 서로가 분수에 맞게 나누어 가지는 방법을 찾아보는 게 훨씬 더 현명한 처사가 아니겠느냐는 말이야!

그래서 그들은, 만약 어떤 나라가 아프리카의 어느 곳에서 다른 나라보다 먼저 무

---

*드잡이 : 머리를 움켜잡거나 멱살을 잡아 휘두르며 싸우는 짓.

아프리카 땅을 두고 유럽 나라들이 의논한 베를린 회의

역 기지와 선교 사무소를 차린다면 그곳은 그 나라의 '점령지'가 되는 것이라고 합의했어. 어느 나라도 나중에 그곳을 자기 땅이라고 우기거나 공격을 해서는 절대로 안 된다는 것이었지.

모든 나라의 대표들이 합의서에 서명을 하고 각자 자기 나라로 돌아갔어. 문명인답게 평화적인 방법으로 문제를 해결했다는 자부심으로 모두들 흡족했겠지! 그러나 문명인다운 평화적인 그 해결책은 수천 년 동안 그 땅에서 살아왔던 아프리카의 수많은 부족들을 철저하게 무시하는 행위라는 데에까지 생각이 미친 사람은 아무도 없었어. 대다수의 유럽 인은 그 대륙의 밀림과 평원에 사는 사람들은 아직 완전한 인간이 되지 못했고, 그래서 자기들이 사는 땅을 자기들의 힘으로 운영할 능력이 없다고 생각했던 거야. 돌보아 주고 이끌어 주고 감독하지 않으면 언제 무슨 사고를 낼지 모르는 어린아이들 같다고 생각했단 말이지.

'베를린 회의'가 유럽 여러 나라들 사이의 전쟁을 막아 주었는지는 몰라도, 그 후 1백여 년 동안 아프리카 사람들에게 이루 말할 수 없는 불행과 불안정을 안겨 준 원인이 되었단다. 유럽의 어느 나라가 아프리카의 어느 지역을 '점령'하면 그때부터 그곳은 그 나라의 '식민지'가 되었어. 그리고 그 땅의 주위에 경계선을 긋고는 '영국령 소말릴란드'(현재의 소말리아)라든가 '로디지아'*(현재의 짐바브웨) 같은 이름을 붙였어. 그런데 말이야, 유럽 사람들이 저마다 아프리카 땅에다가 경계선을 긋기 시작하기 훨씬 이전부터 아프리카의 수많은 부족들이 끼리끼리 편을 지어서 서로 싸우고 있었어. 유럽 사람들은 그들이 차지한 식민지를 어떻게든 힘을 조금 들이고 관리하고 싶었겠지? 그래서 그들은 서로 한편인 부족들은 따로 떼어 놓고, 서로 싸우는 부족들은 한데 모이게 만드는 경계선을 그었단다! 식민지 백성들이 단결하지 못하고 늘 서로 싸운다면 그보다 더 편리할 수가 없을 테니까!

영국의 식민지 정치가 세실 로즈가 아프리카를 차지하는 모습을 풍자해 그린 그림

1900년에 이르러서, 아프리카 대륙은, 동북쪽의 에티오피아와 남서부 해안의 라이베리아를 제외하고는 모조리 유럽의 나라가 차지하게 되었어. 독일, 이탈리아, 영국, 포르투갈, 스페인, 프랑스 등이 거대한 아프리카 대륙을 토막토막 잘라서 단 한 뼘도 남기지 않고 다 빼앗아 버린 것이야.

아프리카계 미국인 작가인 W. E. B. 뒤부아라는 사람은 '베를린 회의'가 끝났을

---

*로디지아(Rhodesia) : 아프리카 남부의 내륙부에 있었던 영국 식민지로, 이 식민지를 건설한 세실 로즈(Cecil Rhodes)의 이름에서 따서 로디지아라고 이름 붙임.

무렵에 십대의 소년이었어. 그는 유럽 인에 의해서 아프리카에서 일어난 모든 변화를 목격했고, 그들이 무역 기지와 선교 사무소를 짓고 땅을 빼앗는 과정을 낱낱이 지켜보았어. 그는 나중에 어른이 되었을 때 이렇게 썼어. "금 광산과 다이아몬드 광산과 구리 광산과 주석 광산과 밀림의 유전과 코코아 밭에서 부려 먹을 값싼 노동력을 원하는, 침략자라고 부르는 게 마땅한 투자가들이 선교사들의 뒤를 따라 들어왔다. 가족의 질서가 무너지고, 부족의 질서와 전통이 사라지고, 추장의 권력은 그 지역의 백인 판무관*의 지배로 바뀌었다. …… 19세기 말에 이르러서 아프리카는 인간의 파괴심이 부릴 수 있는 모든 수단을 거기에 다 들이댄 듯이 철저하고 완벽하게 망가져 버렸다."

*판무관(辦務官) : 식민지 등에 파견되어 정치, 외교 등의 일을 맡아 보는 관리.

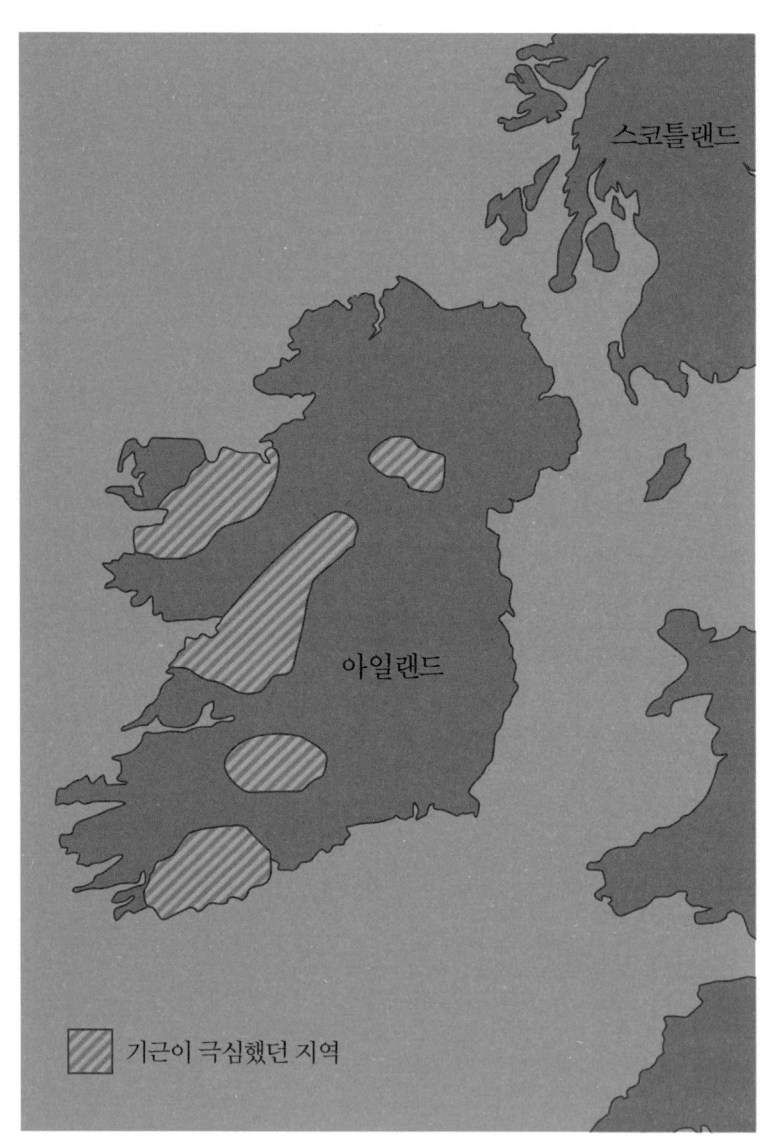

감자 기근 때의 아일랜드

제12장 감자 기근과 보어 전쟁

아일랜드의 감자 기근

대영 제국이 아프리카에서 마구 땅을 빼앗고 있을 때, 바로 자기들 코앞에서는 커다란 분란이 일어나고 있었어. 잉글랜드*의 서쪽 바다에 있는 섬나라 아일랜드가 자치권을 요구하고, 대영 제국이 그것을 거절한 데서 문제가 생긴 것이란다.

아일랜드와 영국의 싸움은 이미 수백 년이나 이어져 온 것이었단다. 1541년에 영국 국왕 헨리 8세가 아일랜드를 자기 땅이라고 주장했어. 그런데 헨리 8세는 프로테스탄트(신교도)였지만, 대다수의 아일랜드 사람은 가톨릭(구교도)으로 남아 있었다는 게 문제였어.

헨리 8세 이후의 프로테스탄트 국왕들과 여왕들은 아일랜드의 가톨릭 신자를 제대로 대접하지 않았어. 프로테스탄트 통치자들은 가톨릭 신자의 토지를 빼앗아서 프로테스탄트 신자에게 주었을 뿐만 아니라, 더 나아가서 가톨릭 신자는 토지를

---

*잉글랜드(England) : 영국을 구성하는 연합 왕국의 하나로, 그레이트 브리튼 섬의 대부분을 차지하는 지역.

사들여서도 안 되고 조상으로부터 물려받아서도 안 된다고 선포했단다. 가톨릭 신자는 군대에도 들어갈 수가 없었어. 그리고 아일랜드는 독자적인 의회를 가지고 있었지만, 오직 프로테스탄트 신자만이 의원으로 선출될 수 있었단다.

1801년에는 대영 제국 정부가 아일랜드 의회를 해산했어. 이제부터 아일랜드 사람들은 대영 제국의 의회에 그들의 대표를 보내야 하게 되었지. 그리하여 아일랜드는 독립된 나라라고 할 수도 없는 지경이 되어 버렸어. 하지만 그것만으로는 모자란다는 듯이 훨씬 더 나쁜 일이 다가오고 있었단다.

1845년에 유럽 전 지역에서 전에는 보지 못했던 이상한 일이 일어나기 시작했어. 네덜란드의 감자 밭에서 감자의 잎과 줄기가 시커멓게 변하고 시들어 갔어. 그래서 땅을 파 보니까 감자 알맹이가 썩어 가고 있는 게 아니겠어? 그리고 오래지 않아서 프랑스와 영국에서도 똑같은 일이 일어났단다.

아일랜드의 농부들은 감자가 썩는 이 병을 '역병' 혹은 '마름병'이라고 불렀어. 그들은 그 병이 아일랜드에는 번져 오지 않기만을 간절히 빌었단다. 간절히 빌 수밖에 없는 사연이 무엇인가 하면, 아일랜드의 수만 명의 농부들이 경작하는 토지는 영국 땅에서 사는 영국인 지주들의 것이었어. 밀과 귀리를 경작했지만, 이 곡식들은 거두자마자 몽땅 지주에게 보내야 했지. 그러면 그들은 무엇을 먹고 살았느냐 하면, 지주에게 바칠 만큼의 밀과 귀리를 심고 남은 땅에다가 감자를 심어서 먹고 살았단 말이야. 그런데 그 감자가 캐기도 전에 다 썩어 버린다면 그들은 꼼짝없이 굶어야 할 판이었어. 달리 먹을거리가 없다시피 했으니까.

1845년 9월의 어느 날 아침에 아일랜드의 한 농부가 감자 밭에 나가서 감자 줄기를 만져 보았어. 그런데 손에 물컹한 것이 만져지는데, 줄기가 썩어서 곤죽(매우 질어서 질척질척한 것)이 되어 있었어. 그는 허겁지겁 손으로 땅을 파 보았어. 그러자 코를 찌르는 고약한 냄새가 확 올라왔어! 굵은 줄기에 주렁주렁 매달려 있어야 할 감자 알들이 모조리 썩어 문드러져서 형체도 없었어!

마름병이 기어이 아일랜드까지 번진 거야.

아일랜드 농부들은 감자가 썩은 이유가 병 때문

땅을 파서 감자를 거두는 여자와 아이

이라는 사실조차도 거의 몰랐단다. 전기 때문이거나 기차가 내뿜는 시커먼 연기 때문이라고 생각하는 사람도 있었고, 새 떼가 날아가면서 떨어뜨린 똥 때문이라고 생각하는 사람도 있었어. 어쨌거나 간에, 한 가지만은 확실했어. 수많은 아일랜드 사람들이 먹고 살 감자가 턱없이 모자라고, 이듬해 심기 위해 남겨 둘 씨감자는 더더욱 모자란다는 것이었지.

감자 농사는 이듬해에도, 그 이듬해에도, 또 그 이듬해에도 아주 엉망이었어. 그러나 아무도 그 병을 막을 방법을 알 수 없었어. 아일랜드 사람들이 첫해에는 수백 명이, 다음 해에는 수천 명이, 그 다음 해에는 수만 명이 굶어서 죽었어. 어느 작은 도시에서는 너무도 많은 사람들이 한꺼번에 죽는 바람에, 밑바닥을 떼었다 붙였다 하는 관을 만들어야 했단다. 묘지에 가서 미리 파 놓은 무덤 구멍 위에 관을 대고는 밑바닥을 떼고 시체만 떨어뜨려서 묻은 다음에 도로 가지고 돌아와서 다른 시체를 넣으려는 것이었지. 그 당시에 아일랜드를 여행했던 나그네들은, 자기 집에서 굶어 죽은 시체는 말할 것도 없고, 길을 가다가 죽어 넘어진 시체와 들에서 일을 하다가 죽어 넘어진 시체를 수없이 보았다고 해.

아일랜드에서 수많은 사람들이 굶어서 죽고 있다는 소식을 들은 영국 의회에서는 그것이 사실일 리가 없다고 믿는 의원들이 더 많았어. 아일랜드 사람들은 원래 별 것도 아닌 것을 가지고 소란스레 굴고 징징거리는 족속이라고 생각했던 거야! 지주들도 그들의 토지를 경작해 주는 아일랜드 농민들의 고통을 아랑곳하지 않았어. 세상에, 너무도 굶주려서 지대*를 내지 못하는 농부들을 염려하거나 동정하기는커녕, 그들이 부치던 토지를 빼앗아 버린 사람도 있었다는구나!

그런데 그보다 훨씬 더 잔인한 짓을 태연히 저지른 지주들도 있었어. 감자는 썩어 문드러졌지만, 밀과 귀리는 멀쩡하게 잘

굶주리는 아일랜드 사람들

---

*지대(地代) : 남의 토지를 빌린 사람이 빌려 준 사람에게 무는 세금.

자랐어. 그렇다면 굶어서 곧 죽을 지경인 농부들에게 그 곡식들을 조금이나마 나누어 주면 좋을 것을, 영국인 지주들은 단 한 줌도 남기지 말고 깡그리 영국으로 실어 보내라고 호통을 쳤대. 감자 마름병이 한창이던 무렵에 살았던 존 미첼이라는 아일랜드 사람은, 굶주린 배를 움켜잡

감자 가게를 공격한 사람들

은 수많은 사람들이 바닷가에 서서 그들의 손으로 경작하고 거두어들인 밀과 귀리를 싣고 영국으로 떠나가는 배들을 쳐다보면서 눈물을 흘리는 광경을 묘사한 글을 남겨 놓았단다.

그러나 모든 영국인들이 아일랜드의 비참한 상황을 모른 척하지는 않았단다. 당시 영국 총리는 로버트 필Robert Peel이라는 사람이었는데, 그는 서둘러서 무슨 조치를 취하지 않으면 정말 큰일이 난다고 생각하고, 아일랜드가 미국이나 다른 나라에서 값싼 식량을 수입한다면 감자 마름병이 물러갈 때까지 그런대로 견딜 수 있을 거라고 판단했어.

그러나 문제가 있었단다. 30년 전에 영국 의회가 '곡물법Corn Laws'이라고 하는 법을 만든 적이 있었는데, 그 법은 영국이나 아일랜드 사람이 외국으로부터 식량을 수입할 때에는 엄청나게 비싼 세금을 내야 한다는 내용이었어. 이 법은 영국

아일랜드의 감자 기근 209

곡물법 폐지로 아일랜드를 도우려 했던
로버트 필

농부를 보호하기 위한 것이었단다. 외국에서 식량을 수입하는 것보다는 영국과 아일랜드에서 경작한 곡물을 사들이는 게 훨씬 싸기 때문에 상인들이 굳이 수입 장사를 하지 않을 테니까 결국에는 영국 농부를 보호하는 셈이 되는 것이지.

필 총리는 아일랜드의 대기근이야말로 이 법을 없앨 아주 좋은 기회라고 생각했어. 그는, 아일랜드 사람들이 지금 외국에서 값싼 식량을 들여올 필요가 너무도 절실하다는 것을 영국 의회가 모르지 않을 거라고 믿었어. 그러나 의회는 딱 잘라 거절했단다. 의원들은 총리에게, 아일랜드 사람들의 문제는 아일랜드 사람 저희들끼리 알아서 해결하도록 내버려 두는 게 옳다고 말했어.

필 총리는 그래도 단념하지 않고 곡물법을 없애야 한다고 주장했고, 마침내는 그가 이겼어. 수입 곡물에 대해서 물리던 높은 세금을 없애겠다고 의회가 물러섰거든. 그런데 외국에서 주문한 식량이 충분히 아일랜드로 이송되기 전에 필 총리가 해임되었어. 아일랜드를 도우려고 했다는 이유로 미움을 샀던 것이지. 그 다음 총리는 필과는 전혀 딴판이었어. 그는 아일랜드 사람들이 굶어 죽는 것은 단지 그들이 스스로를 돕는 능력이 부족하기 때문일 뿐이라고까지 말했다는구나.

아일랜드를 떠나는 사람들
1845년, 감자가 주식인 아일랜드에서 감자 마름병이 번져 거의 1백 만 명 이상이 굶어 죽었어. 그런데 황당하게도 대기근 동안 식량이 수출되기까지 했대. 극심한 굶주림에 시달리다 못해 아일랜드 사람들 1백 만 명 이상이 다른 나라로 떠났단다. 그들이 주로 간 나라는 미국이었어.

감자 마름병이 시작된 지 5년이 지나자 감자 밭에서 다시 정상인 감자가 드문드문 보이기 시작했고, 1850년에 이르러서는 마름병이 완전히 사라졌어. 그러나 아일랜드는 엄청나게 변해 버렸단다. 거의 1백 만 명이 죽었고 또 다른 1백 만 명은 고향을 떠나 다른 나라로 갔는데, 그중에서 미국으로 간 사람들이 80만 명 이상이었어. 아일랜드 내에서는 영국의 지배에 대한 증오가 더욱 깊어졌고, 캐나다나 오스트레일리아처럼 독자적인 의회를 가지고 자기들 손으로 법을 만들 수 있는 자치권을 요구하는 사람들이 날이 갈수록 많아졌어.

그러나 영국 의회는 또 거절했어. 그런데 이번에는 아일랜드의 수많은 프로테스탄트 신자들이 영국 의회의 편을 들었어. 그들은 아일랜드가 독자적인 의회를 가지게 된다면 그 의회는 틀림없이 거의 대다수가 가톨릭 신자들로 구성된 의회가 될 것이고, 따라서 프로테스탄트 신자들이 박해를 받게 될 게 불을 보듯이 뻔하다고 내다보았던 것이야. 그래서 그들은 아일랜드가 영국의 프로테스탄트 정부의 지배를 받는 지금의 상태가 계속 유지되기를 원했던 것이지.

이 문제를 놓고 벌어진 논란이 해가 바뀌고 또 바뀌어도 그치지 않았어. 1886년에 영국 총리 윌리엄 글래드스턴William Gladstone이 드디어, 아일랜드에게 자치권을 허락하기 위한 법안을 놓고 투표를 해 달라고 의회에 요청했어. 이 '아일랜드 자치 법안Home Rule Bill'이 의회에서 통과된다 하더라도 아일랜드가 영국의 지배에서 벗어나 독립국이 되는 건 아니었어. 다만 아일랜드 내의 모든 문제들을 아일랜드 사람들이 스스로 결정하는 것만을 허락하는 것이었지.

글래드스턴과 그의 지지자들은 이 자치 법안이 영국과 아일랜드 사이의 증오를 어느 정도 씻어 줄 것이라고 기대했어. 영국 의회가 이 법안을 놓고 투표를 하기 직전에 어느 신문에 실린 유명한 만화가 있었어. 대영 제국을 상징하는 '브리타니아'*라는 이름의 키가 크고 아름다운 여자가 두 개의 이정표가 있는 갈림길에 서 있어. '자치'라고 쓴 이정표가 가리키는 길에는 글래드스턴이 서 있어. 글래드스턴은 평화의 상징인

아일랜드 자치를 허용하자고 주장한 윌리엄 글래드스턴

올리브 나무 가지를 들고 있는데, '자유, 우정'이라고 쓴 꼬리표가 가지에 묶여 있단다.

브리타니아의 머리 위에 있는 또 하나의 이정표는 다른 방향을 가리키고 있어. 거기에는 '항구적인 강제Perpetual Coercion'라고 쓰여 있는데, 이것은 대영 제국이 아일랜드의 모든 문제를 계속해서 직접 해결하고자 한다면, 아일랜드 사람들이 영국의 법을 따르도록 하기 위해서는 늘 강제적인 힘을 사용해야만 한다는 뜻이야. '항구적인 강제'로 가는 길에는 아일랜드 자치 법안에 반대하는 정치가가 서 있는데, 그는 손에 수갑을 들고 있단다.

---

*브리타니아(Britannia) : 영국 브리튼 섬의 고대 로마 시대의 호칭.

아일랜드 자치 법안은 의회의 투표에서 부결*되었어. 대영 제국은 '항구적인 강제'의 길을 선택하기로 결정했던 것이야. 그리고 그 후 1백여 년 동안 아일랜드에서는 혼란과 소동과 폭력이 끊이지 않았단다.

다이아몬드와 금을 놓고 벌인 보어 전쟁

남아프리카의 작은 도시 마페킹Mafeking의 몹시도 무더운 2월 어느 날 한밤중이었어. 함석(아연을 입힌 얇은 철판)으로 지붕을 얹은 허름한 집들이 고요 속에 묻혀 있었어. 함석 지붕들이 밝은 달빛에 희미하게 빛나고, 도시의 주위를 두른 깊고 컴컴한 참호에도 달빛이 내려 있고, 참호로부터 저만치 앞에 선 흙 담이 달빛 속에 어렴풋이 보여. 그 흙 담 너머에는 마페킹을 포위한 군대의 막사들이 거의 끝이 보이지 않게 펼쳐져 있단다.

마페킹에 주둔한 영국군 사령관은 그의 막사 안에서 책상 앞에 앉아 무엇인가를 쓰고 있었어. 그가 이 작은 도시에서 버티고 있는 지가 벌써 넉 달이 지났어. 마페킹을 포위한 흙 담 밖의 군대는 그 도시 안으로 식량이 단 한 줌도 들어가지 못하도록 틀어막고 있었단다. 그래서 마페킹 주민들은 이제는 먹을 것이 거의 바닥이 나고 있었어.

그날 낮에 말이 한 마리 죽었어. 먹을 것이 바닥이 난 지경인지라 그 말의 시체가

---

*부결(否決) : 회의에서, 의안을 인정하지 않기로 결정함.

여간 귀한 게 아니었지. 로버트 베이든 포웰Robert Baden-Powell이라는 이름의 사령관은 말의 시체를 어떻게 먹을 것인지에 관해서 지침서를 쓰고 있었던 거야. 그는 이렇게 썼단다.

1. 갈기와 꼬리는 병원으로 보내서 베개와 요의 속을 채우는 데 쓰도록 할 것.
2. 편자(말굽에 붙이는 쇳조각)는 대장간으로 보내서, 녹여서 탄환을 만들 것.
3. 껍질과 머리와 네 발은 솥에 넣어서 하루 종일 삶은 다음에 얇게 썰어서 조미료를 칠 것. 돼지고기 볶음이라고 생각하고 먹자고.
4. 살은 잘게 다져서 창자 속에 우겨넣고 삶을 것. 소시지라고 생각하고 먹자고.
5. 뼈는 모두 모아 큰 솥에 넣은 뒤 물을 많이 붓고 고아서 주민들에게 국물을 나누어 줄 것.
6. 국물을 우려낸 뼈는 버리지 말고 빻아서 밀가루에 섞을 것. 그러면 밀가루가 쉬이 상하지 않음.

로버트 베이든 포웰

베이든 포웰 사령관은 펜을 놓고 등받이에 몸을 기댔어. 흙 담 너머에서 총소리가 울렸어. 포위된 채 지내는 게 앞으로 몇 달을 더 갈지 알 수가 없었어. 그는 지금, 영국군이 도착해서 구해 줄 때까지 견디려면 아마도 마페킹 주민들은 이제부터 말을 잡아먹으며 목숨을 잇는 수밖에 없을 거라는 생각을 하고 있었어.

마페킹이 포위된 이유가 무엇일까?

그 이유를 알기 위해서는 몇 년 전으로 거슬러 올라가 봐야 해. 아프리카의 '스크램블'을 기억하고 있겠지? 1880년 이후의 몇 년 동안 유럽의 여러 나라들이 서로 먼저 더 많은 아프리카 땅을 차지하려고 체면이고 뭐고 가리지 않고 드잡이를 했던 사건 말이야. 대부분의 유럽 나라 정부들은 조상 대대로 아프리카에서 살아왔던 수많은 부족들을 철저히 무시해 버리고 마구잡이로 땅을 빼앗았어.

그런데 남아프리카에서는 벌써 1백여 년 전부터 유럽 사람들이 살고 있었단다. '보어 인Boers'이라고 불리는 이 유럽 사람들은 케이프타운Cape Town이라는 이름의 네덜란드 무역항에서 일했던 네덜란드 사람들의 후손이야. 이 네덜란드 사람들이 그곳에 눌러앉아 농사를 짓고 살다가 나중에는 케이프 식민지Cape Colony라는 이름의 네덜란드 식민지를 만들었단다.

그로부터 1백 년 후에 영국군이 쳐들어와서 케이프 식민지를 빼앗았어. 이제 케이프 식민지는 대영 제국의 영토가 되어 대영 제국의 법으로 다스려지게 되었어. 그러나 그 법들 중에서 한 가지가 보어 인의 분노를 샀단다. 영국 정부가, 케이프 식민지의 모든 노예는 자유민이 되었고 자유의 몸이 된 아프리카 사람은 재산을 소유할 수 있다고 선언했다는 게 그것이었어.

보어 인은 거의 누구나가 아프리카 인은 백인의 노예로서 한평생을 살다가 죽는 게 신의 뜻이라고 믿었어. 그들은 흑인이 백인과 나란히 이웃을 해서 살아도 되는 식민지에서 살고 싶지가 않았어. 그래서 수천 명의 보어인이 케이프 식민지를 버리고 북쪽으로 올라갔어. 그들은 그곳에서 '오렌지 자유 주Orange Free State'와 '트란스발Transvaal'이라는 이름의 식민지를 또 만들었어. (오렌지 자유 주는 그 당시에는 오렌지 자유국으로 불렸어.) 그리고 그들은 스스로를 '아프리카너Afrikaners'라고 부르기 시작했어. 자기들은 더 이상 네덜란드 이주민이

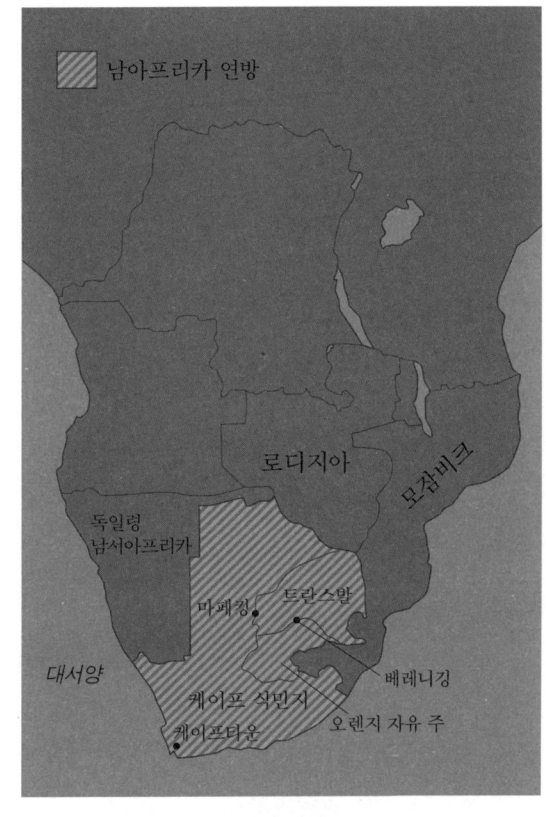

보어 전쟁

아니고 유럽 혈통의 아프리카 사람이라는 뜻이었지.

대영 제국은 다른 일로 너무 바빴던 나머지, 네덜란드 후손이 북쪽으로 올라가서 두 개의 식민지를 만들었거나 말았거나 관심을 기울이지 않았단다. 그래서 영국 정부는 오렌지 자유 주와 트란스발을 남아프리카의 두 독립국으로 그냥 인정해 버리고 말았어. 대관절, 그곳은 바위투성이의 바짝 말라 터진, 아무 가치도 없는 땅

다이아몬드와 금을 놓고 벌인 보어 전쟁 217

인 것 같았으니까!

그런데 어느 날, 오렌지 강Orange River 기슭에서 양 떼를 먹이던 한 소년이 심심하고 따분해서 강가를 이리저리 돌아다녔어. 소년은 강가를 돌아다니면서 특별히 눈에 띄는 예쁜 돌멩이 한 개를 주워서 주머니에 넣었어. 양 떼를 데리고 집에 돌아온 소년이 그 돌멩이를 부모에게 보여 주었고, 부모는 또 이웃집 사람들에게 보여 주었어. 이웃집 사람들 중에서 누군가가 그 돌멩이를 가지고 싶다고 말하자, 소년의 부모는 아무 생각 없이 그것을 주어 버렸어.

그런데 그 돌멩이가 알고 보니까 다이아몬드였어. 엄청나게 큰 다이아몬드였지. 오렌지 강가에 광산업자들이 몰려왔어. 그곳에는 다이아몬드가 그야말로 지천(매우 흔함)으로 널려 있었어. 모래 속에 드문드문 박혀 있고, 말갛게 씻겨서 자갈 틈에 끼어 있었어. 니콜라스 드비어와 디에데릭 드비어라는 이름의 형제의 농장에는 나중에 '빅홀Big Hole'이라고 불리게 되는 거대한 다이아몬드 광산이 들어섰어. 수천 개의 다이아몬드가 빅홀에서 채굴되었단다. 그 형제는 '드비어스De Beers 연합 광산'이라는 회사를 만들었는데, 이 회사는 지금도 세계에서 가장 유명한 다이아몬드 회사란다. 빅홀은 지금은 박물관이 되어 있어. 그 안에 들어가면 땅속 깊숙이

드비어스 연합 광산

내려가 볼 수도 있고, 지금은 '유레카 다이아몬드Eureka Diamond'(유레카는 '발견'이란 뜻이야.)라고 불리는, 양치기 소년이 강가에서 주워 와서 온 세상을 떠들썩하게 만들었던, 세계의 곳곳에서 수많은 사람들이 그곳으로 몰려가게 만들었던 그 다이아몬드도 볼 수 있단다.

트란스발 주에서 있었던 다이아몬드 러시

다이아몬드 러시가 일어났어. 남아프리카의 들판과 강가에 수많은 사람들이 몰려왔어. 다이아몬드가 발견되는 땅은 보어 인이 만든 두 개의 식민지와 영국이 지배하는 케이프 식민지의 정확히 중간 지점이었어. 그래서 이제까지는 보어 인도 영국인도 그 땅을 자기 땅이라고 주장하지 않고 있었는데, 다이아몬드가 발견되자마자 영국이 먼저 그 땅은 대영 제국의 땅이라고 선언해 버렸어.

다이아몬드가 지천으로 널려 있는 땅이 발견되고 바로 얼마 후인 1886년에, 보어 인의 땅인 트란스발에서 광부들이 금을 발견했어. 트란스발 정부가 나서서 조사를 해 보니까, 금이 그냥 발견된 정도가 아니었어. 그 땅에는 누구라도 떡 벌어진 입을 다물지 못할 만큼 엄청난 양의 금이 묻혀 있었어. 아마도 지금까지 알려진 전 세계 금 매장량의 절반은 그곳에 있는 것 같았단다.

다이아몬드와 금을 놓고 벌인 보어 전쟁

하지만 그 많은 금을 다 파낼 만큼 거대한 광산을 지으려면 돈을 엄청나게 들여야 해. 그런데 트란스발에는 그만한 돈을 가진 사람이 없었단다. 그래서 트란스발 정부가 영국하고 거래를 했어. 영국의 광산업자들과 사업가들이 트란스발에 들어가서 금을 캐내고, 그중에서 일부를 트란스발이 가진다는 것이었지.

이 거래가 성사되고 4년 후에, 케이프 식민지의 영국 총독 세실 로즈는 영국 관리들을 오렌지 자유 주와 트란스발의 북쪽으로 보내서 또 하나의 식민지를 만들고, 그의 이름을 따서 로디지아라고 불렀어.(로디지아란 이름은 제11장 뒷부분에서 나왔었지?) 이제 오렌지 자유 주와 트란스발은 영국의 세력권 사이에 끼게 된 것이야. 아니, 벌써 그 이전부터 영국인 사업가들이 트란스발에서 설치고 다니면서 금을 캘 곳이 있으면 금을 캐고, 보어 인의 정치에 간섭할 일이 있으면 간섭을 했어. 그런데 그게 전부가 아니었어. 로즈 총독이 마침내 그의 부하들에게 트란스발을 침공해도 좋다고 허락해 버렸던 거야.

케이프 식민지의 영국 총독
세실 로즈

트란스발 사람들이 보아하니까, 영국인이 트란스발뿐만이 아니라 오렌지 자유 주까지도 집어삼키려는 게 분명했어. 그래서 1899년에 트란스발과 오렌지 자유 주의 아프리카너들이 영국에게 선전 포고를 했어. 영국은 이 전쟁을 '보어 전쟁Boer War'이라고 부른단다. 전쟁이 시작된 지 이틀째에 아프리카너 병사들이 마페킹이란 작은 도시를 포위했어. 마페킹은 영국 영토인 케이프 식민지의 철도 거점 도시인데, 트란스발에서 아주 가까운 곳이었어. 마페킹의 영국군 사령관 로버트 베이든 포웰은 갑작스런 공격을 받자 너무도 놀랐어. 그에게는 고작 1천 명의 병사뿐인데, 아프리카너 병사들은 하나같이 거칠고 사나운 사람들이었어. 하지만 그는 항복할 생각이 전혀 없었단다. 그는 부하들에게 깊은 참호를 파고, 성벽에는 흙을 덮으라고 명령했어. 그리고 참호 안에 가짜 요새를 세우게 했어. 아프리카너 병사들이 그 가짜 요새를 사람들이 사는 집인 줄 알고 사격을 하게 만들려는 것이었지. 그는 또 밤에 병사들을 시켜 함석으로 만든 메가폰*을 들고 적진에 다가가서 고래고래 소리를 지르게 했어. 너무 시끄러워서 아프리카너 병사들이 잠을 자지 못하게 하려고 말이야! 그는 또, 지금은 부엌의 부지깽이라도 거들겠다고 나서는 판이었으니까, 도시의 어린 소년들을 모아서 전령을 시키거나 부대의 잔심부름을 시켰어. 이 '소년 단원'들이 바로 지금의 '보이스카우트Boy Scouts'의 효시*란다.

마페킹 이외의 다른 곳에서도 전쟁은 영국에게 매우 불리하게 돌아가고 있었어. 첫 싸움이 시작된 지 두 달이 지난 12월에 영국군은 세 차례의 대규모 전투에서 형편없이 졌어. 마페킹이 포위된 지도 벌써 217일이나 되었어! 양쪽은 너무도 지루해서 어느 때부터는 일요일에는 전투를 하지 않고 서로 고래고래 고함도 지르지

---

*메가폰(megaphone) : 목소리가 멀리까지 들리도록, 말을 할 때 입에 대는 나발 모양의 기구.
*효시(嚆矢) : 옛날 중국에서 전쟁을 시작할 때 그 신호로 '소리 나는 화살'인 효시를 먼저 쏘았다는 데서 유래한 말로, '맨 처음'을 비유하여 이르는 말.

않기로 약속했어. 일요일만은 서로가 편히 쉬고, 오랜만에 음식도 제대로 요리를 해서 먹어 보고, 놀이도 하자는 것이었지.

217일이 지난 후에 마침내 영국 지원군이 마페킹에 도착해서 아프리카너 병사들을 쫓아 버렸어. 마페킹이 해방되었다는 소식이 전해지자 영국 전 지역에서 밤새 떠들썩한 잔치들이 벌어졌다는구나. 그 후 몇 년 동안 영국에서는 '매픽(maffick)'이라는 말이 유행했대. 이것은 물론 마페킹Mafeking이라는 지명에서 따온 말로, '승전의 소식을 듣고 축제 소동을 벌이다' 라는 뜻이야.(영어 사전에도 나와 있어. 한번 찾아보렴.)

이제는 전쟁의 흐름이 완전히 바뀌었어. 아프리카너 군대가 곳곳에서 항복하기 시작했어. 영국군이 트란스발과 오렌지 자유 주의 여러 도시들을 점령했고, 전쟁이 마침내 끝나려 하고 있었어.

그런데 전쟁이 거의 끝날 즈음에 가서 대영 제국은, 수많은 영국 사람들이 그들의 정부를 수치스럽게 여길 수밖에 없도록 만드는 일을 저질렀어. 아프리카너 군대와 영국군 사이의 공식 전투는 끝이 났지만, 아프리카너 병사들은 아직 곳곳에서 작은 무리를 지어서 영국군의 주둔지를 공격하고 있었어. 그들의 게릴라 공격은 2년

보어 전쟁 때의 영국 병사의 모습

동안이나 계속되었단다. 영국은 그들을 막을 방도가 없는 것 같았어.

그래서 영국 정부는 게릴라가 설치고 다니는 지역들에 사는 모든 주민들을 한데 모아서 집단으로 수용하라는 명령을 내렸어. 영국 관리들은, 주민들이 게릴라에게 음식과 물과 무기를 대어 주고 있다고 의심했던 것이지. 그렇다고 해서 수많은 민가를 낱낱이 감시할 수는 없는 노릇이니까, 지역마다 집단 수용소를 만들어서 주민들을 모조리 그곳에 가둔다는 '묘안'을 생각해 냈던 것이야. 그런데 그 묘안이 수많은 영국 사람들에게 이루 말할 수 없는 수치심을 안겨 주었더란 말이야.

백인만 가둔 집단 수용소가 66곳이고, 흑인만 가둔 곳이 50곳이었어. 가두어 놓고는 음식도 제대로 주지 않았어. 흑인은 더욱 가혹한 대접을 받았단다. 흑인 한 명이 먹는 하루의 음식 값이 고작 1페니(지금 우리 나라 돈으로 약 20원)도 못 되었다는구나. 홍역, 닭 천연두, 결핵 같은 질병이 수용소를 휩쓸어 수천 명이 죽어 나갔어. 2만 명의 백인 아프리카너들이 수용소에서 죽었고, 영국 정부의 기록에 의하면 흑인 사망자의 수는 4만 명 정도였다는데, 영국 사람들은 흑인이 죽어 나가는 데는 그리 관심을 갖지 않았기 때문에 실제 사망자 수는 훨씬 더 많았을 거야. 그러니 그런 잔인한 일을 저질렀다는 데 수많은 영국 사람들이 수치스러워 할 만도 하지 않겠어?

1902년에 아프리카너들과 영국인들이 '베레니깅 평화 조약Peace of Vereeniging'이라는 이름의 조약을 맺었어. 남아프리카의 모든 식민지들을 하나로 묶어서 영국의 지배를 받는 '남아프리카 연방Union of South Africa'이라는 나라를 만든 것이 이 '평화 조약'의 내용이었지. 그러나 남아프리카 연방에는 서로 증오하는 세 부류의 사람—백인 영국인, 백인 아프리카너, 아프리카 흑인—이 살고 있었어. 베레니깅 평화 조약은 아프리카 대륙의 남쪽 끝에서 평화라고는 거의 있지도 않은 한 나라를 만들어 놓았던 것이야.

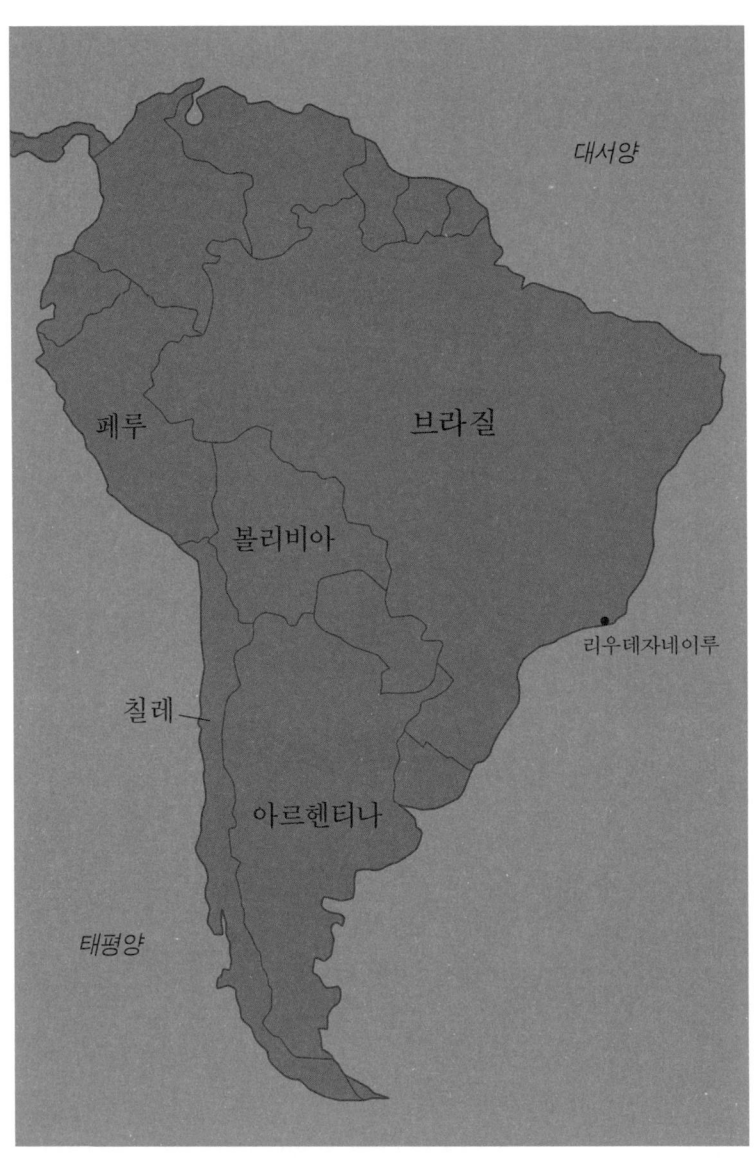

페드루 2세 지배 때의 브라질

제13장 낡은 황제와 붉은 술탄

브라질의 황제 페드루 2세

남아프리카에서 보어 인과 영국인이 한창 싸우던 때에, 남아메리카의 브라질에서는 황제를 쫓아내고 있었단다.

브라질은 그때까지 이르는 짧은 역사 동안에 단 두 명의 황제가 있었어. 브라질의 첫 번째 황제 페드루 1세는 포르투갈 국왕의 아들이었어. 페드루가 어린 소년이었을 때 브라질은 아직 국가가 되지 못한, 포르투갈의 식민지일 뿐이었단다.

페드루는 식민지 브라질에서 자랐어. 그가 스물세 살이 되자 포르투갈의 국왕인 그의 아버지가 그에게 브라질의 통치를 맡겼어. 1년 후에 페드루는 브라질을 이끌어 포르투갈로부터 독립을 선언했어. 그 자신도 아버지로부터 독립하여, 브라질 최초의 황제 페드루 1세Pedro I 가 되었지.

그러나 페드루 1세는 고작 9년 동안만 황제의 자리에 앉아 있었단다. 신생 독립국 브라질은 노예를 소유하고 부리는 부자들, 막강한 권세를 누리는 농장 주인들, 포르투갈 귀족들, 야심만만한 군 장교들, 황제의 권력을 제한하고 자신들의 권력은

브라질 최초의 황제 페드루 1세

한껏 늘이려는 정치가들이 우글거렸어. 페드루가 무슨 일을 하건 반드시 누군가가 트집을 잡았어. 페드루 1세는 단 하루도 편할 날이 없이 겨우겨우 9년 동안 나라를 통치했고, 마침내 수도인 리우데자네이루의 거리에서 봉기가 일어났어. 고단한 삶에 지친 브라질 사람들은 페드루 1세가 아직도 포르투갈에게 너무 굽실거리고 브라질 국민에게 충분한 자유를 주지 못한다고 외쳤어. 봉기가 일어나자 페드루 1세는 가진 돈과 재물을 챙겨서 식구들을 데리고 어느 항구로 가서 군함을 타고 달아나 버렸어. 나중에 브라질 사람들 사이에서는 페드루 1세가 도망간 궁정에는 은 숟가락 한 개만 달랑 남아 있더라는 소문이 퍼졌어.

그러나 페드루 1세는 은 숟가락 한 개만 남기고 도망간 게 아니었어. 그는 대신들을 버려 두었고, 또 일곱 살 난 아들을 버려 두고 갔어. 그 어린 소년에게는 '브라질의 합헌 황제이며 영원한 수호자, 페드루 데 알콘타라 호소 카를로스 레오폴도 살바도르 바비아노 프란시스코 사비에르 데 파울라 레오크 디오 미겔 라파엘 가브리엘 곤자가'라는 정말 엄청나게도 거창한 칭호가 붙었단다. 아무도 단숨에 부를 수 없을 이 거창한 칭호를 단 두 마디로 줄이면? '페드루 2세Pedro II'야.

이제 고작 일곱 살밖에 안 된 페드루 2세가 '브라질의 합헌 황제이며 영원한 수호자'의 역할을 다한다는 것은 현실적으로 불가능한 일이야. 그래서 나이가 들 때까지 그를 돕기 위해서 그의 아버지의 대신들 중에서 세 사람이 위원회를 구성했어. 그들은 성심을 다해서 페드루를 돌보고 가르쳤고, 페드루는 열심히 공부했어. 그는 프랑스 어, 헤브라이 어, 아랍 어를 비롯한 여러 가지 언어를 익혔고, 책을 읽고 글을 쓰는 것을 남달리 좋아했고, 과학을 특히 좋아했다는구나.

페드루 2세는 열일곱 살이 된 1841년부터 직접 나라를 다스리기 시작했어.

아버지가 그랬던 것처럼, 페드루 2세도 브라질은 다스리기가 매우 힘든 나라라는 것을 곧 깨달았어. 브라질에는 서로 성격이 다른 다섯 부류의 사람이 있었어. 대부분의 토지와 돈을 차지한 사람은 포르투갈 이주민의 후손이었어. 포르투갈 사람이 몰려오기 이전부터 대대로 그 땅에서 살았던 원주민 부족들은 거의가 토지를 잃고 부유한 포르투갈 사람 밑에서 날품*이나 팔며 살았어. 그리고 브라질은 아직 노예를 소유하고 부리는 것이 합법이기 때문에, 가장 힘든 노동은 아프리카에서 팔려 온 흑인 노예가 맡았단다.

또 한 부류는 유럽의 각지에서 온 이주민이었어. 이미 오래전부터 가난한 유럽 사람들이 더 나은 삶을 찾아서 '신세계'로 몰려왔던 거야. 북아메리카로 가서 미국에 정착한 사람도 많았지만, 남아메리카로 건너간 사람도 그에 못지않게 많았어.

*날품 : 그날그날 셈하는 품삯을 받고 남의 일을 해 주는 일.

독일, 이탈리아, 폴란드의 이주민이 브라질로 들어와서 정착을 했고, 해마다 더 많은 사람들이 브라질로 이주해 왔어.

미국의 남북 전쟁이 끝난 뒤에 또 한 부류의 이주민이 브라질에 도착했어. 농장을 잃은 미국의 목화 재배업자들이 바로 그들이었어. 브라질 땅에서 다시 목화를 재배해서 재산을 모으려는 데 운명을 건 사람들이 고향을 등지고 온 것이었지. 브라질에는 '아메리카나Americana'라는 이름의 작은 도시가 있단다. 브라질에서 새로운 삶을 시작하려고 식구들을 데리고 온 앨라배마 주 출신의 목화 재배업자가 세운 도시인데, 지금도 그곳에는 '노리스'나 '존스' 같은 미국식 성을 가진 브라질 사람이 많단다. 해마다 6월이 되면 그 도시에서는 '후니노Junino'라는 이름의 성대한 축제가 열리는데, 브라질 악단이 미국 남부 특유의 악기인 밴조를 가지고 연주하는 브라질 음악에 맞추어서, 젊은 브라질 남녀들이 스퀘어 댄스*를 춘단다.

페드루 2세는 브라질이 번영을 누리려면 이 다섯 부류의 사람들 모두가 일을 하고, 충분한 소득을 가지고, 차별 없이 교육을 받을 기회가 주어져야 한다고 믿었어. 그는 여러 회사들을 격려해서 공장을 짓고 철도를 놓게 했고, 전국 곳곳에 새로운 학교를 지었어. 또 외국의 기

미국 남부의 악기 밴조

---

*스퀘어 댄스(square dance) : 미국 민속 무용의 하나로, 네 쌍의 남녀가 마주 서서 정사각형을 이루면서 추는 춤.

술자들을 브라질로 불러서 눌러 살게도 했고, 유럽 여러 나라를 돌아다니며 선진 과학 기술을 견학했어. 미국을 방문했을 때는 필라델피아에서 알렉산더 그레이엄 벨이 발명한 전화기를 보러 벨의 연구소에도 가 보았단다.

하지만 페드루 2세의 가장 큰 업적은 노예 제도를 없앴다는 것이었어.

페드루의 아버지는 노예 제도를 증오하여 브라질의 '암'이라고 불렀대. 페드루 2세는 그 점에서는 아버지와 생각이 똑같았고, 또 미국의 에이브러햄 링컨 대통령을 무척 존경했어. 그는 노예 제도는 인간 세상에서 반드시 없어져야 한다고 믿었단다.

그러나 브라질의 농장 주인들은 거의 전부가 노예를 부려서 농사를 지었어. 그들은 그 공짜 일손을 포기할 생각이 털끝만큼도 없었지. 그래서 페드루 2세는 노예 제도를 없애는 작업을 서서히 진행해 나갈 수밖에 없었어. 황제의 자리에 오른 지 9년 후에 그와 그의 정부는 해외에서 브라질로 노예를 들여오는 행위를 불법으로 규정했어. 그러니까 아프리카로부터 더 이상의 노예가 들어오는 것부터 우선 막아 놓고 본 것이었지. 그로부터 21년 후에 브라질 정부는 나라 안의 모든 노예가 자유가 되었다고 선언하기 시작했어. 그리고 또 17년 후인 1888년에는 마침내 노예 제도

페드루 2세

브라질의 황제 페드루 2세 231

를 불법화하는 법을 제정했단다.

1888년은 페드루 2세가 브라질의 황제가 된 지 47년째가 되는 해야. 그는 거의 언제나 국민으로부터 사랑받고 존경받는 통치자였어. 그가 제위에 오른 이후 브라질 사람의 생활수준이 지속적으로 나아졌어. 또 그가 세운 새로운 학교들이 제 역할을 해내어, 브라질은 다른 어느 나라보다 문맹*의 비율이 낮았단다.

그런데 브라질 사람들이 황제에 대해서 불평을 하기 시작했어. 노예를 빼앗긴 농장 주인들이 앙심을 품었고, 군인들은 급료가 너무 적다고 투덜거렸어. 또 부유한 농부들과 상인들과 가게 주인들은 황제가 다스리는 나라는 시대에 뒤떨어진 나라라고 생각하기 시작했단다. 브라질도 헌법에 의해서 통치되는 공화국이 되어야 한다는 것이었지.

노예 제도가 불법화된 이듬해인 1889년에 페드루 2세는 이제는 더 이상 권좌를 지킬 수 없다는 것을 깨달았어. 그의 나이 예순다섯 살이었단다. 그는 브라질을 부유하고 자유롭고 교육 수준이 높은 현대적인 나라로 만드는 일에 거의 평생을 바쳐 왔어. 그러나 브라질은 이제 구시대의 유물에 지나지 않는 황제가 통치하는 것을 국민이 더 이상 원하지 않을 만큼 충분히 현대적인 나라가 되어 있었던 거야.

어느 날 늦은 밤에 페드루 2세는 '국정 자문 회의'를 소집해 놓고, 자기는 먼저 가서 자겠다고 말했어. 그가 계속 브라질의 황제 자리에 앉아 있어야 할 것인가의

---

*문맹(文盲) : 글을 읽지도 쓰지도 못하는 사람.

문제를 놓고 자문 회의가 밤새 의논을 할 것이고, 그 최종 결정을 아침에 황제에게 알릴 예정이었지.

페드루 2세와 그의 가족

다음 날 아침에 페드루가 잠에서 깰 무렵 국정 자문 회의가 마침내 최종 결정을 내렸어. 이제는 브라질이 공화국이 되어야 할 때가 되었으니 황제와 그 일가는 재산을 챙겨 가지고 24시간 안에 나라를 떠나야 한다는 내용이었단다.

페드루 2세가 말했어. "떠나겠소. 당장 떠나겠소." 그리고 그는 식구를 불러 모아서 파리로 가는 배를 탔어.

그는 2년 후인 1891년에 독감에 걸려 누웠다가 크리스마스를 며칠 앞두고 눈을 감았어. 그의 시신이 포르투갈 땅에 묻히던 무렵에 브라질에서는 새 헌법의 초안이 막 마무리되고 있었단다.

1920년에 브라질은 포르투갈 땅에 묻혀 있던 페드루 2세의 유골을 가져다가 브라질 땅에 엄숙하게 안장했어. 일생을 바쳐 나라에 봉사했던 두 번째 황제의 노고와 업적을 뒤늦게나마 기릴 만큼 브라질 국민의 수준이 모든 방면에서 높아졌던 것이지. 황제들의 시대가 끝난 지는 아득한 옛날이었지만, 페드루 2세는 마침내 브라질의 영웅이 되었단다.

브라질의 황제 페드루 2세

붉은 술탄 아브뒬하미드 2세

우리가 마지막으로 오스만 투르크 제국을 찾아갔던 때가 1878년이었지? 그때는 아브뒬하미드 2세가 권좌에 앉아 있었고, 그의 제국이 영토의 절반을 잃어버린 직후였어. 관리들은 제 임무를 다하는 데에는 관심이 없고 너나없이 안락을 꾀하고 사치를 즐기는 데 여념이 없었지. 그래서 한때는 동양에서 가장 강력했던 오스만 투르크 제국이 '유럽의 병자'라고 불리는 처지가 되었던 거야.

비록 병이 들기는 했지만 오스만 투르크 제국은 아직도 소아시아의 전 지역을 차지하고 있었고, 고대 메소포타미아 땅과 페르시아 만에까지 뻗쳐 있었으며, 홍해의 동쪽 해안 전 지역을 장악한 대제국이었어. 아브뒬하미드 2세는 그 제국을 다시 한 번 위대한 제국으로 만들고 싶었어.

그러나 그에게는 한 가지 문제가 있었어. 그는 국민이 스스로를 다스릴 권리를 가진다고 하는 새로운 현대적 사상들을, 마음의 절반만 열고 받아들였어. 그의 마음의 나머지 절반은 오스만 투르크 제국의 절대 통치자인 술탄의 지위를 내놓고 싶지 않다는 생각으로 꽉 차 있었어. 그의 말이 곧 법이어서 아무도 거역하지 못하는 강력한 군주로서 언제까지고 군림하고 싶었던 것이야.

오스만 투르크 사람들이 서양과 같은 의회를 가지고 헌법을 가지기를 원하자 아브뒬하미드가 허락했다는 이야기는 앞에서 이미 했지? 그런데 그 헌법은 그리 오래가지 못했단다. 두 가지 문제점이 있었어. 첫째, 아브뒬하미드는 그가 보기에

'국가에 해를 끼칠' 것으로 판단되는 사람은 누구를 막론하고 나라 밖으로 추방할 수 있다고 하는 조항(제113조)을 반드시 넣어야 한다고 주장했어. 이것은 아브뒬하미드가 그에게 반대하는 사람들을 언제든지 외국으로 쫓아 버리고 다시는 돌아오지 못하게 할 수 있다는 뜻이었지. 둘째, 오스만 투르크 제국의 술탄은 수세기 동안 세상에서 가장 높은 권력을 가진 사람으로서 존중되고 복종을 받아 왔어. 그래서 비록 수많은 오스만 투르크 사람들이 조금이라도 더 서양에 가까운 정부

철권 정치를 휘두른
아브뒬하미드 2세

를 갖기를 원하기는 했지만, 술탄이 무슨 명령을 내렸을 때에는 그것을 무시해 버리기가 대단히 어려웠다는 것이야.

아브뒬하미드는 오스만 투르크 사람들이 만든 헌법을 1년도 지나지 않아 없애 버렸어. 이제 그는 그의 권력을 제한할 의회와 헌법이 없어진 상황에서 과거의 술탄들처럼 나라를 다스리게 되었어.

처음에 아브뒬하미드는 그의 막강한 권력을 써서 여러 방면에서 서양식 발전을 꾀했어. 철도를 놓고, 전신망을 설치하고, 위대한 이스탄불 대학교의 조직을 새롭게 고쳤어. 또 제국의 법을 좀 더 현대적으로 고치기도 했어.

그러나 아브뒬하미드는 철권*으로 나라를 다스렸어. 그는 방대한 첩보망을 조직

해서 반란이나 봉기를 모의하는 사람이 있는지 정탐했어. 술탄을 비난하는 말을 내놓고 한 사람은 언제 어디서 저 무시무시한 비밀경찰에게 끌려가게 될지 모를 지경이 되었어. 그러다가 기어이 술탄에게 항거하는 반란이 일어나면 그때마다 어김없이 군대를 보내서 철저하게 짓밟았어. 특히 동쪽 지방에서 일어난 반란들에 대해서는 더욱 가혹했단다.

아르메니아에서도 반란이 일어났어.

아르메니아는 소아시아의 북쪽, 카스피 해와 흑해 사이에 자리 잡고 있어. 수백 년 전에 오스만 투르크 제국과 페르시아 제국이 아르메니아를 점령해서 땅을 나누어 가졌는데, 페르시아가 차지했던 땅은 나중에 러시아의 손으로 넘어갔어. 그러니까 아르메니아 사람들은 일부는 러시아의 지배를 받고, 다른 일부는 오스만 투르크 제국의 지배를 받고 있었던 거야. 그런데 오스만 투르크 제국의 지배를 받는 아르메니아 사람들은 늘 제대로 대접을 받지 못하며 살았어. 그들이 이슬람 교도가 아니라 기독교도였기 때문에, 이슬람 나라인 오스만 투르크 제국 밑에서 이슬람 교도와 똑같은 권리를 누릴 수 없었던 것이지. 아르메니아에 파견된 오스만 투르크의 관리들은 그곳 사람들을 심하게 학대했어. 살던 집에서 내쫓고, 부치던 토지를 빼앗는 등 온갖 못된 짓을 했지. 아르메니아 사람들이 이를 갈았겠지? 1894년에 그들은 마침내 더는 못 참겠다면서 무기를 들고 일어났단다.

---

*철권(鐵拳) : (쇠뭉치 같은 주먹이란 뜻으로) '굳센 주먹'을 이르는 말.

러시아는 아브뒬하미드가 아르메니아 사람들을 더 잘 보호해 주고 더 많은 권리를 허락하는 방식으로 반란에 대처하기를 바랐어. 그러나 아브뒬하미드는 러시아가 그에게 이래라저래라 간섭하는 게 딱 질색이었지. 그는 러시아가 영국을 비롯한 유럽의 다른 나라들하고 짜고 술탄에 항거하는 반란을 부추기는 게 틀림없다고 믿었어.

아브뒬하미드는, 이미 오스만 투르크 제국의 '두 손과 두 발을 잘라 버린' 유럽의 여러 나라들이 이제는 또 아르메니아의 반란을 부추겨서 '내장까지도 뜯어내려고' 하는 것이라고 생각했던 거야.

그는 사태가 정말로 그렇게 되는 것을 멀거니 보고만 있을 수 없었어.

그래서 아브뒬하미드는 군대를 아르메니아로 보내서 반란을 일으킨 무리를 닥치는 대로 죽이라고 명령했어. 그는 반란을 완전히 진압하기 위해서는 아르메니아 땅 안에서만 아르메니아 인을 죽이는 것으로는 모자라니, 제국 내의 다른 곳으로 도망간 사람들까지 모조리 찾아내서 죽여 없애라고 명령했어. 아르메니아 인은 모두가 반역자라고 생각했던 것이지. 그는 아르메니아 인을 오스만 투르크 제국이 아니라 러시아에게 충성을 바치는 사람이라고 보았고, 그들의 불충(충성을 다하지 않음)은 오스만 투르크 제국 전체를 병들게 할 병균

아르메니아 학살 때 살해된 사람들

붉은 술탄 아브뒬하미드 2세 237

이라고 보았던 거야.

수많은 아르메니아 사람들이 아브뒬하미드의 병사들에게 무참히 죽음을 당했어. 제국의 영토 밖으로 달아난 사람들은 너무도 먼 길을 걷다가 굶어서도 죽고 지쳐서도 죽었어. 병사들의 살육전은 3년 동안이나 계속되었어. 얼마나 많은 아르메니아 사람들이 죽었는지는 아무도 모른단다. 적어도 10만 명 이상의 남자와 여자, 어린아이들이 죽었을 것이라고 추정될 뿐이야.

아브뒬하미드는 (제9장에서 이야기했던) 아브뒬라지즈의 운명으로

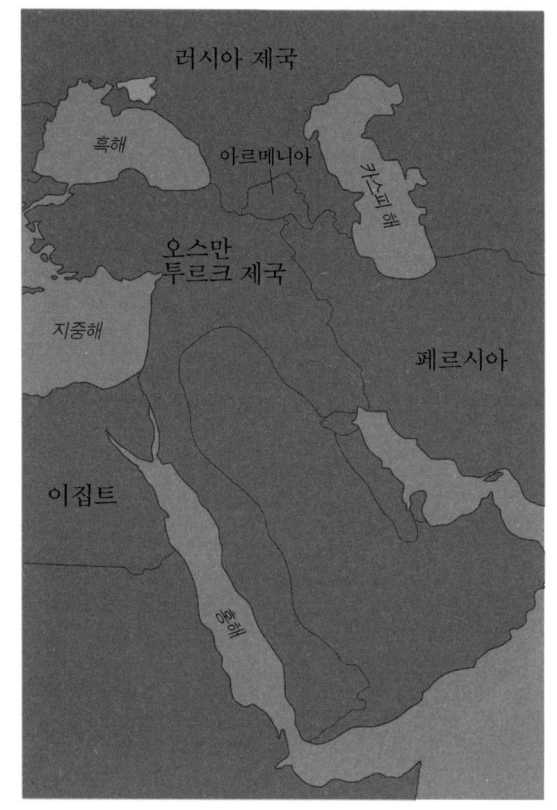

아르메니아 학살

부터 아무 교훈도 얻지를 못했던 거야! 그는 다시 한 번 유럽의 여러 나라들로 하여금 오스만 투르크 사람은 시대의 흐름에 발을 맞출 생각이라고는 전혀 없는 야만인이라고 믿도록 만들었어. 불과 몇 년 전에 영국 대사가 아브뒬하미드를 '자상하고 친절하며, 확 트인 식견을 가진 사람'이라고 칭찬했었지만, 이제 영국에서는 그렇게 생각하는 사람이 아무도 없었을 거야!

아브뒬하미드는 서양의 사상을 더러 받아들이기도 했었어. 그러나 아르메니아의 학살은 그가 여전히 과거의 낡은 생각을 버리지 않고 있다는 것을 여실히 보여 주었어. 그는 자신의 영토를 단단히 틀어쥐고는 절대 권력으로써 다스리겠다는 생각뿐이었던 것이지.

아브뒬하미드가 '유럽의 병자'의 병이 더욱 깊어지는 것을 원한 것은 아니었겠지만, 그의 가혹한 처사는 제국의 병을 더욱 깊게 했을 뿐만 아니라 아주 죽어 버릴 지경까지 몰고 갔어. 자신의 권력을 지키기 위해서 국민을 공포에 몰아넣고 비밀경찰을 시켜서 늘 감시하고 철권을 마구 휘두르는 아브뒬하미드를, 오스만 투르크 제국도 이제는 보다 더 현대적인 나라가 되어야 한다고 생각하기 시작한 오스만 투르크 국민들이 좋아할 턱이 없었겠지. 특히 서양의 사상을 먼저 접하고 받아들인 대학생들이 더욱 그러했어. 그리고 아브뒬하미드가 아르메니아의 학살을 명령했을 때에는 이들 진보적인 학생들과 사상가들은 더욱 그에게 진저리를 쳤단다. 그래서 수많은 사람들이 이미 그를 '붉은 아브뒬하미드Abdülhamid the Red'라고 부르고 있었어. 그가 너무도 많은 유혈 사태를 일으켰기 때문이었지. 아브뒬하미드를 반대하는 사람들은 또 그를 '개자식 아브뒬하미드'라고 부르기도 했단다.

1889년에 의과 대학생들이 아브뒬하미드를 제거하려는 모의를 꾸미기 시작했어. 그들은 오스만 투르크 제국을 이슬람 교의 법에 따라서 통치하는, 이슬람 교도 술탄의 권력에 의해 모든 것이 결정되는 나라가 아니라, '터키Turkey'라는 이름의 새로운 나라로 만들기 위해서 나라의 법을 바꾸려고 했어. (종교적 신념에 바탕을 둔 법이 아니라) 세속적인 법에 의해서 다스려지고, 국민은 술탄이 아닌 국가에게 충성을 바치는 새로운 나라를 세우려고 했던 것이지. 그들의 구호는 '자유, 정의, 평등, 박애'였는데, 이것은 물론 프랑스와 미국의 혁명을 보고 배운 것이었단다. 그리고 곧 그들은 이스탄불 대학교를 비롯한 여러 대학교의 학생들을 불러 모았어. 그들은 스스로를 '통일 진보 위원회'라고 불렀지만, 다른 사람들은 그들을 '청년 투르크 당Young Turks'이라고 불렀어.

아브뒬하미드 2세는, 아르메니아의 반란을 그냥 보고만 있지 않았던 것처럼 이 청년 투르크 당의 봉기도 가만히 두고만 볼 생각이 전혀 없었어. 곧 그의 비밀경찰이 모의의 주동자들을 체포할 계획을 세우기 시작했고, 청년 투르크 당의 지도자들은 나라 밖으로 달아나지 않을 수 없는 절박한 처지가 되었단다.

그들은 헌법 제113조에 의해서 추방된 투르크 사람들이 살고 있는 주네브(제네바)나 파리로 갔어. 그리고 붉은 술탄 아브뒬하미드를 제거하고 오스만 투르크 제국의 모습을 영원히 바꾸기 위한 운동을 조직했단다.

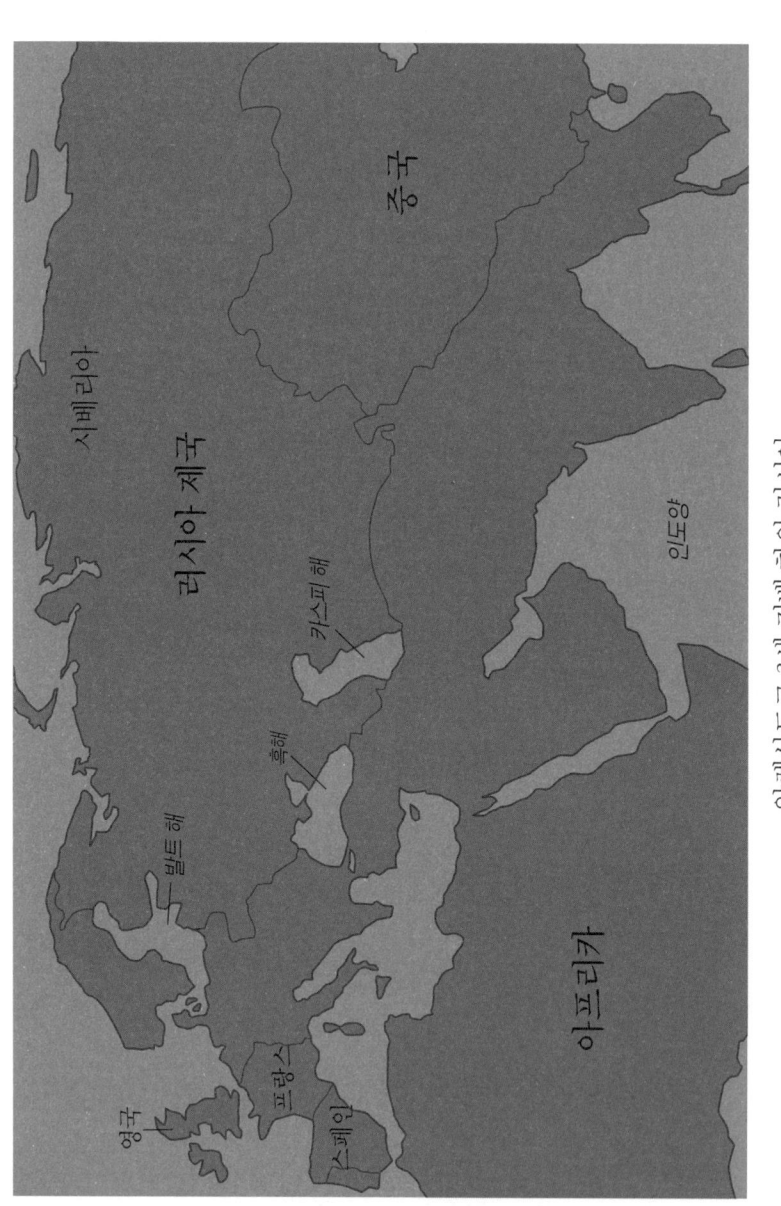

알렉산드르 3세 지배 하의 러시아

제14장 두 명의 차르와 두 명의 황제

러시아의 마지막 두 차르

오스만 투르크 제국의 술탄이 그랬던 것처럼, 러시아의 차르도 그 거대한 나라의 절대 권력자로서의 권세를 내놓지 않으려고 안간힘을 썼어.

브라질의 두 번째이자 마지막이었던 황제가 자기 나라를 떠나 배를 타고 파리로 갔던 1889년에, 러시아의 차르는 로마노프 왕조* 출신의 알렉산드르 3세Aleksandr III였어. 그는 아버지인 알렉산드르 2세로부터 제위를 물려받았단다.

알렉산드르 2세는 군대를 오스만 투르크 제국으로 보내서 그 땅의 일부를 빼앗았던 바로 그 황제였어. 그는 대단히 싸움을 좋아하는 차르였지만 또 러시아를 좀 더 서양적이고 좀 더 현대적인 나라로 만들려고 노력하기도 했어. 철도를 놓고 전국 곳곳에 신식 학교를 짓고, 신문 편집자들과 작가들에게 그들이 원하는 대로 글을 쓸 수 있는 자유를 조금 더 허락했고, 여러 도시들에게 자치권을 허용했어. 더

---

*로마노프 왕조(Romanov dynasty) : 1613년부터 1917년까지 304년 동안 러시아를 지배한 왕조.

알렉산드르 2세

나아가서 그는 모든 범죄 피의자(혐의를 받고 있는 사람)들은 단 한 명의 판사에 의해서가 아니라 여러 명의 평범한 사람들로 구성된 배심원단의 판결을 받아야 한다고 선언하기도 했어. 강력한 힘을 가진 부패한 판사들이 잘못이 없는 사람에게 억울한 죄를 씌우지 못하게 하려는 조치였지.

그러나 러시아가 오스만 투르크 제국과의 전쟁에서 승리한 지 고작 3년 후에 알렉산드르 2세는 두 명의 암살자에게 죽음을 당하고 말았단다. 그들은 상트페테르부르크의 거리를 지나가던 황제의 마차에 폭탄을 던졌어.

그의 아들이 뒤를 이어서 알렉산드르 3세가 되었어. 서른여섯 살인 그는 키가 184센티미터이고 어깨가 떡 벌어졌으며 검은 수염이 무성한, 엄장(풍채 좋은 큰 덩치)의 사나이였어. 그러나 아버지가 바로 그의 백성의 손에 죽음을 당하는 것을 본 그는 자기도 언제 어디서 암살을 당하게 될지 모른다는 두려움을 느끼지 않을 수 없었어.

알렉산드르 3세는 차르가 되자마자 러시아 사람들이 그동안 누려 왔던 여러 가지 자유를 도로 빼앗기 시작했어. 아버지가 지방의 여러 도시들에게 주었던 자치권을 도로 빼앗고 귀족들에게는 특별한 권력을 주었어. 귀족들은 그들의 땅을 부쳐 먹고 사는 가난한 농민들을 마음껏 억압해도 된다는 권리까지도 허락받았단다. 한편, 차르를 비난하거나 반대하는 사람은 누구든지 시베리아로 유배를 보냈어. 시베리아는 기온이 보통 영하 30도 이하이고 한여름인 8월에도 0도 위로 올라가지 않는 얼어붙은 땅이야. 러시아 사람들은 나중에 이렇게 말했대. "알렉산드르 3세는 그의 아버지가 해 놓은 모든 것을 부숴 버렸다."

알렉산드르 3세

귀족들은 황제의 무한한 권력을 인정했어. 알렉산드르 3세가 제위에 오른 지 10년이 지난 1891년에 그의 관리들 중 한 사람이 그의 위대함을 칭송하는 긴 글을 썼는데, 그 관리는 그 글에서 러시아에서 옛날부터 전해져 오던 시를 인용했단다.

우리의 차르는 왕 중의 왕이시지.
세상의 모든 무리가 머리 조아렸고,
세상의 모든 족속들이 복종했지,
우리의 차르는 왕 중의 왕이시니까.

러시아의 마지막 두 차르

이어서 그는 이렇게 썼어. "어떤 순정(순수하고 올바름)한 정령의 힘이 보이지 않게 차르를 보살피고 있다. 그 힘이 그분의 주위에 있는 모든 것을 만들어 내고 유지한다. …… 러시아는 상대할 적이 없는 막강한 힘의 근원이요 중심이며, …… 우리 나라의 모든 전통 중에서 가장 귀한 그것은 바로 독재 권력이다." 그러니까 그는 차르의 무한한 권력(독재 권력)이야말로 러시아를 위대한 나라로 만드는 힘이라는 이야기를 하고 있는 것이야.

귀족들은 차르의 권력이 하늘로부터 주어진 신성한 것이고, 따라서 제한되어서는 안 된다고 믿는 게 오히려 즐겁고 행복했어. 알렉산드르 3세의 말만 잘 듣고 대들지만 않으면 온갖 특혜와 부와 권력을 가질 수 있었으니까!

그런 만큼 가난한 백성들의 삶은 너무도 비참했단다.

촌민들과 농부들과 노동자들에게 알렉산드르 3세는 잔인한 폭군일 뿐이었어. 발트 해와 흑해 사이의 어느 유대 인 마을에서 살았던 러시아의 작가 메리 안틴Mary Antin은, 어린아이들까지도 알렉산드르 3세의 잔인성을 알고 있었지만 경찰이 두려워서 아무도 내놓고 비판할 수가 없었다고 썼단다. 그의 글을 조금 읽어 볼까?

아버지의 방에는 알렉산드르 3세의 커다란 원색 초상화가 벽에 걸려 있다. 차르는 잔인한 폭군이다. 아무도 내놓고 그렇게 말하지는 못하지만, 밤이 되어 문을 모두 닫고 덧문까지 꼭꼭 닫은 후에는 숨을 죽이고서 그 말을 수군거린다. …… 차르의 초상화는 아버지의 집에서 가장 눈에 잘 뜨이는 곳에 걸려 있다.

이유는 말하지 않아도 잘 알 것이다. 경찰이나 정부 관리가 아버지에게 볼일이 있어서 왔을 때 잘 보이게 하려는 것이다. 차르는 우리에게 늘 무슨 명령을 내려 보낸다. 이것은 해도 되고 저것은 하면 안 된다고 사사건건 간섭하고 명령하는데, 사람들은 그저 평생 동안 세금이나 바치다가 죽는 것 말고는 마음대로 할 수 있는 게 거의 없다. 딱 한 가지 차르가 우리에게 허락한 것이 있다면, 그것은 그를 사랑하고 존경하라는 것이다. 교회에서는 반드시 차르가 건강하게 오래 살기를 비는 기도를 올려야 하고, 그러지 않았다가는 경찰 서장이 그 교회의 문을 닫아 버린다. 황실의 식구들 중에서 누군가의 생일이 되면 집집마다 깃발을 내걸어야 하고, 그렇게 하지 않으면 그 집 주인은 경찰서에 끌려간다. …… 백성들의 가정이야 망하건 말건 차르는 반드시 그가 원하는 것을 빼앗아 간다.

유대 인의 삶은 더욱 가혹했다. 그들은 세금을 더 많이 내고, 정부가 정해 준 곳에서만 살아야 하고, 먼 곳에 가려면 먼저 허락을 받아야 했다. 유대 인 아이들은 극소수만이 학교에 다닐 수 있었고, 학교에 다닌다는 게 그 아이들에게는 너무도 힘든 투쟁이었다. 교사들의 부당한 차별과 다른 아이들의 멸시와 조롱이 정말로 감당할 수 없을 만큼 심했기 때문이었다.

알렉산드르 3세와 그의 가족

러시아의 마지막 두 차르 247

알렉산드르 3세가 황제가 된 지 7년 후에 암살자들이 그를 죽이려고 했어. 그가 식구들과 함께 기차를 타고 어딘가로 가고 있었는데, 선로에 묻혀 있던 폭탄이 터졌거든. 그들이 탄 황실 전용 객차가 탈선해서 뒤집어졌어. 지붕이 내려앉고 창문이 박살났어. 한참 동안은 아무것도 움직이는 게 없었는데, 그리고 나서 찌그러진 지붕이 들썩들썩 움직이며 위로 솟구쳤어. 그리고 거대한 몸집의 알렉산드르가 나타났는데, 그가 두 어깨로 지붕을 받치고 있는 사이에 식구들이 기어 나왔어. 그들은 용케도 아무도 죽지 않았단다.

그러나 의사들은 그 사건으로 알렉산드르의 몸에 심각한 이상이 생겼다고 생각했대. 그는 그 후 6년 동안 더 권좌에 앉아 있었지만, 날이 갈수록 쇠약해지고 병이 깊어졌어. 알렉산드르 3세는 가난에 굶주린 농민들과, 횡포(제멋대로 굴며 난폭함)하고 교만한 귀족들과, 불쌍한 노동자들로 가득한 나라를 남겨 놓고 1894년에 죽었어.

러시아의 마지막 차르가 된
니콜라이 2세

그의 아들이 권좌를 물려받아서 니콜라이 2세 Nikolai II가 되었어. 러시아 사람들은 미국이나 캐나다처럼 국민이 그 대표자를 선출하는 서양식 정부를 원하기도 했고, 또 한편에서는 노동자들이 나라의 살림을 맡게 되기를 원하는 사람들도 있었단다.

이 골치 아픈 러시아를 니콜라이 2세는 어떻게 이

끌어 갈까?

그는 아무 생각도 없었단다! 아버지가 죽었다는 소식을 들었을 때 그는 얼굴이 하얗게 질렸대. 그는 소식을 전하러 온 사람에게 "어떻게 해야 하지? 나는 차르가 될 준비가 되지 않았어. 난 나라를 다스리는 일에 관해서 아무것도 아는 게 없단 말이야!"라고 말했다는구나.

차르가 될 준비가 되지 않았을지라도 그에게는 선택의 여지가 없었어. 러시아를 다스리는 막중한 과업이 그에게 지워졌던 거야. 그러나 그는 자기가 러시아의 마지막 차르가 될 줄은 물론 까맣게 모르고 있었단다.

이탈리아의 침략을 물리친 에티오피아

그 무렵 아프리카 대륙은 거의 전부가 유럽 여러 나라들의 지배를 받고 있었어. 영국, 프랑스, 독일, 포르투갈, 벨기에 등이 우르르 달려들어서 아프리카 땅을 거의 모두 나누어 가졌고, 단 두 나라만이 아직 유럽의 손에 들어가지 않고 남아 있었어. 서부 해안에 자리 잡은 라이베리아는 미국이 해방된 노예를 위해서 만들어 준 나라로 자치권을 가지고 있었단다. 그러나 라이베리아는 미국 정부의 '보호령'이었어. 이것이 무슨 뜻인가 하면, 라이베리아가 외국과 무슨 거래를 하려면 먼저 미국의 허락을 받아야 한다는 것이지. 그러니까 외국의 지배를 받지는 않았지만, 그렇다고 해서 완전한 독립국은 아닌 거였어.

라이베리아로부터 저 광활한 사하라 사막을 건너 아프리카의 동쪽 끝에 자리 잡은 에티오피아만이 아프리카에서 진정한 자유국으로 남아 있었어.

산악과 고원으로 거의 가득 찬 에티오피아는 더러 '아프리카의 지붕'이라고 불린단다. 국토의 거의 대부분이 주위의 다른 나라 땅보다 훨씬 높기 때문이지. 에티오피아의 한가운데에는 '동아프리카 대지구대*Rift Valley'라는 이름의 거대한 계곡이 가로지르고 있어. 에티오피아는 아프리카의 지붕이라고 불릴 만큼 높지만, 지구상에서 가장 낮은 땅도 바로 에티오피아에 있어. 대지구대의 한쪽 끝이 바로 그곳이란다. 땅의 표면이 물러져서 내려앉고, 다시 물러져서 내려앉기를 여러 차례 거듭해서 마침내 바닷물의 높이보다 113미터나 더 낮게 움푹 꺼진 땅이 된 것이야. 땅이 얼마나 깊이 꺼졌는지, 땅의 표면 바로 아래에서 끓는 용암이 땅을 뚫고 솟구칠 정도란다. '다나킬 평원Danakil Plain'이라고 불리는 이 낮은 땅에서는 보통 온도계로는 온도를 잴 수가 없어. 온도가 기록되기도 전에 온도계가 폭발해 버리기 때문이야. 또 그곳의 땅은 지하로부터 분출된 광물질들에 의해서 초록색과 파란색과 오렌지색으로 물들어 있단다. 그 땅을 처음 본 어떤 유럽 사람은 너무도 놀라서 '지옥 구멍(hell hole)'이라고까지 불렀다는구나.

그러나 에티오피아의 대부분의 땅은 '지옥 구멍'이기는커녕 너무도 탐나는 것이 많아서, 유럽의 어느 한 나라가 아프리카의 단 하나뿐인 이 자유국에 눈독을 들이고 있었단다.

---

*지구대(地溝帶) : 거의 평행을 이룬 단층 사이에, 지반이 꺼져서 생긴 낮고 기름한 골짜기가 띠 모양으로 된 낮은 땅.

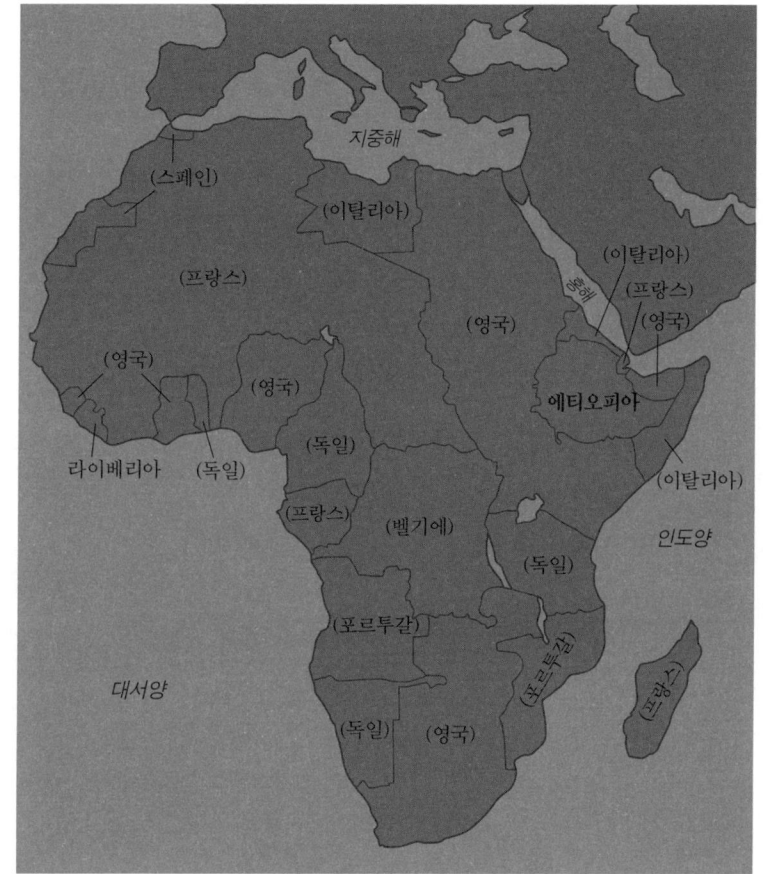

에티오피아와 이탈리아

그 나라는 이탈리아였어. 에티오피아는 오래지 않아서 이탈리아의 침공을 막아야 하게 되지만, 그전에 먼저 내부의 문제 하나를 해결해야 했어. 그 나라에는 황제가 두 명이 있었단다.

한 황제는 북부의 티그레 출신의 요한네스 4세Yohannes IV이고, 또 한 황제는 중

이탈리아의 침략을 물리친 에티오피아 251

부 셰와 지역 출신인 메넬리크 2세Menelik II였어. 그들은 서로 자기가 에티오피아의 황제이고, '왕 중의 왕'이라는 전통적인 칭호를 물려받을 권리를 가지고 있다고 우겼단다.

그러나 요한네스 4세와 메넬리크 2세는 노골적으로 전쟁을 치르지는 못했어. 이탈리아가 호시탐탐 국경을 넘보고 있었기 때문이야. 또 남쪽에서는 영국의 세력이 점점 강해져 갔고, 바로 서쪽에서는 벨기에가 아주 탐욕스럽게 영토를 넓혀 가고 있었어. 에티오피아에서 내전이 일어나서 막대한 돈을 쓰고 힘을 다 써 버린다면 그들 유럽 국가들이 너무도 손쉽게 쳐들어와서 정복해 버릴 게 뻔한 노릇이기 때문이었지.

요한네스와 메넬리크는 제각기 유럽 나라들과 동맹 관계를 맺고 있었어. 요한네스는 영국군의 지원을 받아서 그 이전의 황제를 쫓아내고 권좌에 앉았고, 메넬리크는 이탈리아와 프랑스로부터 무기를 사들이고 있었어. 그는 무기를 좀 더 싼 값에 사려고 에티오피아의 기독교 목사들을 그 두 나라에 보내서 협상하게 하기도 했단다.

요한네스와 메넬리크는 그들이 유럽 나라들과 맺은 동맹이 오히려 에티오피아가 그들에게 잡아먹히는 빌미가 될 수도 있다는 걸 잘 알고 있었어. 그래서 그들은 서로 거래를 했어. '왕 중의 왕'이라는 전통적인 칭호를 요한네스가 가지고, 대신에 메넬리크는 에티오피아 중부 지방의 왕이 된다고 하는 것이었지. 그들은 또 유럽의 군대가 쳐들어온다면 힘을 합쳐서 싸우기로 약속했단다.

요한네스는 '왕 중의 왕'으로서 나라를 다스리는 동안에 이집트의 침공을 막아 냈어. 한편 요한네스와 메넬리크는 서로 정중하게 대하면서 각자의 영토를 잘 다스려 나갔어. 물론 속으로는 상대를 거꾸러뜨리기 위한 계략을 꾸미고 있었지. 상대가 절대 눈치 채지 못하도록 늘 조심하면서 말이야. 그들은 무기를 싼값에 사기 위해서 이탈리아와 영국 군대의 장교들과 거래를 했어. 그리고 제발 아무 때든지 상대가 그만 덜컥 죽어 버렸으면 좋겠다고 빌었단다.

아프리카의 사자
메넬리크 2세

1889년에 메넬리크의 소원이 이루어졌어. 요한네스가 군대를 이끌고 서쪽으로 가서 싸우다가 총탄을 맞고 죽었어. 그는 숨을 거두기 전에 "내 아들에게 왕위를 물려주시오!"라고 말했대.

그러나 메넬리크는 요한네스의 아들이 '왕 중의 왕'이 되는 것을 두고 볼 생각이 전혀 없었어. 요한네스가 죽었다는 소식을 듣자 그는 대번에 이제부터는 자기가 황제라고 선언했어. 요한네스의 군대는 그가 죽은 뒤 대오(군대를 편성한 행렬)가 완전히 흩어져 버려 메넬리크를 막을 힘이 없었어.

메넬리크는 이탈리아로부터 나라를 지키려고 애쓰는 데서부터 통치를 시작했어. 요한네스 4세가 죽은 지 불과 몇 달 후에 메넬리크는 이탈리아 사람들과 한 가지 거래를 했는데, 이탈리아가 에티오피아의 독립을 존중해 준다면 해변의 작은 지역을 이탈리아의 식민지로 내주겠다고 약속한다는 내용이었어.

이탈리아의 침략을 물리친 에티오피아

그러나 메넬리크는 감쪽같이 속았다는 걸 몰랐어. 이탈리아와 주고받은 계약서의 내용이 서로 달랐던 것이야. 메넬리크가 보관한, 에티오피아 어로 쓰인 계약서에는 메넬리크가 다른 나라와 거래를 할 때에는 그가 원할 경우에만 이탈리아 사람들에게 조언을 구할 수 있다고 쓰여 있었어. 그런데 이탈리아 어로 쓰인 계약서에는 메넬리크가 다른 나라와 거래를 할 때에는 반드시 이탈리아의 허락을 받아야 한다고 쓰여 있었던 거야.

이 계약이 에티오피아를 이탈리아의 보호령으로 만들어 버렸어. 에티오피아도 라이베리아처럼 완전한 자주국이 아닌 나라가 되었어. 이탈리아 사람들은 이 계약서의 사본(원본을 옮기어 베낀 것)을 영국과 벨기에에 보냈어. 이제부터는 이탈리아가 에티오피아를 관리하게 되었다는 것을 증명하려는 것이었지. 메넬리크가 영국의 빅토리아 여왕에게 호소했지만 그녀는 들은 척도 하지 않았어. 유럽의 여러 나라들은 서로의 영토에 대해서는 절대로 간섭을 하지 않기로 이미 약속이 되어 있었기 때문이지.

메넬리크에게는 한 가지 방법만이 남아 있었어. 그 계약을 무효로 하기 위해서 전쟁을 치르는 게 그것이었지.

에티오피아의 메넬리크 2세와 이탈리아의 충돌을 풍자한 그림

이탈리아 군대는 메넬리크가 이탈리아에게 식민지로 내어 준 땅에 상륙해서 에티오피아로 진격했어. 그들은 그리 대단한 저항을 받지 않을 것이라고 생각했어. 이탈리아 병사의 수는 1만 5천 명을 밑도는 상태였어.

하지만 메넬리크는 단단히 채비를 한 채 적을 기다리고 있었어. 그는 유럽의 무기 상인들에게 상아를 주고 현대적인 무기를 사들여 가지고 있었는데, 그 무기로 무장한 병사의 수가 10만 명에 이르렀단다.

아두와Adowa라는 곳에서 에티오피아 군대를 만난 이탈리아 군은 질겁을 했어. 병력이 5대 1 이상으로 열세인 거야! 또 그들은 잘못 그려진 지도를 가지고 있었기 때문에 숨을 곳을 얼른 찾지 못했고, 엄청난 숫자의 적군을 피해서 달아날 길도 찾을 수 없었어. 전투가 시작되었을 때는 거센 비바람이 몰아쳐서 이탈리아 군은 더욱 걷잡을 수 없는 혼란에 빠졌단다.

이탈리아 군의 거의 4분의 3이 죽었고, 나머지는 달아났어. 메넬리크의 병사들이 그들을 추격했지만, 메넬리크가 도로 불러들였어. 이탈리아 군의 패잔병들이 해변으로 돌아가도록 내버려 두었던 것이지. 보낸 병사의 고작 4분의 1만이 살아 돌아온 것을 보면 이탈리아 사람들이 너무도 놀라서 다시는 공격할 엄두조차 내지 못할 거라고 계산했던 거야.

정말로 그렇게 되었어. 로마의 이탈리아 정부가 에티오피아의 독립을 인정하는 진짜 조약을 맺자고 나왔거든. 메넬리크는 또 영국과 프랑스와도 비슷한 조약을 맺었어. 그래서 이제는 그 세 나라가 서로를 감시하게 되었어. 이탈리아나 영국이나 프랑스 중에서 어느 한 나라가 에티오피아를 침공하려고 들면 다른 두 나라가 막기로 약속했던 것이지. 어느 나라도 다른 나라가 아프리카에서 세력을 더 넓히는 것을 원하지 않았기 때문이었어.

1896년의 아두와 전투는 아프리카 나라가 유럽의 침략군과 싸워서 물리친 유일한 전투였어. 에티오피아는 아프리카에서 자주를 유지했던 단 하나뿐인 나라가 되었고, 메넬리크는 '아프리카의 사자Lion of Africa'라는 별명을 얻게 되었단다.

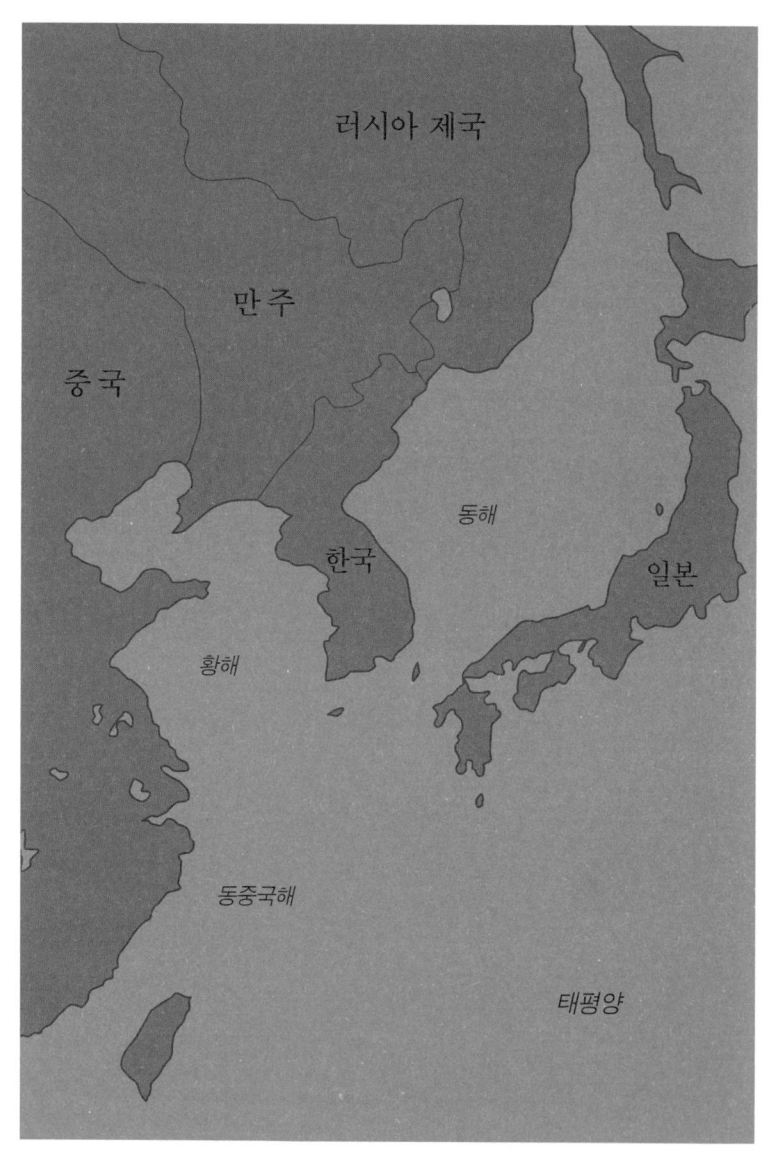

청일 전쟁 전의 한국과 주변 나라

제15장 큰 나라와 작은 나라의 전쟁

일본과 중국의 싸움터가 된 한국

지금쯤 너는 이렇게 생각하고 있겠지? 이 책에서는 온통 전쟁 이야기만 하는 것 같다고! 그게 사실이야. 역사가 시작된 이래 전쟁은 인류의 삶의 일부였어. 그런데 근대에 이르러 세계의 모든 나라들이 철도와 도로를 건설하고 증기의 힘으로 움직이는 기차와 배를 이용하게 되자, 예전과는 비교도 할 수 없을 만큼 엄청나게 많은 병사와 무기를 손쉽게 운반할 수 있게 되었어. 당연히 나라들 간의 전쟁의 규모가 날이 갈수록 커졌지. 강력한 무기로 무장한 엄청나게 많은 병사들이 서로 격돌하고, 그래서 파괴와 살상의 규모가 과거에는 상상도 할 수 없었을 만큼 커졌어.

에티오피아와 이탈리아의 전쟁에 뒤이은 근대의 그 다음 전쟁은 거대한 나라 중국과 훨씬 작은 나라 일본 사이에서 터졌어. 우리가 마지막으로 중국을 방문했을 때, 그 나라에서는 전국을 휩쓸었던 태평천국 운동이 끝나고 청나라 황제가 간신히 자리를 보전하고 있었어. 일본은 어땠지? 일본에서는 메이지 유신으로 쇼군이 권좌에서 쫓겨나고 천황이 그 자리를 되찾았지. 일본은 또 서양의 여느 나라처럼 의회를 구성하고 헌법을 만들어서 천황의 통치를 도왔어.

일본은 중국과는 비교도 안 될 정도로 작은 나라지만, 날이 갈수록 힘이 강성해졌어. 그러나 중국의 청 왕조는 하루가 다르게 허약해져 가고 있었어. 1894년에 일본이 중국에게 도전해서 전쟁이 터졌어. 그러나 그 전쟁은 중국 땅도 일본 땅도 아닌, 조선 땅에서 일어났어. 너도 그 사실을 어느 정도 알고 있을 거야.

당시 조선의 국왕은 고종(高宗) 임금이고, 왕후인 민씨(閔氏 명성 황후)가 정치를 도왔어. 그런데 그 민씨 왕후가 진짜 통치자라고 생각하는 사람들이 더 많았단다. 고종 임금은 겨우 열두 살 때에 국왕이 되었어. 너무 어린 나이였기 때문에 아버지인 흥선 대원군(興宣大院君)이 섭정이 되어 나랏일을 맡았어. 국왕을 대신해서 다른 사람이 나랏일을 돌보는 것, 혹은 그 사람을 '섭정(攝政 regent)'이라고 한단다.

흥선 대원군

대원군이 나랏일을 틀어쥐었고, 고종 임금은 무엇이든지 아버지가 하라는 대로 했어.

임금이 열다섯 살이 되자 이제는 혼인을 할 때가 되었다는 말이 나왔어. 배필은 이미 정해져 있었는데, 시골에 사는 민씨 집안의 열여섯 살 처녀였어.

그런데 민씨 왕후는 아버지에게 순종만 하는 마음 약한 고종 임금과는 전혀 딴판이었어. 의지가 강하고 남달리 총명한 그녀는 한 살 아래의 신랑과는 달리 야심도 여간 만만하지가 않았단다.

왕후는 시아버지를 싫어했어. 남편을 대하는 태도가 싫었고, 나랏일을 운영하는 방식이 싫었어. 조선은 오랫동안 중국을 '맏형'이나 '아버지'로 섬겨 왔어. 중국하고만 교역을 하고, 중국에만 외교 사절을 보냈어. 서양 사람이 조선을 '은둔의 나라Hermit Country'라고 부른 것은 순전히 그것 때문이었어. 대원군은 옛 방식을 그대로 지키려고 했어. 그러나 왕후는 이제는 조선이 다른 나라들, 특히 일본과 교역을 해야 할 때가 되었다고

고종

생각하는 선진적인 사상을 가진 사람들과 뜻을 같이했단다.

왕후는 결혼하고 나서 7년 동안 그녀의 친척을 정부의 장관과 군대의 우두머리와 그 밖의 중요한 자리에 어떻게 해서든지 더 많이 앉히려고 노력했어. 스물세 살이 된 왕후는 고종 임금에게 이제는 임금이 직접 나랏일을 맡을 때가 되었다고 설득했고, 그녀의 친척들도 모두 이에 동의했단다. 대원군은 물러날 수밖에 없게 되었어. 이제는 고종 임금이 그의 이름으로 나라를 다스리게 되었고, 왕후가 궁정에서 가장 강력한 지도자가 되었어.

그리고 곧 고종 임금과 왕후는 일본과 조약을 체결했어. 일본 상선들이 조선의 세 항구를 통해서 석탄과 철강을 실어 낼 수 있게 되었어. 그러나 조선은 중국과의 우호적인 관계도 유지하고 싶었단다. 그래서 중국과 일본이 거래를 했어. 어느 한

민씨 왕후라고 추정되는 사진

쪽이 일방적으로 조선을 통제하는 것을 원하지 않았던 중국과 일본은 조선의 독립을 보장할 것이며, 상대방의 승인을 받지 않고는 어느 쪽도 조선에 군대를 보내지 않는다고 합의했어.

한동안은 합의대로 되어 가는 것 같았어. 그러나 1894년에 조선 정부는 심각한 문제에 부닥쳤어. 남부 지방에서 신흥 종교 집단인 동학(東學) 교도가 무기를 들고 일어났어. 중국의 태평천국 운동이 그랬듯이, 동학 운동도 비참한 삶에 지치고 부패한 조정에 분노한 가난한 농민들에 의해서 시작되었어. 고종 임금은 동학 농민 운동이 대규모의 내전으로 번지는 걸 원하지 않았어. 그래서 그는 중국에 사신을 보내서, 군대를 보내 반란군을 물리쳐 달라고 부탁했어.

청나라 황제는 이게 웬 횡재냐 하고 그 부탁을 들어주었어. 중국은 영국 군함을 빌려서 군대를 실어 조선의 남쪽 지방으로 보냈어. 중국이 일본의 승인을 받지 않고 조선으로 병사를 보냈다는 사실을 안 일본 사람들이 발칵 화를 내었어. 중국이 일본과의 합의를 일방적으로 깨 버렸기 때문이야. 일본 사람들은 중국이 조선을 저 혼자 집어삼키려 하는 게 틀림없다고 믿었어. 그래서 당장 군대를 보내 중국 병사들을 실은 영국 군함을 가라앉혀 버렸단다.

그건 곧 전쟁이었어.

1894년 8월 1일, 중국과 일본이 서로에게 선전 포고를 했어. 청일(淸日) 전쟁이 시작된 것이야. 그러나 그 전쟁은 중국도 일본도 아닌, 조선 땅에서 벌어졌어. 두 나라의 군대가 조선 땅에서 맞붙었던 거야.

그러나 서양의 최신식 무기로 무장한 일본의 현대적인 군대에게 중국군은 상대가 되지 않았어. 불과 여덟 달 만에 일본은 조선의 남쪽으로부터 북쪽으로 올라가 중국 본토로 진격해 들어갔어. 중국은 더 이상 버틸 수 없어서 일본과 조약을 체결해야 했어. 조선의 완전한 독립을 보장하고, 중국의 광대한 영토의 일부를 일본에게 내준다는 조건이었어. 그리고, 중국의 힘이 크게 약해진 그 기회를 놓치지 않고 독일, 프랑스, 러시아, 영국 등이 달려들어서 중국 내에서 제각기 영토를 빼앗아 가졌단다. 이 시기를 더러는 '중국에서의 스크램블Scramble for China'이라고 불러.

한편, 조선은 어떻게 되었을까?

조선은 이제 중국으로부터는 완전히 독립되었지만, 일본 군대가 아직 그대로 눌러앉아 있었어. 조선 사람들 중에는 그것을 환영하는 사람들도 많았어. 일본이 조선의 강력한 동맹국이 될 것이라고 믿었던 것이지. 그러나 민씨 왕후는 일본에 대해서 불안을 느꼈어. 일본군이 눌러앉아 있는 한은 조선의 자주가 위태로울 것이라고 생각했던 거야. 그녀는 일본이, 조선에서 세력을 완전히 장악하고 난 다음에는 직접 지배를 하려 들지 않을까 두려워했단다.

그래서 민씨 왕후는 러시아에 사절을 보내서 중국과 일본과 함께 러시아도 조선의 동맹국이 되어 주었으면 좋겠다고 부탁했어. 왕후가 일본에 대항하기 위해서 러시아를 끌어들이려 한다는 사실을 일본 사람들과 조선의 친일파(일본과 친하게 지내는 무리)들이 알게 되었을 때, 그녀의 슬픈 운명이 결정되었단다.

1895년 10월 8일 이른 새벽에 폭도(폭동을 일으키는 무리)들이 궁궐에 들어가서 왕후를 살해했어. 그리고 그들은 달아났어. 다른 여러 나라들이 일본에게 폭도들을 처벌하라고 요구했어. 일본은 공개 법정에서 그들을 재판했는데, 범죄를 인정할 만한 증거가 충분하지 않다는 판결을 내렸단다.

조선의 왕후가 살해당한 지 15년 후에 일본이 조선을 합병했어. 민씨 왕후가 우려했던 사태가 기어이 일어나고 말았던 것이야. 조선은 독립을 잃고 일본 제국의 일부가 되어 버렸어.

미국 스페인 전쟁

한국과 일본의 저 멀리 남쪽, 중국 해안으로부터 그리 멀지 않은 곳에 또 하나의 작은 나라가 있어. 우리가 필리핀이라고 부르는, 수많은 섬들로 이루어진 나라야. 그 나라의 어느 부잣집에서 호세 리잘José Rizal이라는 이름의 아이가 태어났어. 리잘의 부모는 아이에게 최고의 교육을 시키고, 좋은 것이면 무엇이든지 다 해 주고 싶었단다. 그래서 리잘은 필리핀에서 최고로 꼽히는 대학교에 들어갔고, 나중에는 스페인의 어느 대학교로 유학을 갔어.

그런데 왜 하필이면 스페인이었을까? 필리핀이 스페인 제국의 일부이기 때문이었어.

리잘은 글을 깨쳐서 책을 읽고 공부를 하기 시작하면서부터 스페인이 필리핀을 지배하는 것은 부당한 일이라고 믿게 되었어. 그의 나라가 왜 수만 리 밖에 있는 유럽 땅의 스페인이란 나라의 지배를 받아야 하는 거지? 그는, 캐나다나 에티오피아처럼, 필리핀도 당연히 자치권을 가져야 한다고 생각했단다.

필리핀의 독립을 주장한 호세 리잘

그러나 리잘은 혁명을 일으키지도 않았고, 스페인에게 반대하는 사람들을 모아서 비밀 단체를 만들지도 않았어. 그는 《당신의 기억 속에 영원히》라는 제목의 소설을 썼단다. 그 소설을 읽어 보면 너는 그게 그저 크리소스토마 이바라라는 청년과 마리아 클라라라는 아름다운 처녀의 사랑 이야기인 줄로만 여길지도 몰라. 그러나 그 소설에는 깊은 뜻이 숨어 있단다. 리잘은 그 소설에서 스페인 정부를 대단히 잔인하고 부당하고 억압적이라고 묘사하고 있어. 그래서 리잘의 소설을 읽은 필리핀 사람들은 필리핀도 당연히 스페인이 아니라 필리핀 사람들이 통치하는 독립국이 되어야 한다는 생각을 가지게 되었지.

리잘의 소설을 필리핀 사람들만 읽은 게 아니었어. 세상의 저편에 있는 또 하나의 스페인 식민지 사람들도 그 소설을 읽었단다. 그 식민지는 미국 플로리다 주의 바로 밑에 있는 섬나라 쿠바였어. 쿠바는 엄청난 양의 사탕수수가 생산되는 곳이기

호세 리잘

때문에 스페인에게는 매우 중요한 식민지였지. 스페인 사람들이 소비하는 설탕의 거의 대부분이 쿠바에서 공급되었고, 또 외국에 쿠바의 설탕을 수출해서 스페인은 더 부자가 되었단다.

리잘의 소설을 읽은 쿠바 사람들은 자기들도 스페인의 지배에서 벗어나야 한다고 생각하기 시작했어. 스페인의 지배에 강한 불만을 품은 사람들이 쿠바의 독립에 대해서 토론을 하고 글을 쓰기 시작했어. 그러나 글을 쓰고 토론을 하는 것만으로는 아무것도 되지 않는다고 생각한 사람들이 더러 있었어. 자유를 얻기 위해서는 용감하게 일어서서 싸워야 한다는 것이었지! 그들은 '¡Independencia o muerte!'라는 구호를 내걸었는데, 이것은 '독립이냐 죽음이냐!'라는 뜻이야.

그들은 스페인의 지배를 받으며 사는 것보다는 차라리 죽어 버리는 게 낫다고 믿었어. 그리고 정말로 목숨을 잃는 사람들이 나타나기 시작했어. 쿠바에서 혁명의 불길이 더 크게 번지기 전에 꺼 버리려고 달려온 스페인 군대와 싸우다가 죽은 사람들이었지.

쿠바에서 벌어지고 있는 사태가 미국 사람들에게 알려지지 않을 리 없었어. 많은 미국 사람들이 쿠바의 혁명가들을 동정했어. 미국도 영국으로부터 자유를 얻기 위해서 혁명 전쟁을 치렀잖아! 쿠바에서 전쟁의 열기가 더해 가자, 미국 의회는 전체 미국인의 이름으로 쿠바가 스페인으로부터 독립되어야 한다고 선언했어. 미국

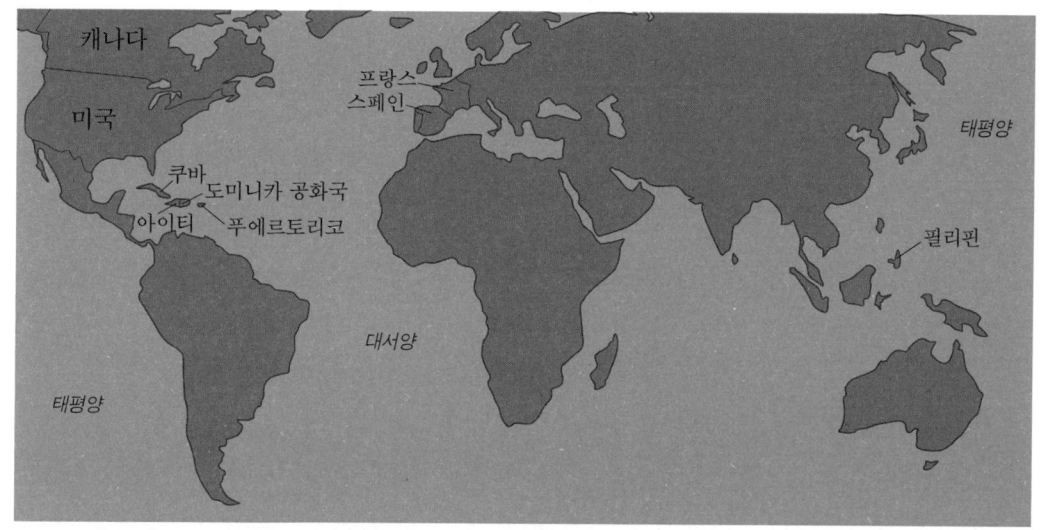

미국 스페인 전쟁

의 신문들은 날마다 '쿠바의 위기'라는 제목의 기사를 실었단다.

그런데 그 신문 기사들이 쿠바의 위기를 사실보다 과장되게 보도했어. 그 당시 미국에서 가장 힘이 있는 신문은 윌리엄 랜돌프 허스트William Randolph Hearst라는 사업가가 소유한 〈뉴욕 모닝 저널〉과 조셉 퓰리처Joseph Pulitzer라는 사람이 사장으로 있는 〈뉴욕 월드〉였어. 지금도 미국에서는 한 해의 모든 신문 기사들 중에서 가장 볼 만하다고 인정되는 기사를 쓴 기자에게 조셉 퓰리처의 이름을 딴 특별한 상을 주는데, 그게 바로 '퓰리처 상Pulitzer Prize'이야. 어쩌면 너도 한두 번쯤은 들어 보았을지도 몰라.

허스트와 퓰리처는 쿠바에 관한 기사가 1면 머리에 대문짝만하게 실린 날에는 신문이 훨씬 더 많이 팔린다는 것을 곧 알아차렸어. 그래서 두 신문은 쿠바로부터 특별히 새로운 소식이 날아오지 않은 날에도 계속 쿠바의 위기에 관한 기사를 내보냈어. 그러다 보니 기사의 내용이 사실과 다르게 과장되기도 했지. 새빨간 거짓말을 실은 날도 있었단다! 스페인 관리와 군인들이 쿠바 사람을 끔찍하도록 잔인하게 학대하는 현장을 직접 보았다고 주장하는 의심스런 증인들과의 인터뷰 기사를 만들기도 했어. 허스트는 프레드릭 레밍턴이라는 화가를 쿠바로 보냈어. 그는 레밍턴에게 어떻게든지 최대한 음울하고 괴기스러운 그림을 그려서 보내라고 신신당부를 해서 보냈는데, 물론 미국 사람들을 자극해서 미국이 당장 쿠바 사람들을 도우러 가야 한다는 여론이 일어나게 하려는 의도였어. 그러나 레밍턴이 쿠바에 가 보니까, 그동안 들었던 것과는 이야기가 전혀 딴판인 거야! 스페인 사람들이 쿠바 사람들을 그리 잔인하게 다루지도 않았고, 미국이 나서서 전쟁을 시작해야 할 만큼 사태가 급박하지도 않았어. 레밍턴이 그렇게 보고하자 허스트는 이렇게 대답했대. "자네가 그림을 만들어서 보내면 내가 전쟁을 만들겠네!" 허스트와 퓰리처가 그렇게도 전쟁을 바란 이유가 무엇일까? 그거야 뻔하지. 전쟁이 일어나면 수많은 사람들이 어제는 또 무슨 일이 벌어졌는지 궁금해서 너나없이 신문

쿠바 위기를 과장한 허스트와 퓰리처

을 사 볼 테니까!

허스트와 퓰리처는 신문을 더 많이 팔기 위해서라면 무슨 짓이든 마다하지 않았어. 거짓말을 지어내고, 하지도 않은 인터뷰를 만들어 내고, 일어나지도 않은 일을 그림으로 그렸어. 작은 신문들도 덩달아 그들을 따라했어. 하지만 심한 역겨움을 느낀 신문 편집자들도 많았단다. 어느 편집자는 "저널리즘(언론)이 온갖 거짓말의 잡동사니가 되어 버렸다."라고 개탄했어.

그런데 정말로 놀라운 뉴스가 될 만한 사건이 진짜로 일어났어. 쿠바의 위기가 시작된 지도 벌써 여러 해가 지난 1898년 2월 15일에 미국의 전함 메인Maine 호가 쿠바의 어느 항구에서 폭발해 버린 거야. 260명의 미국인이 죽었어. 스페인 관리들은 그 폭발이 사고였다고 말했어. 그들은 메인 호 내부의 중요한 어느 곳에서 사고로 불이 나서 저절로 폭발했을 거라고 주장했어. 그러나 미국 관리들은 스페인의 첩자가 설치한 폭탄이 터진 게 틀림없다고 주장했단다.

메인 호가 폭발한 원인이 정확히 무엇인지는 아직까지도 아무도 모른단다. 다만 스페인의 첩자가 폭탄을 설치했을 가능성은 거의 없다는 것이 대다수 전문가들의 생각이야. 그러나 1898년 당시의 미국 사람들은 거의

메인 호의 잔해

미국 스페인 전쟁 269

전부가 스페인이 몰래 미국의 전함을 날려 버린 게 틀림없다고 믿을 태세가 되어 있었단다. 신문들이 판매량을 한 번에 엄청나게 늘릴 절호의 기회가 왔어! 스페인 군이 미국 병사들을 어떤 식으로 공격했는지를 묘사하고, 당장 스페인에게 선전 포고를 해야 한다고 의회를 부추기는 기사들이 끊이지 않았어. 어느 날 〈뉴욕 모닝 저널〉은 '메인 호를 기억하라!'라는 헤드라인(기사 제목)으로 신문을 1백 만 부나 발행해서 미국이 스페인을 공격해야 한다고 촉구했단다.

1898년 4월 19일에 미국 의회는 스페인과 전쟁을 하기로 의결했어. 그 전쟁은 쿠바에서만 치러질 전쟁이 아니었단다. 미국의 군함들은 스페인의 군함이 항해하는 곳은 어디든지, 전 세계 모든 곳에서 공격하기로 했던 거야.

시어도어 루스벨트

거기에 필리핀도 포함되었어!

해군성 차관이 미국의 군함들을 전투 체제로 조직하는 작업을 지휘했는데, 그는 나중에 미국 대통령이 되는 시어도어 루스벨트Theodore Roosevelt라는 사람이었단다.

루스벨트의 명령을 받은 미국 군함들이 필리핀으로 가서 그곳에 정박해 있던 스페인 함대를 공격했어. 한편, 쿠바에서도 미국과 스페인의 군대가 맞붙었어. 루스벨트 그 자신도 '러프 라이더 Rough Rider'(험악한 기수들)란 별명이 붙은 부대를 이끌고 쿠바로 갔어. 러프 라이더는 7월 1일에 산후안힐이라는 곳을 공격해서 스페인 육군을 격퇴했는데, 이 전투는 그들이 싸운 전투들 중에서 가장 유명한 전투로 알려져 있단다.

미국과 스페인은 필리핀과 쿠바에서만 싸운 게 아니었어. 미국은 1만 8천 명의 병력을, 쿠바에서 멀지 않은 푸에르토리코로 보냈어. 푸에르토리코도 스페인의 식민지였어.

그러나 푸에르토리코에서 전투가 대판 벌어지기 전에 스페인이 항복했어. 1898년 12월 10일에 스페인과 미국은 '파리 조약'을 체결했어. 푸에르토리코와 쿠바와 필리핀, 그리고 괌이라는 이름의 작은 섬은 이제부터 스페인의 영토가 아니고, 그렇다고 독립국이 되는 것이 아니라 미국의 지배를 받는다는 내용이었단다.

미국에 굴복한 필리핀 대통령
에밀리오 아기날도

필리핀 사람들이 이 결정에 대해서 몹시 격분했어. 그들은 미국 대통령의 명령에 따라서 살고 싶은 생각이 전혀 없었던 거야. 그들은 에밀리오 아기날도Emilio Aguinaldo라는 사람이 그들의 대통령이 되어 주기를 원했어. 아기날도는 미국 사람들에게, 미국이 필리핀 사람에게 '폭력적이고 공격적인' 행동을 하고 있다고 말했어. 그러나 미국이, 필리핀에게 완전한 자유를 주는 것은 허락할

미국 스페인 전쟁　271

러프 라이더

시어도어 루스벨트가 이끈 부대인 '러프 라이더'는 미국 스페인 전쟁에서 큰 공을 세웠어. 덕분에 루스벨트는 국민적 영웅이 되어 정치가로 성공하고 뒷날 대통령까지 되었단다. 하지만 전쟁이 일어난 원인인 '쿠바의 위기'는 신문을 더 많이 팔기 위한 신문사들의 경쟁으로 인해 과장과 거짓으로 부풀려진 가짜 위기였단다.

수 없다고 하자, 아기날도는 "좋다, 그렇다면 이제부터 필리핀은 미국하고 싸우겠다!"라고 선언했단다.

그러나 아기날도가 이끄는 필리핀 군대는 미국군과 맞설 힘이 없었어. 1901년에 미국 군대가 필리핀을 침공해서 아기날도를 사로잡았어. 그는 미국에게 충성을 바치겠다는 서약을 하고 대통령 자리에서 물러나지 않을 수 없었어. 그 대가로 미국 의회는 두 집단의 의원들이 필리핀을 다스리도록 했어. 한 집단은 필리핀 국민이 선출한 필리핀 사람으로 구성되고, 다른 한 집단은 미국 의회가 지명한 사람으로 구성되었어.

'미국 스페인 전쟁Spanish-American War'이라고 불리는 그 전쟁과 그 이후의 전투에서 20만 명 이상의 필리핀 사람이 죽었단다. 그 엄청난 희생으로 필리핀은 스페인의 지배에서 벗어나 그들의 정부를 갖게 되었어. 그러나 그 정부는 미국이라는 강대국의 그늘을 한시도 벗어나지 못하는 정부였지.

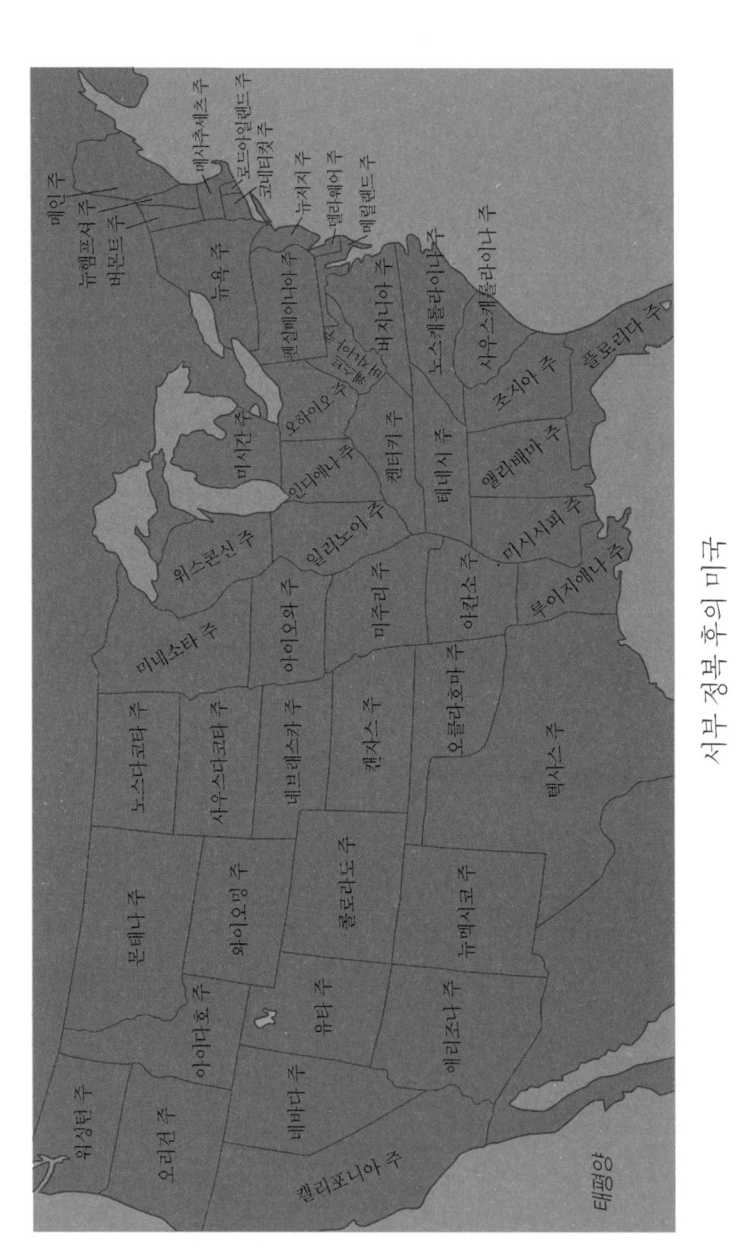

서부 정복 후의 미국

제16장 팽창하는 미국

서부로 가는 미국 사람들

미국 스페인 전쟁이 터지기 얼마 전에 너의 가족이 미국 동부 펜실베이니아 주에서 살고 있다고 쳐 볼까? 너는 네 가족이 언제까지나 그곳에서 살 거라고만 생각하고 있어. 그런데 네 아버지가 일거리를 구하기가 어려워졌어. 어느 날, 걱정이 태산인 너의 부모님이 저 멀리 서부에 가면 광활한 땅에서 새로운 삶을 시작할 수 있다는 소문을 듣게 되었어.

그래서 네 부모님은 짐을 꾸려 가지고 북아메리카 대륙의 저쪽 끝에 있는 오리건 주로 가기로 결심했어.

너의 가족은 몇 마리의 황소가 끄는 수레를 타고 오리건 주로 가게 돼. 말이 아니라 황소가 수레를 끌게 하는 이유는, 말은 서부 초원에서 자라는 풀을 먹지 않지만 황소는 그 풀을 아주 잘 먹기 때문이야. 그래서 수레에 황소에게 먹일 식량을 그리 많이 싣지 않아도 되고, 따라서 너의 식구가 먹을 음식을 훨씬 더 많이 실을 수 있는 거지. 너와 네 부모님과 형제가 안전하게 오리건 주에 도착하기 위해서는 대략 450킬로그램 정도의 음식을 가지고 가야 해. 450킬로그램이라면 요새 흔히 보이는 큼직한 픽업 트럭*의 짐칸을 거의 가득 채울 분량이란다.

너의 가족도 오리건 주로 가는 여느 가족과 크게 다르지 않다면, 짐을 너무 많이 꾸려 가지고 왔다는 것을 곧 후회하게 될 거야. 수레에 실은 짐이 많으면 많을수록 수레가 무겁고, 그래서 황소의 걸음이 더디게 되는 것이지. 길을 가다가 보면, 앞서 가는 수레들에서 옷가지나 장난감이나 책이나 가구나 철제 난로 같은 것을 길가로 내던지는 모습을 흔히 보게 될 거야.

수많은 가족들이 새로운 삶을 살아 보려고 오리건 주로 갔단다. 그래서 서부로 가는 그 길은 '오리건 트레일Oregon Trail'이라고 불리게 되었고, 지금도 그렇게 불리고 있단다. '트레일(trail)'은 '산길'이란 뜻인데, 지금도 그 산길에는 수천 대의 수레들이 지나간 자국이 더러 남아 있다고 하는구나. 너무도 멀고 힘든 길이었어. 식구가 많은 집의 경우는 식구들이 전부 수레에 탈 수가 없어서 번갈아 가며 걸어야 했어. 닳아 버린 신발을 버리고 맨발로 걷느라 발이 터지고 갈라지기 일쑤고, 억수같이 퍼붓는 빗속에서도 걸어야 했어. 빗속을 걷다가 벼락을 맞고 죽은 사람도 간혹 있었고, 포도 알맹이만 한 우박을 맞고 머리에 피멍이 든 사람도 한둘이 아니었단다. 또 병이 든 사람도 물론 많았는데, 특히 콜레라라고 하는 급성 전염병에 걸리면 불과 몇 시간 만에 그냥 죽어 버리기도 했단다. 사람들은 죽은 식구

---

*픽업 트럭(pickup truck) : 짐을 싣는 부분이 트인 작은 트럭.

를 길가에 묻고 또 걸음을 재촉하는 수밖에 달리 방도가 없었어.

그들은 밤마다 길가에 천막을 쳤어. 그리고 아침에는 해가 뜨기 전에 일어나서 땔감을 주워다가 불을 피워야 했지. 불을 피우지 않으면 뜨거

버팔로

운 음식을 먹을 수가 없었거든. 그러나 드넓은 서부의 평원 지대에 도착했을 때는 불을 피울 나무를 구하기가 너무 어려워졌어. 그래서 앞서 간 수레들이 버린 의자나 탁자 같은 것을 주워서 불을 피워야 했고, 또 버팔로(아메리카 들소)의 바짝 마른 똥을 모으기도 했어. 그들은, 나무만큼이나 잘 타고 오래가는 그 똥을 '버팔로 장작'이라고 불렀대.

그런데 버팔로의 똥마저도 구하기 어려운 때가 있었어. 그러자 사람들은 음식을 날로 먹어야 했어. 오리건 트레일을 따라 서부로 갔던 새뮤얼 파커라는 목사는 이렇게 썼단다. "우리는 아침에도 점심에도 저녁에도 마른 빵과 베이컨을 먹었다. 불을 피울 나무를 구한 날은 익혀서 먹었지만, 푸른 풀밖에 아무것도 보이지 않는 곳에서는 날것을 그냥 먹어야 했다."

서부로 가는 그 길은 여섯 달이 걸렸어. 하지만 그렇게나 멀고 험한 길을 가겠다고 나서는 사람은 날이 갈수록 늘어났어. 조지아 주의 애틀랜타로부터 매사추세츠 주의 보스턴에 이르기까지, 동부의 모든 도시들은 이미 인구가 넘쳐 나고 있었

서부로 가는 미국 사람들

어. 그래서 노동자들이 일자리를 구하기가 너무도 어려웠지. 한편, 시골에서도 젊은 농부들이 토지를 사는 일이 너무도 어려웠어. 그래서 보스턴과 뉴욕과 필라델피아와 리치먼드와 찰스턴 등 수십 개의 도시들에서 수많은 사람들이 서부를 향해 길을 떠나기 시작했던 거야.

수많은 사람들이 서부로 이주하자, 미국 정부는 그곳을 미국의 영토로 만들고 싶었어. 그래서 정부 관리들이 그들을 따라가서 그 광활한 서부의 땅을 여러 토막으로 나누고, 그 하나하나를 '준주(準州)'라고 불렀어. 한 준주의 인구가 6만 명이 되면 그들은 공식 주로 승격시켜 달라고 의회에 요청했어. 준주가 미국의 공식 주가 되면 주민들이 대표를 선출해서 의회에 보낼 수 있고 또 그들 자신의 정부를 가질 수 있게 되는 거야. 미국이 멕시코로부터 빼앗은 텍사스 주 이후, 아이오와 준주가 남북 전쟁이 터지기 훨씬 전인 1846년에 최초로 공식 주로 승격되었고, 애리조나 주는 1912년 2월에 마지막으로(48번째) 공식 주가 되었단다.

그러나 한 가지 문제가 있었어. 동부에서 서부로 온 사람들이 정착한 서부의 준주들은 그냥 비어 있는 땅이 아니었다는 거야. 그곳에는 미국인이 '인디언'이라고 부르는 원주민이 아득한 옛날부터 살고 있었단 말이야. 미국 서부의 주들과 도시들 중에는 원주민의 언어에서 그 이름을 따온 경우가 매우 많아. 예를 들어서 '네브래스카 주Nebraska'는 '잔잔한 물'이라는 뜻의 오토Oto 부족의 말에서 온 것이고, '미네소타 주Minnesota'는 '하늘빛이 서린 물'이라는 뜻의 다코타Dakota 부족의 말에서 온 것이란다.

원주민들은 처음에는 대개 이주민들에게 호의를 보였어. 그러나 날이 갈수록 더 많은 사람들이 몰려오자 그들은 이대로 나가다가는 땅을 다 빼앗기고 말 것이라는 생각을 하지 않을 수 없었어. 그래서 그들은 그들의 마을과 사냥터를 이주민들이 넘보지 못하도록 방어하기 시작했단다.

미국 병사를 공격하는 원주민 인디언

그러자 미국 정부가 군대를 보냈어. 말을 타고 달리며 활을 쏘는 원주민들과 최신식 소총으로 무장한 군대의 싸움이 벌어졌어. 서부의 모든 곳에서 크고 작은 전투가 끊이지 않았어. 그러나 미국 군대는 병사의 숫자만을 가지고서도 마침내 원주민들을 그들이 항상 살아왔던 땅에서 쫓아냈어. 그리고 미국 정부는 여러 곳에 '보호 구역(reservation)'이라는 것을 정하고, 거기에 원주민들을 몰아넣었어. 그리고 그들에게 '지정된 장소'에서만 살고 절대로 바깥으로 나오지 말라고 했어.

서부의 곳곳에 보호 구역이 정해진 이후에도 원주민들은 끈질기게 저항했어. 지금은 몬태나 주가 된 준주에서는 수Sioux 족의 추장이자 '크레이지 호스Crazy Horse'(미친 말)라는 이름으로 잘 알려진 원주민 지도자가 그의 부족민들이 보호 구역에 수용되는 것을 거부했어. 그는 전사들을 한데 모아서 '리틀빅혼 강Little Bighorn River' 근처에서 미국 군대와 대판 싸웠단다. 크레이지 호스가 이끄는 원

서부로 가는 미국 사람들 281

크레이지 호스와 조지 암스트롱 커스터

주민 전사들과 싸우러 간 부대의 사령관은 조지 암스트롱 커스터George Armstrong Custer라는 이름의 유명한 장군이었어. 커스터는 남북 전쟁에서 싸웠던 경력이 있고, 가장 어린 나이에 미국 육군 장군이 된 군인이었어. 그가 이끄는 부대는 고작 250명가량밖에 안 되었는데, 그는 크레이지 호스의 부름에 득달같이 달려온 원주민 전사의 수가 거의 4천 명이나 된다는 사실을 모르고 있었어. 병사들을 이끌고 '리틀빅혼 전투'를 시작한 커스터는 부하 전원과 함께 죽음을 당했단다.

또 한 명의 유명한 원주민 전사가 있었어. 제로니모Geronimo라는 이름의 아파치Apache 족 추장인데, 그는 한 무리의 부하를 이끌고 보호 구역을 뛰쳐나왔어. 그는 부하들에게 이렇게 말했대. "나는 사방에서 바람이 거침없이 불어오고, 햇빛을 가릴 것이라고는 아무것도 없는 대평원에서 태어났다. 나는 막힌 데라고는 없는 곳에서 태어났다." 그러니까 제로니모는 너무도 답답한 보호 구역에서 죄수처럼 살기를 거부하고 전사들과 함께 탈출했던 것이야. 그리고 그들은 꼬박 1년 동안 지금은 뉴멕시코 주와 애리조나 주가 된 준주들을 쑤시고 다니면서 게릴라

미국을 상대로 게릴라전을 펼친 제로니모

282 제16장 팽창하는 미국

조지 암스트롱 커스터 장군과 인디언 싸움
커스터 장군은 뛰어난 장군이었지만 인디언 추장 '크레이지 호스'가 이끄는 인디언들과의 전투에서 부하를 모두 잃었단다. 오직 말 한마리만 살아남았다고 해. 하지만 미국의 인디언들은 결국 최신식 무기를 갖춘 미국 군대에게 밀려나 '보호 구역' 안에서만 살게 된단다.

전을 벌였어. 그러나 제로니모는 끝내 포로가 되어서, 그가 태어난 그 땅에 다시는 돌아가 보지 못한 채 23년을 더 살다가 죽었단다.

미국의 서부는 이제 더 이상 원주민의 땅이 아니었어. 그런데 서부의 여러 주들에는 동부에서 온 사람들만 산 게 아니었단다. 전 세계의 여러 나라에서 그곳으로 수많은 사람들이 몰려왔던 거야. 스웨덴에서 온 사람들은 노스다코타 주와 사우스다코타 주로 갔고, 아일랜드에서 온 사람들은 몬태나 주로 갔고, 중국에서 온 사람들은 캘리포니아 주에 정착했어.

이제 미국은 광활한 북아메리카 대륙의 거의 절반을 차지한 거대한 나라가 되었어. 서부의 평원에서 곡식을 경작하는 농부들과 소를 먹이는 목축업자들은 밀과 옥수수와 고기를 동부의 도시 사람들에게 가져다가 팔기 위한 길이 필요해졌어. 그래서 사업가들이 대륙을 동서로 가로지르는 철도를 놓기 시작했지. 그리고 오래지 않아서, 무리를 지어 평원을 배회하던 거대한 버팔로 떼가 사라지기 시작했어. 이주민들이 버팔로를 닥치는 대로 쏘아 죽였기 때문이야. 기차를 타고 가다가 철길을 건너는 버팔로들을 신이 나서 환호성을 질러 대며 쏘아 죽이는 광경이 곳곳에서 벌어졌어. '버팔로 빌 코디Buffalo Bill Cody'라는 별명으로 불린 유명한 무법자이자 군인이 있었는데, 어느 한 해에 그가 쏘아 죽인 버팔로가 4만 마

버팔로 빌 코디

리도 넘었기 때문에 그런 별명을 얻게 되었어. 버팔로는 멸종 위기에 처한 동물이 되었어. 지구상에서 다시는 볼 수 없는 동물 중 하나가 된 거야.

그리고 미국 서부의 모습도 영영 변했단다.

주식, 자선 사업가, 무법자

네가 초콜릿 사탕을 만들 줄 아는데, 그 솜씨가 보통이 아니라고 치고 이야기를 해 보자꾸나. 너는 아침에 일찍 일어나서 일을 하기 시작해. 코코아 가루와 설탕과 버터와 우유를 그릇에 넣고 섞어. 그 그릇을 난로에 올려놓고 걸쭉하고 뻑뻑해질 때까지 주걱으로 젓겠지. 그리고 뜨뜻해진 초콜릿 반죽을 사탕 틀에 붓는 거야. 그 다음에는 사탕 위에다가 마시멜로*나 땅콩이나 버터스카치* 같은 것을 얹어. 사탕이 식으면 흰 초콜릿을 입히기도 하고 캐러멜을 붓기도 해. 이제 사탕을 만드는 일이 끝났어. 너는 사탕을 접시에 담아 가지고 거리로 나가서 "사탕 사세요!"라고 외치며 돌아다녀. 그러면 이웃 사람들이 나와서 한 개에 300원씩을 내고 사탕을 사는 거야. 이윽고 사탕을 다 팔고 집에 돌아와서 돈을 세어 보니까, 내일 또 사탕을 만들 재료를 사고도 돈이 남고, 그날 네가 먹을 것을 사고도 또 남아서 네가 늘 갖고 싶었던 신발까지도 한 켤레 살 수 있었어.

---

*마시멜로(marshmallow) : 녹말, 젤라틴, 설탕, 계란 흰자 따위로 만드는 연한 사탕. 말랑말랑한 스펀지 상태를 유지하기 위해 젤라틴 등을 사용함.
*버터스카치(butterscotch) : 흑설탕, 버터, 옥수수 시럽, 물을 함께 끓여서 만드는 딱딱한 사탕.

그러면 이번에는 어떤 사람이 초콜릿 사탕 공장을 세웠다고 가정해 볼까? 열 명의 일꾼이 열 개의 거대한 통에다가 재료를 달아서 넣어. 하지만 재료를 젓는 일은 일꾼들이 아니라 기계가 맡아. 거대한 통에 가득한 반죽을 사탕 틀에 붓는 일도 기계가 맡지. 그런 다음 또 다른 열 명의 일꾼이 땅콩이나 마시멜로나 버터스카치 같은 것들을 얹어. 사탕이 식으면 틀이 저절로 뒤집어져서 컨베이어 벨트* 위에 사탕을 쏟아 놓아. 그러면 두 명의 일꾼이 깨진 사탕들을 골라내고 남은 것들을 예쁜 상자에 넣어서 포장을 해.

공장 주인은 엄청나게 많은 초콜릿 사탕을 만들어서 팔기 때문에 코코아와 설탕과 우유와 버터 같은 재료도 엄청나게 많이 사들여야 해. 그래서 그는 재료를 공급하는 사람과 특별 계약을 맺어서 네가 사는 값보다 훨씬 싼 값에 재료를 사들이게 돼. 또 작업의 일부를 기계가 맡기 때문에 공장 주인은 너보다 훨씬 더 많은 사탕을 만들어 낼 수 있고, 순전히 사람의 노동력만 쓸 때보다 임금(일한 대가로 받는 보수)으로 나가는 돈도 훨씬 적어. 그뿐만이 아

컨베이어 벨트

*컨베이어 벨트(conveyor belt) : 바퀴 사이에 넓은 벨트를 걸어 돌리면서 그 위에 물건을 실어 연속적으로 일정한 곳에 운반하는 장치. 대량 생산 방식의 공장 등에서 사용함.

니야. 너는 사탕 한 개에 300원을 받아야 했지만 공장 주인은 고작 100원만 받고도 훨씬 높은 이익을 남기게 돼.

그래서 어느 날 네가 또 사탕을 팔려고 거리로 나가 보니까 사람들이 네가 파는 사탕은 거들떠보지도 않고 공장에서 나온 값싼 사탕으로만 몰리는 거야. 너는 사탕을 단 한 개도 팔지 못해! 그렇다고 해서 네가 사탕 값을 내릴 수도 없어. 한 개에 100원만 받아 가지고는 늘 탐을 내었던 신발은커녕 그날 먹을 음식도 살 수 없고, 또 내일 사탕을 만들 재료는 더욱더 살 수가 없기 때문이야.

너는 어떻게 해야 할까?

너는 초콜릿 사탕을 만들어서 파는 일을 단념하고 공장에 취직을 할 수밖에 없어. 공장에 취직을 하면 너는 하루 종일, 가령 사탕 위에 땅콩을 얹는 일만 해야 해. 아무리 땅콩을 많이 얹는다 해도 네가 받는 시간당 임금은 늘 똑같아. 네가 열심히 일을 한 덕분에 공장 주인이 처음에 기대했던 것보다 사탕을 더 많이 만들어서 그 해의 이익금이 1,000만원이나 되었지만, 네가 더 벌어 준 셈인 이익금은 너에게는 단 한 푼도 돌아오지 않는 거야!

이야기가 이걸로 끝나는 게 아니란다.

공장 주인이 어느 때에 곰곰이 생각을 해. '반죽 통과 컨베이어 벨트를 열 개씩 더 들여놓으면 사탕을 훨씬 더 많이 만들 수 있겠지? 그러자면 지금 내가 가진 돈으로는 300만원이 부족해. 하지만 반죽 통과 컨베이어 벨트를 더 들여놓기만 하면 300만원 정도는 금방 벌어들일 수 있어. 그런데 300만원을 어떻게 구한다지?'

그래서 생각 끝에 공장 주인은 부자인 세 친구를 찾아가기로 했어. 세 친구를 찾아가서 100만원씩만 빌려 주면 연말에 가서 이익의 10분의 1씩을 나누어 주겠다고 말하는 거야.

세 친구가 가만히 들어 보니까 귀가 솔깃했어. 그래서 세 사람이 100만원씩을 내놓았어. 그해 말에 그 공장은 2,000만원의 이익을 남겼어. 세 친구는 각자 그 10분의 1인 200만원씩을 받았고, 공장 주인은 1,400만원을 가졌어. 결과적으로 그는 공장을 확장해서 더 큰 부자가 되었고, 세 친구는 빌려 준 100만원 말고도 또 100만원이 생긴 것이야.

모두가 행복해졌어!

너만 빼고! 너는 이익금이 1,000만원이었던 작년이나 2,000만원이 된 금년이나 거의 똑같은 임금을 받고 일했으니까!

1900년 무렵에 미국에서 바로 이러한 현상이 일어나기 시작했단다. 2백여 년 전만 하더라도 대다수의 사람들이 집에서 손으로 만든 것을 내다 팔아서 돈을 벌었어. 그러나 공장이 생기자 옷감이나 쟁기나 망치나 빵 같은, 예전에 사람들이 집에서 손으로 만들었던 것과 똑같은 제품을 훨씬 더 싼 값에 만들 수 있게 되었어. 그래서 집에서 일을 하던 사람들이 더 이상 못 견디고 공장에 취직하지 않을 수 없게 되었지.

공장 주인들은 기계를 더 들여놓고, 일손을 더 고용하고, 더 큰 건물을 지으려고 했어. 그래서 그들은 '투자자(investor)'라고 하는 부자들에게, 우선 돈을 빌려 주면 나중에 연말에 가서 이익금의 일부를 나누어 주겠다고 제의했어. 이 이익금에서 나누어 갖는 몫을 '주식(株式 stock)'이라고 하는데, 당장 쓰지 않을 큰돈을 가진 부자들이 주로 '주주(株主 stockholder)'가 되었어.

1900년대의 주식 증서

우리가 앞에서 했던 그 이야기에서, 초콜릿 사탕 공장 주인에게 돈을 빌려 주었던 세 친구는 그러니까 '주식'을 샀던 것이야. 그리고 그들은 '주주'가 되었기 때문에 그해 말에 그 공장의 이익금의 일부를 가지게 된 것이지. 그리고 그 초콜릿 사탕 공장은 이제 한 사람의 소유가 아니라, 나중에 이익금을 배당받을 권리를 가진 여러 사람이 공동으로 소유한 '주식 회사(corporation)'가 되었어.

'주식을 사는' 일이 사람들 사이에 점차 널리 퍼졌어. 현명한 판단력에다가 행운까지 겹친다면 엄청난 돈을 벌 수 있었어. 막대한 이익을 남길 것으로 판단되는 회사의 주식을 10만원어치 샀다가 연말에 가서 100만원의 배당금을 받는 경우도 있었어. 그러나 100만원을 투자했다가 고작 10만원만 남는 경우도 물론 있었지.

여러 회사의 주식을 산 주주들은 믿어지지 않을 정도로 엄청난 부자가 될 수 있었어. 그렇게 번 돈으로 화려한 요트를 사고, 금붙이가 번쩍이는 대리석 욕실을 만들고, 다이아몬드 목걸이를 사는 등 온갖 사치를 일삼는 사람들도 있었어. 하지만

주식, 자선 사업가, 무법자 289

강철 왕 앤드류 카네기

주식을 사서 큰돈을 번 사람은 마땅히 가난한 사람을 위해서 그 돈을 써야 한다고 믿었던 사람들도 있었단다.

그러한 유명한 부자들 중에 앤드류 카네기Andrew Carnegie라는 사람이 있었어. 그는 스코틀랜드에서 태어났는데, 열세 살 때 부모를 따라 펜실베이니아로 왔어. 그는 미국에 오자마자 면직 공장에 취직을 했단다! 그러나 그는 평생을 공장 노동자로 살 생각은 애초에 없었어. 그는 야간 학교에 들어갔고 어떤 일이든 열심히 했단다. 삼십 대에 들어섰을 때, 카네기는 미국에서 최대로 꼽히는 철강 회사를 소유하고 있었어. 그의 '카네기 철강 회사'는 1900년에 4천만 달러의 이익을 남겼어. 그 회사 주식의 절반 이상이 카네기의 소유였기 때문에 그 막대한 이익금의 절반 이상이 그의 차지였어. 그는 단 한 해에 2천5백만 달러 이상을 벌었던 거야!

카네기는 그 돈을 어떻게든지 더 많이 남을 위해서 써야 한다고 믿었어. 그는 어떤 글에서, 남을 위해서 좋은 일을 하려는 심성을 가진 사람들이 믿어지지 않을 만큼 엄청난 부자가 되는 것이 그 사회를 위해서 좋은 일이라고 말하면서 이렇게 썼단다. "탁월한 지혜와 풍부한 경험과 뛰어난 관리 능력으로써 가난한 형제들의 대리인이자 수탁자(재산을 관리·처분하는 사람)로 복무하는 것…… 그들이 스스로를 위해서 할 수 있는 것보다 훨씬 더 나은 것을 그들에게 해 주는 것이 부자의 의무이다."

다른 말로 하자면, 카네기는 평범한 사람이 부자가 되면 돈을 가치 없이 써 버리고 말지만, 엄청난 돈을 벌 만큼 똑똑한 사람이라면 그 돈을 쓰는 데에서도 남다른 철학을 가질 것이고, 그래서 인류를 위해서 이익이 되는 데 돈을 쓰려고 할 것이라고 믿었던 거야. 그래서 그는 돈을 현명하게 쓸 능력이 없는 사람은 부자가 되지 말고 가난하게 사는 편이 사회를 위해서 훨씬 더 좋은 일이라고 생각했어. 자신의 안락만을 위해서 돈을 쓰는 부자가 대체 사회를 위해서 무슨 소용이 있겠냐는 것이었지!

카네기는 이러한 믿음을 실천했어. 그는 평생 동안 3억 5천만 달러를 대학교의 장학금, 도서관, 과학 연구를 비롯한 여러 가지 좋은 뜻을 가진 사업들에 기증했단다. 그는 그러한 자신을 일컫기 위해서 '자선 사업가(philanthropist)'라는 말을 만들기도 했는데, 이것은 자기가 번 돈을 남을 위해서 쓰는 사람이란 뜻이란다.

그러나 그의 태도와 행동이 모든 사람들에게 환영을 받지는 못했어. 가난한 사람은 부자보다 지혜도 모자라고 능력도 모자란다고 보는 카네기의 생각이 엉터

카네기를 풍자한 그림

리라고 생각한 사람들도 많았던 거야. 또 어떤 사람은, 카네기가 부자가 될 수 있었던 것은 순전히 그가 자신의 철강 회사에서 일한 사람들에게는 임금을 쥐꼬리만큼 주고, 이익금을 자기 혼자 거의 몽땅 차지했기 때문이라고 생각했어. 그들은 카네기도 수많은 노동자들이 흘린 땀의 결실을 가로챈, 다른 수많은 부유한 주주들과 조금도 다를 게 없는, 일개 무법자에 지나지 않는다고 생각했단다.

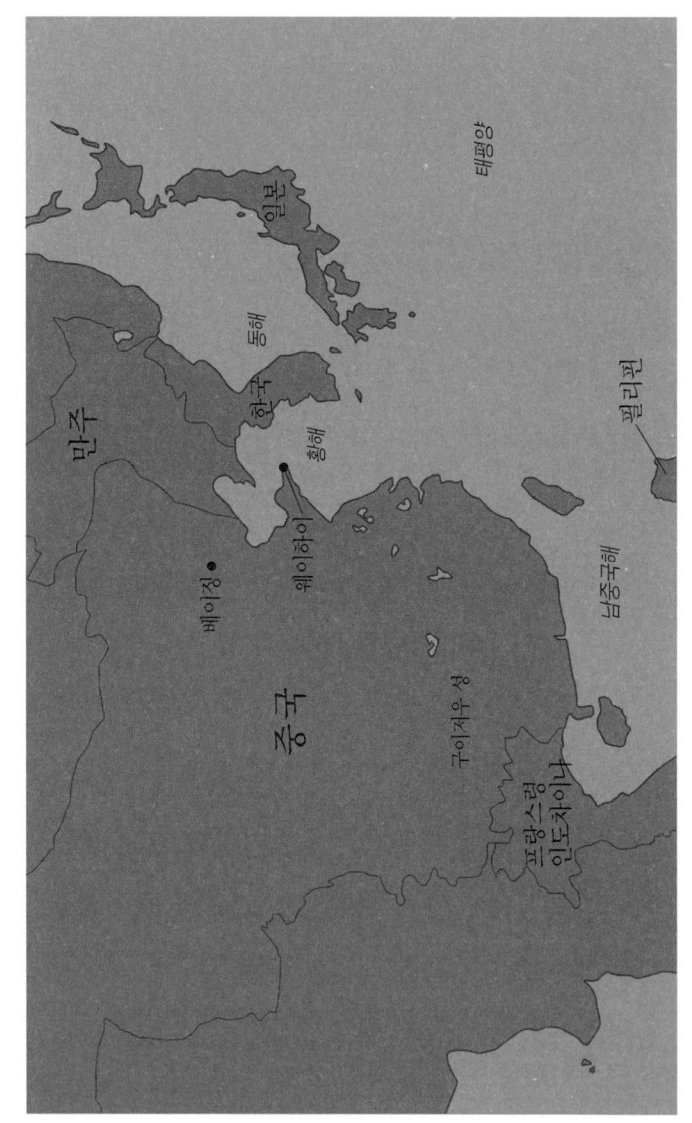

청 왕조 말기의 중국

제17장 중국의 혼란

외국 세력과 싸운 중국의 의화단 운동

미국 사람들이 서부의 원주민 땅으로 쳐들어가고 있을 때, 거대한 나라 중국에서는 또 다른 종류의 침략 행위가 벌어지고 있었어.

유럽의 여러 나라들은 벌써 오래전부터 중국으로 침투할 틈을 노려 왔고, 미국도 구경만 하고 있지는 않았어. 아편 전쟁 이후에 중국은 미국과 영국의 상선들에게 항구를 열어 주어야 했고, 그 배들이 싣고 온 상품들을 가리지 않고 받아들여야 했어. 한편 러시아는 오스만 투르크 제국의 영토를 빼앗고 있던 동안에도 중국 북부의 만주로 진출하려는 노력을 게을리 하지 않았단다. 1897년에는 독일이 중국 남부로 진격해서 구이저우성[貴州省 귀주 성]을 점령하고 그 지역에 군대를 배치했고, 1898년에는 영국이 황해의 주요 항구 도시인 웨이하이[威海 위해]를 장악했어.

이런 서양의 침략에 맞서 싸우기 위해서 작은 한 무리의 중국 사람들이 비밀 단체를 만들었어. 청년 투르크 당, 청년 불가리아 당, 청년 이탈리아 당 같은 서양의 비밀 단체와 마찬가지로 중국의 이 단체가 '비밀' 단체인 까닭은 정부의 공식적인 인정을 받지 않은 단체이기 때문이야. 이 비밀 단체는, 애국심이 남달리 투철하지만 정부가 백성을 제대로 보호하지 못한다고 생각하는 남자들과 여자들이 모여서 만들었는데 스스로를 '의화단義和團'이라고 불렀단다. '정의와 화평을 숭상하는 사람들의 모임'이라는 뜻이야. 서양 사람들은 그들을 '권법가(拳法家)들'이라는 뜻의 '복서스Boxers'라고 불렀어. 그들이 하나같이 권법*에 뛰어난 사람들이기 때문이었지.

권법에 능했던 의화단 단원

그러나 그들은 권법만 뛰어난 사람들이 아니었단다. 그들은 또 하늘의 신통력이 그들에게 힘과 기술을 주고 늘 그들을 보호한다고 믿었어. 그들은 적을 맞아 싸울 준비를 할 때에는 무아경*에 빠지고 입에서는 거품을 토했대. 그들은 이 의식이 그들을 무적의 전사로 만들고, 적의 칼날과 총알이 몸에 닿더라도 다치지 않게 한다고 믿었다는구나. 그들은 또 죽음으로부터 일어난 수천 수만의 신병*들이 그들과 함께 서양 침략자들을 물리칠 것이라고도 주장했어. 의화단 단원들은 싸움터로 진격할 때에 "부청멸양(扶淸滅洋)!"이라는 구호를 주문 외듯이 외쳤는데, 이것은

---

*권법(拳法) : 주먹으로 치거나 발로 차거나 하는 기술을 주로 하는 무술.
*무아경(無我境) : 정신이 한곳에 통일되어 나를 잊고 있는 경지.
*신병(神兵) : 신의 가호를 받는 군사.

'청나라를 붙들어 세우고, 서양 침략자들을 무찌르자!'라는 뜻이야.

의화단 단원들은 외국인과 전쟁을 시작하기 위해서 먼저 서양 선교사와 중국인 기독교도를 공격하기로 했어. 그들은 기독교도가 된 중국인은 국가 반역자라고 믿었어. 서양식 문물을 들여와서 중국의 오랜 전통을 파괴하는 데 앞장선 선교사들의 꾐에 넘어간 사람들이라는 것이었지.

그들은 독일 선교사들을 맨 먼저 공격했어. 독일은 중국 중부 황허 강 근처 일대에 수백 명의 선교사들을 파견해 두었어. 그런데 그 선교사들이 자기들이 아주 잘난 줄만 알고 대단히 멍청한 짓을 저질렀어. 그저 기독교나 전파하고 말 노릇인 것을, 그들이 그 지방 정부의 일에 끼어들었던 것이야. 그들은 이웃의 중국 사람들에게, 기독교도가 된다면 아직 기독교를 받아들이지 않은 사람들과 혹시라도 재판을 벌일 일이 생길 경우 반드시 이기도록 독일 사람들이 뒤에서 도와주겠노라고 약속했단다. 서양 사람이 중국 사람의 일에 끼어드는 것에 대해서 이전부터 분개하고 있던 수많은 중국 사람들이 독일 선교사의 그러한 소행을 곱게 봐줄 리가 없었지.

독일 선교사들이 공격을 받고 죽음을 당했어. 선교사들과 사이좋게 지내던 중국인 기독교도들도 무수히 살해당했지. 베이징 시내의 거리에

의화단의 손에 죽은 영국 선교사 가족의 모습

서는 독일 대사가 의화단 단원들에게 걸려서 살해당하는 사태까지 벌어졌어. 그는 의화단 단원들이 독일인에게 가한 폭력에 대해서 중국 정부에 항의를 하러 가는 길이었단다.

중국 정부는 의화단을 막으려는 조치를 거의 취하지 않았어. 황제는 의화단의 봉기를 인정하지 않았지만, 조정의 대다수의 관리들과 황제의 이모인 서태후(西太后)는 속으로 이를 반기는 입장이었단다.

서태후가 중국의 실질적인 통치자였어. 황제는 그녀의 소카인 광서제(光緒帝)인데, 그는 즉위하자마자 백성들의 인기를 거의 잃었단다. 광서제는 중국의 정부, 법률, 교육, 화폐 체계, 군대, 경찰 등 거의 모든 것을 확 바꾸어서 중국을 현대적인 나라로 만들려고 했어. 그래서 즉위한 지 불과 1백여 일 동안에 40개가 넘는 법령을 발표했단다. 한꺼번에 너무 많은 변화를 꾀하려고 했던 것이야. 아직은 대다수의 백성들이, 중국이 '현대적인' 나라로 바뀐다는 것은 곧 '중국을 집어삼키려는 야욕을 숨기지 않는 서양의 여러 나라들과 비슷한 나라가 되는 것'이라고 생각하는 상황에서 너무도 성급한 행동이었지.(이 사건을 '변법 자강 운동'이라고 하는데, 이것에 관해서는 이 정도만 이야기하기로 해.)

중국을 개혁하려 한 광서제

광서제의 법령들에 대해서 조정의 관리들과 백성들이 몹시 불안해 한다는 것을 알아차린 서태후는 군대를 모아서 황제와 그 측근들을 공격했어. 그녀는 개혁에 앞장섰던 여섯 명의 대신을 체포해서 처형하고, 황제를 궁궐 안의 거대한 연못 한가운데의 섬에 가두었어. 이제 그

의화단이 파괴한 선교사의 집

녀가 중국의 수도 베이징의 실권자가 되었는데, 그녀는 중국으로 몰려오는 외국인들을 몹시 증오했단다.

의화단 단원들이 전국을 휩쓸고 다니면서 서양 선교사들을 닥치는 대로 잡아 죽이고, 교회를 불태우고, 철로를 뜯었어. 중국의 철도는 거의 전부가 유럽 상인들이 유럽의 돈을 가지고 와서 놓은 것이었어. 유럽의 군대와 상품, 유럽의 제도와 관습을 중국의 한가운데까지 실어 나르려는 것이었지. 따라서 철로를 뜯어내는 일은 곧 중국에서 나날이 커져 가는 유럽의 세력을 제거하고야 말겠다는 중국 사람들의 강한 의지를 보여 주는 것이라고 할 수 있었어!

세계의 여러 나라가 서태후에게 전갈을 보내 반란의 무리를 막으라고 윽박질렀어. 서태후는 그렇게 하겠다고 대답했단다. 하지만 그녀는 군대를 모아서 언제든지 싸우러 나갈 태세를 갖추게 했지만, 의화단을 공격하라는 명령을 내리지는 않았어. 그녀는 의화단 단원들이 지금 하고 있는 행동이 퍽 마음에 들었던 것이야.

겉으로는 서양 여러 나라의 요구를 들어주는 척하면서도 진짜로 그렇게 할 생각은 전혀 없었다는 말이지.

의화단의 기세가 더욱 거세어지자 중국 내의 수많은 외국인들이 베이징으로 도망쳐 왔어. 베이징에는 여러 나라들이 '공사관'*이라고 하는 사무소들을 가지고 있었는데, 중국 관리들은 그곳에 함부로 출입하지 못한다는 게 관례였어. 그러니까 공사관은 서양 각 나라의 '전초 기지'*와 같은 것이었지. 그 공사관들은 자금성 맞은편 동쪽의, 사방이 벽으로 막힌 '공사관 구역'에 모여 있었단다.

외국인들은 제각기 그들의 공사관으로 도망쳐 들어가서 공사관 구역의 모든 출입문을 꼭꼭 닫았어. 그 직후에 의화단 단원들이 "부청멸양!"이라고 구호를 외치면서 베이징으로 진격해 들어왔지.

서태후는 의화단 단원들을 막으려고 군대를 보냈을까? 아니야, 그녀는 오히려 그들이 편안히 들어와서 공사관 구역을 포위하도록 내버려 두었단다. 그리고 중국은 이제부터 서양의 모든 나라들과 전쟁을 치를 것이라고 선언했어.

공사관 구역이 포위되었어. 그 안에는 모두 합쳐서 거의 500명에 이르는 외교관과 기자와 선교사가 있었고, 여덟 나라의 450명가량의 병사가 있었어. 또 3천 명의 중국인 기독교도도 그곳에 피신해 있었으며, 150마리의 경주마가 있는 거대한

---

*공사관(公使館) : 대사와 같은 일을 수행하는 제2급 외교 사절인 '공사'가 일하는 곳으로, 국제법상 공사를 파견한 나라의 영토로 인정되어 파견된 나라의 주권이 미치지 못함.
*전초 기지(前哨基地) : 적을 마주하고 있는 지역에 배치되는 부대의 기지.

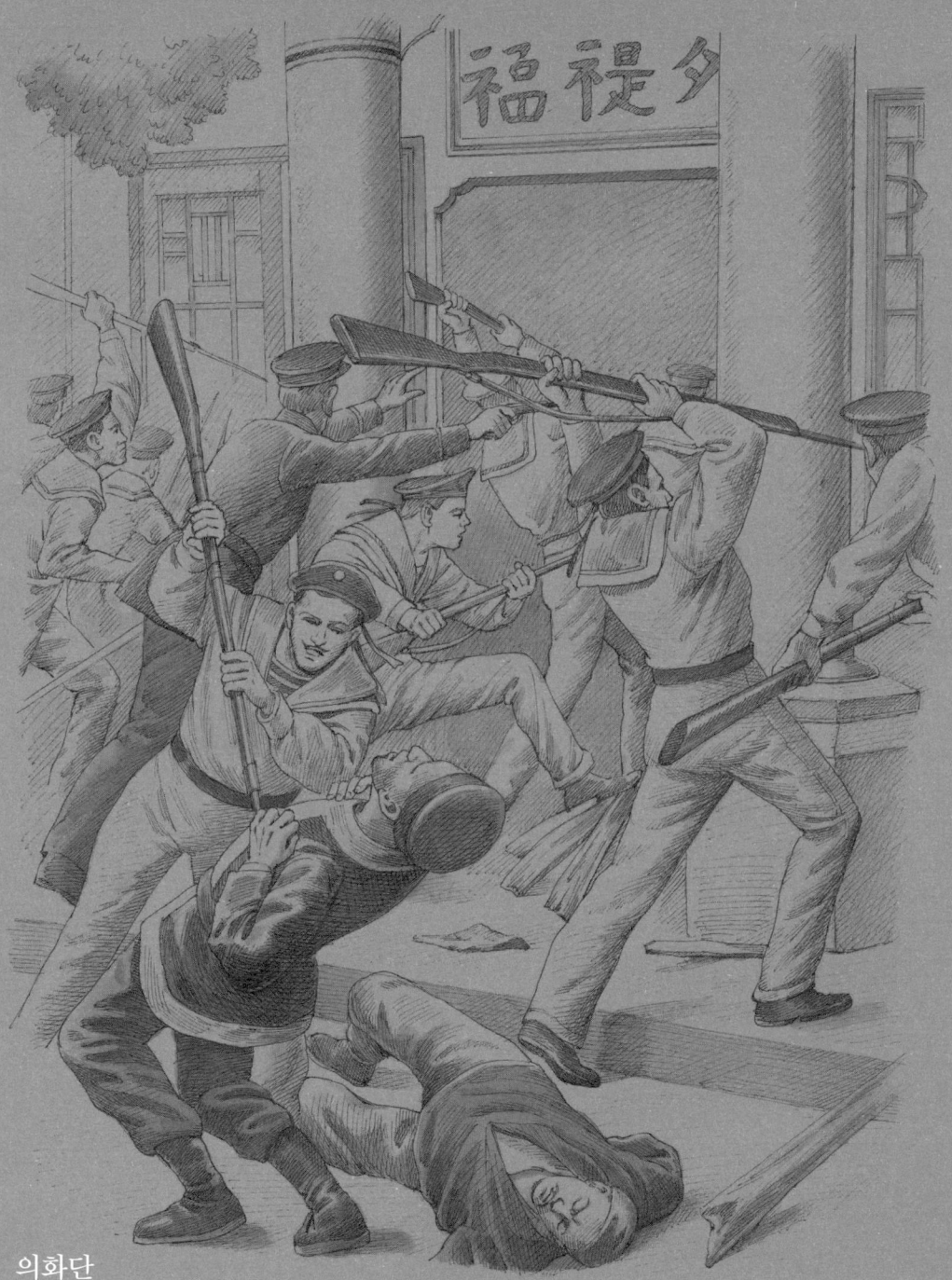

의화단
'부청멸양!' 이라는 구호를 외쳤던 중국의 의화단은 권법가들이었고 싸우러 가기 전에는 독특한 의식을 치렀어. 그들은 하늘의 도움으로 칼날이나 총알에도 다치지 않을 것이라는 믿음을 가지고 있었단다. 하지만 이런 믿음은 서양 군대의 총칼 앞에 여지없이 무너졌고, 결국 중국은 서양의 요구대로 움직이게 되었어.

마구간이 있었어. 포위된 외국인들은 나중에 식량이 떨어지자 그 말들을 잡아먹었대.

베이징의 공사관 구역이 포위되었다는 소식이 전 세계에 알려졌어. 각국의 군대가 자기 나라 사람들을 구출하려고 베이징으로 진격할 채비를 갖추기 시작했어. 가장 많은 군대를 보낸 나라는 러시아였어. 러시아는 마침내 중국 땅에 군대를 들여보낼 핑계가 생겼다면서 흥분했던 것이야! 그 다음으로 많은 군대를 보낸 나라는 일본이었고, 그 다음은 미국이었어.

러시아와 일본과 미국 군대에 영국과 프랑스 군대가 합세했어. 중국 해안에 상륙한 1만 9천 명의 병사가 베이징으로 진격했어. 그들은 도중에 곳곳에서 의화단의 기습을 받았지만, 하여간에 베이징을 향해 밀고 들어갔어. 공사관 구역이 포위된 지 두 달이 지난 1900년 8월 14일에 각국 연합군이 베이징에 당도했어.

하늘의 신통력의 보호를 받고 있으며 주문을 외면 칼날에도 다치지 않고 총알에도 다치지 않는다고 믿는 의화단 단원들이 외적을 맞이하러 나갔어. 그런데 외국 병사들이 쏜 총알에 단원들이 마구 쓰러졌어. 외국 병사들은 중국의 조정이 있는 자금성의 대문을 부수고 들어가서는, 전 세계에서 가장 아름다운 건물들 중 하나로 꼽히는 여름

의화단을 진압하기 위해 온 미국 군인

궁전을 불태워 버렸어. 서태후는 연못의 섬에 가두어 두었던 황제를 데리고, 한족 여인의 모습으로 머리 모양을 바꾸고 시골 아낙네의 옷차림으로 변장한 뒤 간신히 자금성을 빠져나와서 수레를 타고 멀리 피신했어.

의화단 운동을 풍자한 그림

베이징에 남겨진 조정의 관리들이 외국 군대를 맞이해야 했어. 그들은 외국 연합군이 베이징에 머물지 않고 제각기 본국으로 돌아가면 의화단 단원들을 적법한 절차에 따라서 처벌하겠다고 약속하고, 중국이 전쟁을 선포했던 것은 서태후가 자기 마음대로 저질렀던 짓일 뿐 중국 조정의 공식 결정이 아니었다고 주장했어. 또 관리들은 연합국과 조약을 체결했는데, 의화단 단원들을 어떻게 처벌할 것인지를 시시콜콜히 밝히고, 의화단에게 협력했던 관리들을 색출해서 처벌할 것이며, 공사관 구역의 성벽을 강화하고, 파괴된 철로를 보수하고, 3억 3천3백만 달러의 전쟁 배상금*을 지불한다는 내용이었단다.

다시 한 번 서양 여러 나라들이 중국의 나랏일을 장악하게 되었어. 그런데 영국은 마치 모든 것을 중국이 원하는 대로 해 줄 것처럼 생색을 내었어. 영국의 한 관리

---

*배상금(賠償金) : 남에게 입힌 손해를 물어 주는 돈.

가 중국 사람들에게, 의화단 운동 이후 중국의 진로에 관한 세 가지 방안을 제시하는 글을 썼던 거야. 중국을 분할하자는 것이 첫 번째 방안이고, 두 번째는 청 왕조를 다른 왕조로 바꾸자는 것이고, 세 번째는 기존의 청나라 통치자를 그대로 두고 자기들의 입맛에 따라 부리자는 것이었어.

세 번째 방안이 중국에게는 그나마 가장 나은 것 같았어. 그래서 서태후가 다시 베이징으로 돌아오게 되었어. 서태후는 이제부터는 학교에서 서양의 문물과 사상을 가르치는 것을 허용해야 했고, 중국의

전족을 한 중국 여인

전통적인 관습 몇 가지를 불법화하는 조서를 내려야 했는데, 특히 전족*을 엄격히 금지했단다. 그녀는 또 중국의 관리들을 외국으로 보내서 서양의 헌법과 정부 제도를 배우게 하라는 요구도 물리칠 수 없었어.

청 왕조는 의화단 운동이라는 엄청난 사건을 겪고도 완전히 망해 버리지 않았어. 그리고 7년 후에 서태후는 병에 걸려 세상을 떠났고, 갓 세 살밖에 안 된 '푸이'라는 이름의 어린 왕자가 황제가 되었어.

그러나 중국은 이미 서양의 사상들에 의해서 무너져 가고 있었어. 푸이는 청 왕조

---

*전족(纏足) : 어린 소녀의 발을 천으로 단단히 졸라매어서 발이 커지지 못하도록 하는 관습.

의 마지막 황제일 뿐만이 아니라 중국의 마지막 황제가 되어야 하는 운명을 바로 앞두고 있었단다.

러시아와 일본이 맞붙은 '러일 전쟁'

의화단 운동을 진압하기 위해서 1만 9천 명의 병사가 중국 해안에 상륙했을 때, 러시아 군과 일본군은 같은 편이었어. 그 후 두 군대가 나란히 베이징으로 진군하여 의화단과 싸웠으니까.

그러나 의화단 운동이 진압된 이후에 러시아와 일본은 더 이상 동맹이 아니었어. 두 나라는 중국의 일부를 서로 먼저 더 많이 빼앗으려고 기회를 노렸기 때문에 당연히 다시 적으로 돌아가게 되어 있었던 것이지.

중국에서 의화단 운동이 일어났을 때, 러시아의 차르는 니콜라이 2세였어. 폭군으로 이름을 날렸던 아버지 알렉산드르 3세로부터 그가 권좌를 물려받은 지 어느덧 6년이 지났어. 니콜라이 2세가 다스리는 동안 러시아는 중국 땅에다가 새로운 철도를 건설하기 시작했단다. 중국 북동부 만주 지방의 대도시인 하얼빈[哈爾濱 합이빈]에서 남쪽으로 황해 북쪽 해안의 항구 도시 다롄[大連 대련]까지를 잇는 철도가 그것이었어. 러시아는 중국을 구슬리기도 하고 윽박지르기도 해서 다롄 항을 99년 동안 세를 내었어. 러시아가 거액의 임대료를 지불하고 앞으로 거의 한 세기에 이르는 기간 동안 다롄 항을 사용하기로 했던 것이야.

러시아에게는 다롄 항이 꼭 필요했어. 병사와 군대의 식량과 여러 가지 군사 물자

러시아의 차르 니콜라이 2세

를 러시아의 해안 지대로 운반하는 가장 쉽고 빠른 방법은 태평양을 통해 배로 실어 나르는 것이었어. 러시아는 태평양으로 바로 나가는 항구를 극동 지방에 하나 가지고는 있었지만, 그 항구는 너무 북쪽에 있었기 때문에 겨울이 되면 물이 꽁꽁 얼어 버리는 거야! 그래서 러시아는 1년 중 아무 때나 군대와 물자를 운반하기 위한 항구를 찾다가 다롄 항에 눈독을 들였던 것이야.

그리고 다롄 항만큼이나 그 철도도 중요했어. 태평양을 거쳐 황해로 들어온 러시아 배들이 다롄 항에 병사들을 내려놓으면, 그 병사들은 거기서 기차를 타고 만주로 이동할 수 있기 때문이지. 러시아 군대는 벌써 몇 년 전부터 만주를, 정확하게는 중국 동북부 세 개의 성을 점령하고 있었지만, 병력의 규모가 아주 작았어. 그래서 철도가 완성되면 쉽게 병력을 늘려서 대군으로 만들 수 있을 것이고, 나아가서 중국 땅을 더 많이 차지할 수 있게 되는 거야.

다롄 항과 그 철도는 아시아에서 영토를 차지하려는 러시아의 원대한 계획을 위해서 결정적으로 중요한 수단이었어. 의화단 운동이 끝난 뒤에 니콜라이 2세는 이제는 러시아가 조선을 장악하기 위한 작업을 시작해야 한다고 결심했어.

러시아가 조선을 장악하려고 들었던 것은 지금이 처음이 아니었어. 조선의 왕후가 일본을 견제하기 위해서 러시아에게 동맹이 되어 달라는 전갈을 보냈다가 슬픈 운명을 맞이했다는 이야기는 앞에서 했지? 일본이 그 사실을 알고 왕후를 살해했지. 일본은 러시아가 조선과 동맹국이 되는 것을 원하지 않았어. 그렇게 된다면 조선이 러시아의 손에 들어가는 것은 시간 문제일지도 모른다고 보았던 것이야.

일본은 조선과 러시아의 관계에 대한 그들의 판단을 '외교'를 통해서 러시아에게 알리려고 했어. 그래서 대사들을 잇달아 모스크바로 보내서 니콜라이 2세에게 이렇게 말했지. "다롄 항에서도 만주에서도 군대를 물리신다면 일본은 폐하께 진심으로 감사드릴 것입니다." 아주 정중하게 들리는 이 말의 진짜 뜻은 '그 군대를 가지고 조선에 쳐들어갈 생각일랑 절대로 하지 마시오'라는 것이었어.

니콜라이 2세는 다롄 항에서 러시아 군대를 물릴 생각이 전혀 없었어. 그러자 일본은 대사들에게, 러시아 황제의 말은 더 이상 들어 볼 것도 없다며 당장 본국으로 돌아오라고 명령했어. 이것은 '외교적인 관계'를 끊겠다는 것이었지. 어떤 나라가 다른 나라에 파견한 대사를 불러들일 경우, 그것은 대개 곧 두 나라 사이에서 전쟁이 벌어질 것이라고 선언하는 거나 마찬가지란다.

차르는 전혀 걱정하지 않았어. 일본은 수세기 동안 문을 꼭꼭 닫고 고립된 채로 지내 왔고, 군대도 아주 구식이었어. 천황이 다시 권좌를 되찾은 메이지 유신 때 비로소 군대를 신식으로 바꾸기 시작했을 뿐이었지. 러시아는 일본이 사무라이로 구성된 전통적인 군대를 버리고 서양에서 들여온 무기로 무장한, 급료를 받는 병사로 구성된 신식 군대를 만들었다고는 하지만, 그 군대는 생긴 지가 얼마 되지 않았기 때문에 자신들의 상대가 될 수 없다고 보았던 거야. 다롄 항의 러시아 군대 장교들은 전함들과 병사들에게 특별 경계령도 내리지 않았어. 일본이 감히 먼저 공격을 해 오지는 못할 거라고 철석같이 믿고 있었던 거야. 게다가 러시아는 전 세계에서 영국과 프랑스 다음으로 대규모의 해군력을 가지고 있었으니까.

그게 실수였어.

1904년 2월 8일 자정이 다 되어 가던 무렵이었어. 다롄 항에 정박한 러시아 군함들은 고요 속에 묻혀 있었어.

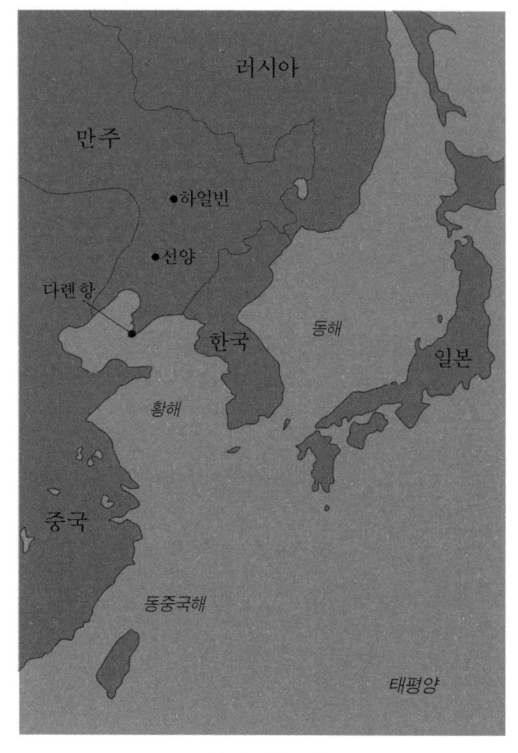

일본의 대륙 진출

수병들이 함교*에서 망을 보고, 당번이 아닌 병사들은 배의 침대에서 세상모르고 잠들어 있었어. 군함에서 비추는 탐조등들이 어둠에 잠긴 바닷물 위를 휩쓸고 다니는데, 잔물결 말고는 아무것도 보이지 않았어.

탐조등 불빛이 닿은 곳 너머, 칠흑처럼 어두운 바다에서 일본의 구축함*들이 항구

---

*함교(艦橋) : 군함의 양쪽 뱃전에 걸쳐 높게 설치한 갑판으로, 전투나 항해의 지휘대로 사용함.
*구축함(驅逐艦) : 해군 함선의 한 가지로, 어뢰를 주무기로 하여 적의 주력함이나 잠수함 따위를 공격함.

를 향해 소리를 죽인 채 다가가고 있었어. 일본 함대의 사령관은 도고 헤이하치로[東鄕平八郞] 제독이었는데, 그는 매우 치밀한 데다가 두려움이라고는 모르는 성격의 소유자였어. 그는 일본 정부로부터 전쟁을 시작해도 좋다는 허락을 이미 받아 가지고 있었어. 일본 정부는 그에게, 러시아 정부에게 공식적인 선전 포고를 하지 말고 곧장 러시아 함대를 기습 공격하여 전쟁을 일으키라

도고 헤이하치로 제독

고 명령을 했단다. 일본의 사무라이는 전통적으로 "너의 칼이 상대방보다 짧으면 한 걸음을 더 내딛어라."라는 말을 신조로 여겨 왔는데, 지금 일본 정부가 바로 그런 식이었어. 그들의 군대가 자신들이 믿고 있는 것만큼 강하지 않을지도 모르기 때문에, 적이 움직이기 전에 먼저 공격을 하자는 것이었지.

도고 제독이 보낸 첩자들은, 다롄 항의 전함들과 요새들이 일본군이 먼저 공격을 해 올 것이라 예상하고 삼엄하게 대비를 하고 있더라고 보고했어. 그러나 그건 첩자들이 잘못 본 것이었어. 러시아 군은 아무것도 대비하지 않고 있었거든. 그러나 도고 제독은, 러시아의 전함들이 일본의 공격을 기다리고 있을 거라고 전제한 상태에서 공격을 하는 게 상책이라고 생각하고는, 함장들에게 엔진 소리를 최대한 줄이고 불빛도 새어 나가지 않도록 하라고 명령했어. 일본 구축함들은 갑판의 불빛을 모두 가리고, 굴뚝에서 불똥 하나라도 튀지 않도록 조심했단다.

자정 직후에 맨 앞에 선 구축함의 함장이 포를 쏘는 병사에게 신호를 보냈어. 어뢰* 한 발이 발사되고, 가장 가까이에 있던 러시아 전함을 정통으로 맞혔어. 해변에서 러시아 군의 장교들이 폭발음을 들었어. 그런데 그들은, 왜 하필이면 이 한밤중에 전함들이 포 쏘는 연습을 하는지 모르겠다고 투덜거렸대. 그리고 몇 시간 동안 해변에서는 어느 누구도 일본군이 러시아 함대를 공격하고 있다는 사실을 까맣게 몰랐단다.

일본군은 16발의 어뢰를 쏘았어. 러시아 전함 중에서 단 세 척만이 어뢰를 맞았는데, 그중에서 두 척이 러시아 해군이 제일 아끼는 전함이었어.

다롄 항을 공격한 것이 전쟁의 시작이었어. (러일 전쟁이 시작된 곳은 정확하게는 뤼순[旅順] 항이야. 뤼순은 현재 다롄에 속해 있어.) 도고 제독은 그 후 여러 차례의 해전에서 러시아 전함들을 연거푸 격침시켰단다. 첫 공격이 있은 지 석 달 후에 일본 해군은 러시아 해군의 기함*인 페트로파블로프스크 함을 거꾸러뜨렸어. 그 배에는 러시아 해군 함대의 사령관인 제독이 타고 있었어. 배가 가라앉았는데 제독은 보이지 않았어. 배가 사라진 바로 그곳에 그의 군복만이 떠 있었대. 제독의 표장*이 양쪽 어깨에 말짱하게 달린 채로. 러시아 해군은 가장 경험 많고 가장 유능한 지휘자를 잃은 것이었지.

---

*어뢰(魚雷) : 자동 장치에 의해 물속에서 나아가, 군함 등의 목표물에 명중하면 폭발하는 폭탄.
*기함(旗艦) : 함대(해군 부대)의 사령관이 타고 있는 배.
*표장(標章) : 어떤 표지(標識)로 나타내 보이는 부호나 그림.

일본의 공격에 침몰된 페트로파블로프스크 함

일본 군함들이 148일 동안 다롄 항을 봉쇄했어. 마침내 다롄의 러시아 군대는 항복하지 않을 수 없었어. 그 다음에는 어떤 일이 벌어졌을까? 일본 육군이 상륙해서 만주의 러시아 군을 향해 진격했단다. 그리고 펑톈[奉天 봉천](지금의 선양)이라는 곳에서 두 군대가 대판 붙었어. 이 전투는 이때까지 땅 위에서 벌어진 전투 중 최대의 전투였고, 차르의 군대가 큰 패배를 당했어.

1905년 5월 27일에 러시아 함대는 여전히 도고 제독이 지휘하는 일본 함대의 마지막 공격을 받고 완전히 무너져 버렸어. 거대한 전함들이 거꾸로 뒤집혀서 가라앉

다롄 항에 상륙한 일본군

았고, 배에서 뛰어내렸다가 살아남은 수병들은 뒤집어진 배의 저쪽 아득히 먼 수평선으로 막 넘어가는 핏빛 석양의 장엄한 광경을 묘사한 글들을 남겼단다. 전쟁이 끝났고, 일본이 이겼어.

미국의 루스벨트 대통령이 중재(서로 다투는 사이에 화해를 붙임)에 나서서 평화 회담이 시작되었어. 러시아는 조선을 장악하겠다는 생각을 완전히 버려야 했고, 또 그동안 점령하고 있던 만주의 일부와 다롄 항과 극동 지방의 몇몇 지역을 일본에게 넘겨주어야 했어.

1905년 8월에 미국 뉴햄프셔 주 포츠머스에서 러시아와 일본이 평화 조약을 맺었어. 수백만 달러에 해당하는 비용을 치른 그 전쟁에서, 러시아는 육군과 해군을 합쳐서 40만 명의 병사를 잃었단다. 이 전쟁을 '러일 전쟁 Russo Japanese War'이라고 불러.

일본은 아시아로 진출하려는 러시아의 의도를 완전히 꺾어 버렸어. 유럽의 군대가 아시아 나라의 군대와 싸워서 진 것도 이 전쟁이 처음이었지. 그리고 이제는 중국이 아니라 일본이 동양의 선두 주자가 되었다는 것을 전 세계가 다 알게 되었단다.

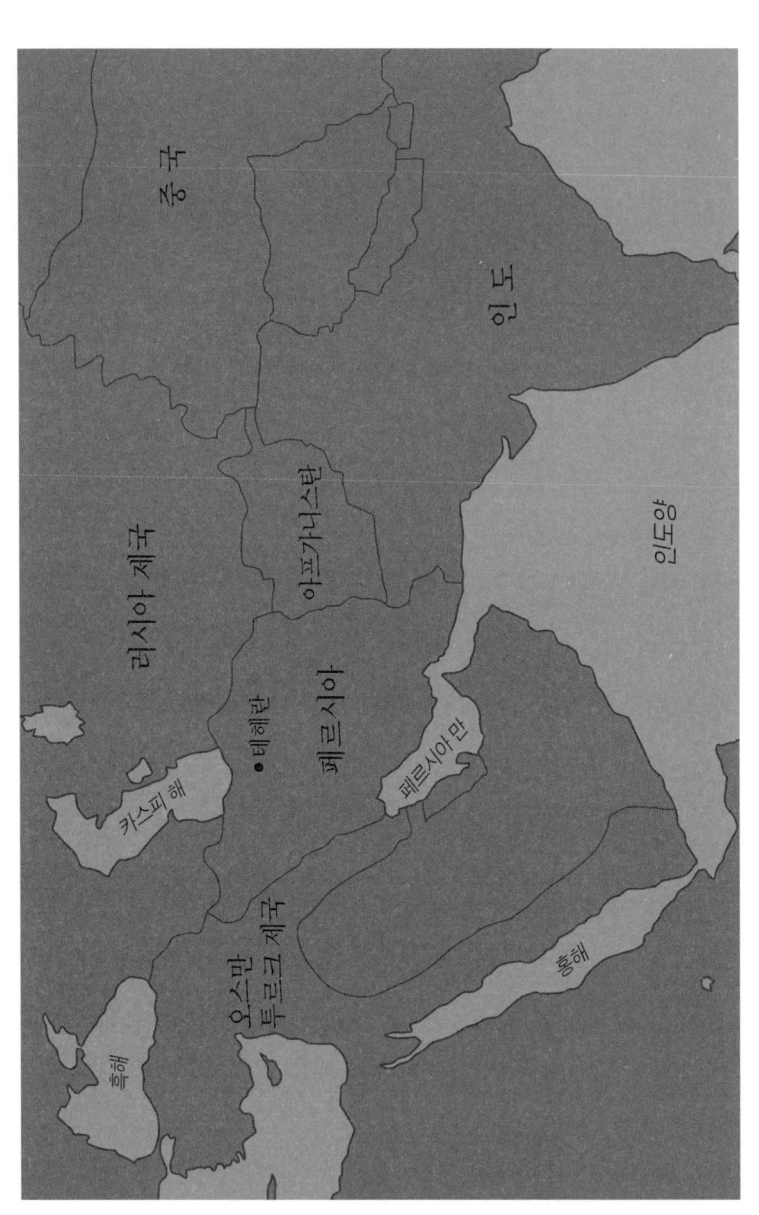

페르시아를 차지하기 위한 싸움

제18장 유럽과 근동의 여러 나라들

페르시아의 적과 '친구'들

러시아는 중국에까지 세력을 확장하는 데 실패했어. 그러나 서쪽에서는 좀 더 운이 좋았단다.

카스피 해 바로 아래, 지금은 그저 조그마한 나라로 줄어 버린 고대 페르시아 제국이 있어. 앞에서 우리는 페르시아가 아프가니스탄을 침공했다는 이야기를 했어. 아프가니스탄을 점령해서 지배하려는 러시아가 동맹을 맺어서 같이 싸우자고 요구하는 것을 페르시아가 뿌리치지 못했던 거야. 그러나 영국이 페르시아를 협박하자 페르시아의 샤(국왕)는 당장 군대를 물렸어. 아프가니스탄을 놓고 영국과 러시아가 서로 싸우게 하는 게 낫겠다고 판단했던 것이지.

그런데 영국과 러시아는 곧 페르시아를 놓고도 서로 싸우기 시작했단다. 러시아는 오래전부터 페르시아의 북쪽 국경을 넘어와서 땅을 빼앗으려고 늘 기회를 노려 왔었어. 페르시아 사람들은 있는 힘을 다해 맞서 싸웠지만 결국에는 땅을 떼어 주지 않을 수 없었어. 한편 영국도 페르시아에서 세력을 가지려고 했어. 그러나 그들은 싸움이 아니라 외교를 통해서 그렇게 할 작정이었어. 어느 한 나라가 다른 나라에 대사를 보내서 말을 전하는 것을 외교라고 한다는 걸 알고 있겠지? 외교는 겉으로 보기에는 점잖고 품위 있는 것처럼 보이지만, 대개의 경우 어떤 나라가 다른 나라에게 대사를 통해서 메시지를 보내는 것은, 그렇게 하지 않으면 전쟁이 일어나리라는 것을 서로가 잘 알기 때문이야.

영국은 페르시아의 샤에게, 영국 상인이 페르시아에서 자유롭게 상품을 사고팔 수 있게 해 주고, 또 영국 사람이 아무런 제약도 받지 않고 페르시아를 드나들 수 있도록 해 달라고 정중하게 요청했어. 샤는 그 요청을 들어주지 않을 수 없었어. 그는 요청을 들어주지 않으면 영국이 당장 군대를 보내리라는 것을 잘 알고 있었고, 페르시아는 러시아와 영국이라는 두 강대국과 동시에 싸울 힘이 없다는 것도 잘 알고 있었단다.

페르시아는 서로를 믿지 못하고 걸핏하면 싸우려고만 드는 두 강대국 사이에 끼여서 오지도 가지도 못하는 처지가 되어 있었던 거야. 페르시아는 또 서쪽으로 국경을 맞대고 있는 오스만 투르크 제국도 늘 주시해야 했어. 또 동쪽에는, 페르시아의 통치자들이 너무도 오랫동안 그 지배권을 주장해 왔기 때문에 아직도 페르시아를 증오하는 아프가니스탄이 있었어. 그러니까 페르시아는 사방이 적으로 둘러싸여 있었던 거야.

1896년에 페르시아의 샤가 죽었어. 황태자인 그의 아들 모자파르 옷 딘Mozaffar od-Din이 페르시아의 권좌를 물려받았어. 모자파르 옷 딘 샤는 서른다섯 살이었는데, 페르시아를 어떻게 다스릴 것인지에 대해서 아무 생각도 가진 것이 없었어. 그는 늘 아버지를 미워했었어. 그래서 어떻게든지 아버지와 얼굴을 마주치지 않으려고 했단다. 그래서 그의 아버지는 그에게 나라를 다스리는 방법을 가르칠 기회가 거의 없었어. 모자파르 옷 딘이 샤가 되었을 때 페르시아는 사방이 적으로 둘러싸여 있을 뿐만 아니라 엄청난 빚까지 지고 있었어. 그의 아버지가 돈을 너무도 펑펑 썼기 때문이었지.

모자파르 옷 딘 샤

모자파르 옷 딘 샤는 돈을 마련하기 위해서 윌리엄 녹스 다시William Knox D'Arcy라는 영국인에게 페르시아 땅에서 유전(석유가 나는 곳)을 개발할 허가를 내주었어. 다시는 샤에게 엄청나게 많은 돈을 주고, 페르시아의 거의 모든 땅에 구멍을 파서 석유가 묻혀 있는 곳을 찾을 권리를 독점했던 것이야. 석유는 지표면 아래에, 보통은 두꺼운 암반* 밑에서 거대한 연못을 이루고 있어. 다시는 석유를 찾기 위해서 강철 드릴로 땅에 구멍을 뚫었어. 그런데 이 작업은 구멍 2백 개를 뚫어야 겨우 한 곳에서 석유가 나올까 말까 할 정도로 성공할 확률이 낮은 작업이야. 암반을 뚫고 내려간 드릴이 석유 연못에 닿는 순간, 석유가 구멍 밖으로 폭발해서

---

*암반(巖盤) : 암석으로 이루어진 땅의 표면.

페르시아의 적과 '친구'들

공기 중으로 뿜어져 나온단다. 꼭 마구 흔든 콜라 캔을 땄을 때 콜라가 솟구쳐 나오는 것처럼 말이야.

그런데 모자파르 웃 딘 샤는 다시에게 유전 개발권을 팔고 받은 돈으로는 모자라서 러시아와 영국으로부터 돈을 빌렸어. 그러나 그는 빌린 돈을 현명하게 쓰지 않았단다. 세 번이나 유럽을 여행하면서 돈을 물 쓰듯 펑펑 썼고, 궁전을 장식하고, 거창한 잔치를 벌이고, 최고로 비싼 옷과 보석을 사는 데 다 써 버렸어. 페르시아는 빚의 수렁에 더욱 깊이 빠져 들어갔어.

페르시아 사람들이 들고일어났어.

페르시아 사람들도 여느 다른 나라 사람들과 마찬가지로 헌법을 요구했어. 헌법이 있으면 샤가 모든 것을 자기 마음대로 할 수 없을 것이고, 국민의 승인을 받지 않고서는 외국으로부터 돈을 빌리지도 못할 것이고, 빌린 돈을 펑펑 낭비하지도 못할 것이기 때문이었어. 페르시아의 수도인 테헤란에서는 사람들이 샤가 권좌에서 물러날 것을 요구하며 총을 들고 일어나서는 어느 사원을 본부로 삼았어. 그런데 페르시아의 전통상, 아무리 막강한 권력을 가진 샤라 할지라도 사원으로 피신한 사람들을 군대를 보내서 체포할 수는 없어. 사원이 종교적인 건물이기 때문이었어. 노동자들의 파업이 줄을 이었고, 테헤란은 혼란의 도가니가 되었어. 1906년 12월에 샤는 마침내 국민의 요구에 굴복할 수밖에 없다는 것을 깨달았어.

샤는 헌법을 정하고 의회를 구성하기로 약속했어. 영국과 미국의 의회처럼, 페르시아도 국가 평의회(Majles)라고 불리는 의회가 나라를 다스리게 되었어. 헌법과 의회는 샤의 권력을 크게 제한했단다. 모자파르 옷 딘 샤는 얼마 전부터 건강이 몹시 좋지 않았는데, 나라가 갑자기 너무 크게 바뀌어 버리자 너무도 열을 받았는지 심장 발작을 일으켜서 그만 덜컥 죽어 버렸어.

모자파르 옷 딘 샤가 죽자, 러시아와 영국은 페르시아에 대한 권리를 더욱 강하게 주장했어. 영국은 페르시아 만 해안 지역에 대한 권리를 주장했어. 러시아는 북부의 국경 지역을 자기들이 보호하겠다고 선언하고, 또 카스피 해의 페르시아 항구에 배를 보내기를 원했어. 러시아는 일본과의 싸움에서 져서 다롄 항을 잃었고, 태평양으로 통하는 단 하나뿐인 항구는 겨울이 되면 꽁꽁 얼어붙으니까, 그럴 만도 했지.

페르시아의 그 다음 샤는 모하마드 알리Mohammad Ali였는데, 그는 페르시아 땅을 놓고 싸우는 두 제국을 물리치기 위한 방법을 모색해야 했어. 그런데 안타깝게도 그에게는 예전의 샤들만 한 권력이 있지를 않았어. 페르시아는 러시아와 영국에게 너무 큰 빚을 지고 있었기 때문에, 페르시아의 화폐를 찍어서 발행하는 권리마저도 영국과 러시아의 은행들에게 넘어가 있었단다. 그런데 모하마드 알리 샤는, 화폐마저도 외국에서 들여와야 하는 지경인데도 아무것도 하지 못한 채 보고만 있어야 하는 것은 순전히 의회 때문이라고 생각했어. 그는 의회를 없

모하마드 알리 샤

페르시아의 적과 '친구'들 319

애 버려야겠다고 결심했단다.

모하마드 알리 샤는 나라를 강력하게 통제하면 외국인들을 다루는 데 도움이 될 거라고 생각했어. 그래서 그는 1908년에 '페르시아 카자크 여단*'이라는 이름의 그의 개인 경호 부대를 시켜서 의회를 해산해 버렸어. 그는 독재를 하고 싶었던 거야!

페르시아 국민들은 샤의 그런 행동에 너무도 화가 나서 그를 권좌에서 끌어내려 버렸어. 모하마드 알리 샤는 러시아로 달아났단다!

모하마드 알리 샤는 이제 겨우 열한 살인 아들 아흐마드를 남겨 놓고 도망갔어. 아흐마드가 아버지의 뒤를 이어 샤가 되었지만, 나이가 너무 어렸기 때문에 다른 사람이 섭정을 맡았어. 그리고 모하마드 알리 샤가 러시아로 도망간 직후 다시 구성된 의회도 이에 참여했지.

모하마드 알리 샤가 러시아로 도망가고 있을 무렵에, 윌리엄 녹스 다시는 마침내 석유를 발견했단다. 페르시아 남서부의 어느 곳에 엄청나게 많은 양의 석유가 매장되어 있었어. 그는 석유를 발견하자마자 석유 회사를 영국 정부에게 팔아 버리고 사업에서 완전히 손을 떼어 버렸단다. 이제는 영국 정부가 페르시아 땅에서 석유를 퍼 올릴 공식적인 권리를 가진 회사를 가지게 되었어. '영국-페르시아 석유 회사Anglo-Persian Oil Company'라는 이름의 그 회사는 페르시아에서 퍼 올린

---

*여단(旅團) : 군대 조직상의 한 단위 부대.

석유를 영국으로 부지런히 실어 날랐어.

영국에게 석유가 왜 그다지도 중요했을까?

영국 해군은 두 종류의 배를 가지고 있었어. 한 종류는 석탄을 태워서 엔진을 가동하는 배이고 다른 하나는 석유를 태워서 엔진을 가동하는 배야.

당시 석유를 채굴하는 모습

석탄을 사용하는 배는 많은 선원이 필요해. 석탄을 삽으로 떠서 아궁이에 넣는 데 일손이 여간 많이 들지 않기 때문이야. 그러니까 전투가 벌어졌을 경우에 그만큼 전투 병력이 줄어드는 것이지. 반면에 석유를 사용하는 배는 엔진을 가동하는 데 고작 몇 사람이면 충분해. 그래서 병사들이 거의 전부 전투에 투입될 수 있어. 또 배의 속도도 훨씬 빠르고, 연료를 다시 채우기까지의 시간도 석탄 배보다 훨씬 길어.

영국의 배들은 거의가 석탄을 연료로 사용하고 있었어. 그런데 독일이 석유를 연료로 사용하는 배를 개발하고 있다는 사실을 알았을 때 영국 정부는 몹시 불안해졌어. 머지않아서 독일 해군이 영국 해군보다 훨씬 강해지고 훨씬 빨라질 게 뻔한 노릇이기 때문이었지. 그래서 영국도 석유를 사용하는 배를 가져야만 했던 거야.

당시 영국의 정치가 윈스턴 처칠Winston Churchill은 영국이 석유를 연료로 사용하는 배를 만든다면, 석유를 대량으로 확보할 방법을 찾아야 한다는 걸 잘 알고 있었어. 영국은 그 어느 나라만큼 석탄은 많이 나오는 나라지만 석유는 없었어. 처칠은 이렇게 말했어. "우리는 전쟁 때에나 평화로울 때에나 먼 외국에서 배로 석유를 실어 와야만 한다." 그래서 영국은 땅속에 석유가 많이 묻혀 있는 나라를 손에 넣을 필요가 절실했던 것이야.

그러던 차에 페르시아에서 석유가 발견되었어. 동양에서 러시아의 세력이 강해지는 것을 막기 위해서 페르시아로 세력을 넓히려 했던 영국으로서는 이제야말로 반드시 페르시아를 장악해야 할 확실한 이유가 생긴 것이야.

한편 페르시아 의회는 영국도 러시아도 아닌 또 다른 나라의 도움을 받아야 할 때가 되었다고 결정했어. 그래서 미국의 윌리엄 태프트William Taft 대통령에게 사절을 보내서 영국과 러시아에게 진 빚을 갚아야겠으니 돈을 좀 빌려 달라고 부탁했어. 그러자 미국 대통령은 은행가들을 페르시아로 보내서 돈을 안심하고 빌려 줄 만한지를 알아보게 했단다.

미국의 은행가들이 페르시아에 들어오자 영국은 기분이 몹시 언짢았어. 그러나 러시아는 기분이 언짢은 정도가 아니라, 아주 격분을 했단다. 러시아는 페르시아 의회에 전갈을 보내서 "미국 놈들을 당장 돌려보내라!"라고 말했어.

윌리엄 태프트 미국 대통령

페르시아 의회는 그 말을 들은 척도 하지 않았어. 그러자 러시아 군대가 국경을 넘어와서 수도인 테헤란으로 진격했어. 러시아 군대가 가까이 다가오자 미국인 은행가들은 황급히 돌아가 버렸어. 페르시아 의회가 해산되고 의원들은 수도를 버리고 달아났어. 그리고 이제는 나이 어린 샤가 페르시아를 혼자서 다스리게 되었어. 물론 러시아 차르의 감독을 받았지.

페르시아는 그 후 10년 동안 러시아의 지배를 받게 돼. 그러나 러시아는 영국-페르시아 석유 회사가 계속 석유를 캐서 본국으로 실어 보내는 것을 허락했어. 이 영국-페르시아 석유 회사는 나중에 '브리티시 페트롤리움British Petroleum'(영국 석유)으로 이름을 바꾸고, 세계 최대의 석유 회사들 중 하나가 된단다.

발칸 반도의 분쟁

지도를 펴고 지중해 일대를 들여다보면 바다로 길게 장화처럼 뻗어 내린 이탈리아가 우선 눈에 띌 거야. 이탈리아에서 동쪽으로 좁은 바다를 건너면, 지중해로 튀어나온 또 하나의 반도가 있어. 그 반도에는 여러 개의 강이 있고 내포*가 있고 앞바다에는 작은 섬들이 점점이 흩어져 있어.

너는 이미 이 책 시리즈의 〈고대 편〉을 보았으니까 그 반도의 남쪽 끝에 있는 나라가 그리스라는 것을 잘 알 거야. 그렇지만 그 반도 전체가 그리스는 아니야. 그 반

---

*내포(內浦) : 바다나 호수가 육지로 굽어 들어간 부분.

도의 이름은 '발칸Balkan'이야. 그리스의 북쪽에는 여러 개의 작은 나라들이 모여 있는데, 이 나라들을 '발칸 제국(諸國)Balkans'이라고 해.

1878년까지 발칸 반도의 대부분은 오스만 투르크 제국의 영토였단다. 다시 지도를 들여다보면 그리스의 바로 위에 있는 마케도니아가 보일 거야. 알렉산드로스 대왕의 고향이 바로 이 나라에 있어. 오스만 투르크 사람들은 마케도니아도 자기네 영토라고 주장했단다. 마케도니아의 위쪽이며 반도의 서쪽에 알바니아(오스만 투르크 제국의 영토)가 있고, 바로 그 위에는 몬테네그로라는 아주 작은 나라가 있어. 몬테네그로는 오래전부터 오스트리아 제국이나 오스만 투르크 제국이나, 유럽과 동양의 그 어떤 강력한 나라로부터도 독립을 지켜 왔단다.

알바니아와 몬테네그로의 오른쪽에 있으며 반도의 한가운데 지점에 있는 나라가 세르비아야. 이 나라도 오스만 투르크 제국의 지배를 받았어. 세르비아의 동쪽이며 반도의 꼭대기 너머에서 에게 해에 거의 닿을 것 같은 나라가 불가리아야. 그리고 반도의 북쪽 아드리아 해의 해안 지역에 두 개의 작은 나라가 있어. 보스니아와 크로아티아인데, 크로아티아는 몇 년 전에 오스트리아 제국의 동부 지방으로 편입되었고, 보스니아는 오스만 투르크 제국에 속해 있었어. 불가리아의 바로 위에 있으며 러시아 국경 바로 아래에 있는 루마니아도 오스만 투르크 제국의 지배를 받았단다.

뭐라고? 너무 복잡해서 머리가 어지럽다고? 걱정할 것 없어! 세계 각국의 사람들 대부분이 발칸 반도에 어떤 나라들이 있는지, 어느 나라가 더 세고 어느 나라가 더

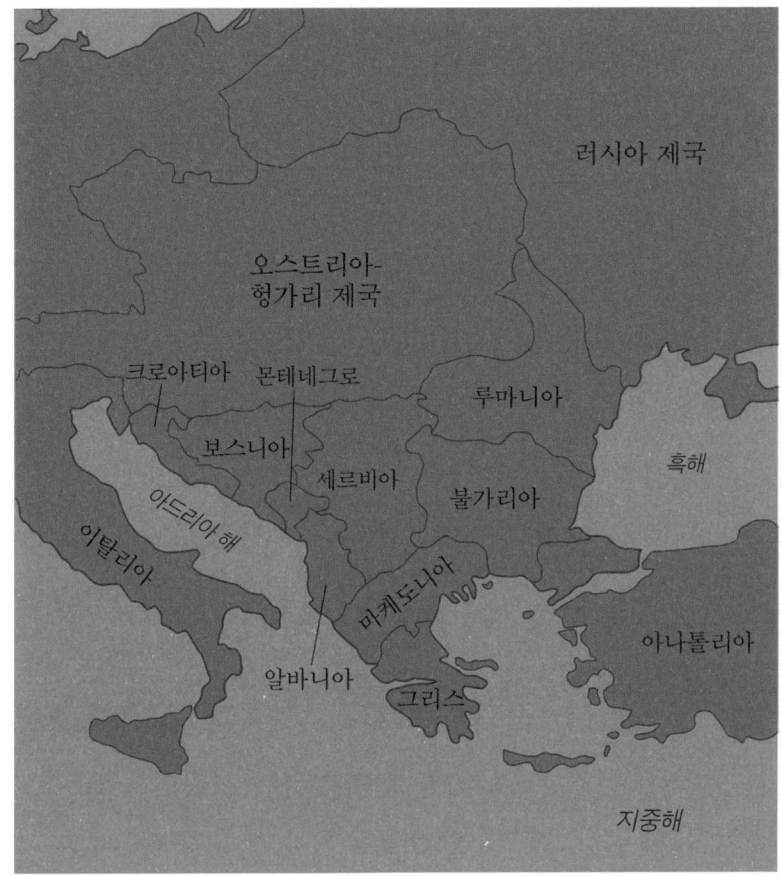

발칸 반도의 분쟁

약한지 모른단다.

1878년에 오스만 투르크 제국과 러시아의 전쟁이 끝났을 때, 오스만 투르크 제국은 발칸 반도 영토의 상당 부분을 잃었단다. 제9장에서, 오스만 투르크 제국이 불가리아를 침공해서 저질렀던 잔학한 짓에 대해서 복수를 한다면서 러시아가 오스만 투르크 제국을 공격했던 이야기를 기억하고 있니? 그 전쟁에서 패배한 오스만 투르크 제국은 루마니아와 (당시에는 '아나톨리아'라고 불렸던) 소아시아의 대부분을 러시아에게 넘겨주어야 했고, 또 불가리아의 독립을 허락해야 했어.

그러자 유럽의 다른 나라들이 몹시 불안해졌어. 러시아가 더욱 커졌고, 불가리아라는 제법 큰 나라가 독립국이 되었기 때문이야. 불가리아는 러시아 덕분에 독립을 얻은 나라이기 때문에 이제부터는 늘 러시아의 충성스러운 동맹국이 될 게 뻔한 노릇이고, 따라서 러시아의 힘이 그만큼 더 커진 셈이었지.

그래서 프랑스, 독일, 영국, 오스트리아 등 유럽의 강대국들이 러시아에게, 루마니아를 가지는 것은 그냥 봐줄 테니까 아나톨리아는 당장 오스만 투르크에게 되돌려 주라고 말했어. 그들은 또 장차 전쟁이 일어나면 불가리아는 반드시 러시아 편에서 싸울 게 뻔하니까 일찌감치 불가리아의 덩치를 줄여 놓아야겠다고 작정했단다. 그래서 그들은 강제로 불가리아가 남부 지역 전체를 오스만 투르크에게 되돌려 주지 않을 수 없도록 만들었어. 그리고 덩치가 거의 반으로 줄어 버린 이 새로운 나라는 '바텐버그의 알렉산드르'라는 이름의 러시아 왕자가 통치했는데, 그는 러시아 차르의 조카였단다.

다시 오스만 투르크 제국의 땅이 된 불가리아 남부 지역 사람들이 격분했어. 그들은 오스만 투르크의 백성으로 사는 것을 결코 원하지 않았어.

불가리아의 북부 지역 대표들과 남부 지역 대표들이 만나서 땅을 다시 합치기로 결정했어. 전쟁으로 지친 오스만 투르크는 그것을 막을 힘이 없었단다. 그러나 러

바텐버그의 알렉산드르

시아는 몹시 화를 내었어. 바텐버그의 알렉산드르와 북부 불가리아 사람들이 러시아의 허락을 받지도 않고 저희들끼리 그런 결정을 내려 버렸기 때문이었어. 불가리아에 나가 있던 러시아 군 장교들과 외교관들에게 즉시 귀국하라는 명령이 전달되었어.

이제 불가리아는 러시아와 관계가 나빠져 버렸어. 유럽의 다른 나라들은 그제야 조금 안심이 되었는지 불가리아를 하나의 독립된 나라로 인정했단다.

발칸 반도의 판도(어떤 세력이 미치는 범위)가 바뀌었어. 불가리아는 독립국이 되었고 더 이상 러시아의 동맹국이 아니었어. 오스만 투르크 제국은 여전히 아나톨리아를 장악하고 있었고, 몬테네그로는 아직도 자유국으로 남아 있고, 오스만 투르크의 영토였던 세르비아도 오스만 투르크의 지배에서 벗어났어. 오스트리아는 보스니아를 차지했고 (그래서 이제는 보스니아와 크로아티아가 모두 오스트리아의 영토가 되었고) 오스만 투르크는 마케도니아와 알바니아를 간신히 지켰어.

그리고 몇 년 후에 마케도니아가 오스만 투르크의 지배에서 벗어나려는 시도를 했어. 오스만 투르크의 압제를 떨쳐 버리려고 들고일어난 마케도니아 사람들이 1903년 8월 2일에 크루세보 시에 모여서 독립을 선언했어. 이 사건을 '성 엘리야

발칸 반도의 분쟁 327

날의 봉기St. Elijah's Day Uprising'라고 한단다.

오스만 투르크 제국은 불가리아의 반란에서 아무 교훈도 얻지 못했던 게 틀림없었어. 전에 불가리아에서 반란이 일어났을 때 오스만 투르크 군대가 쳐들어가서 수천 명을 죽였는데, 그게 바로 나중에 참혹한 대가를 치른 전쟁을 자초한 짓이었던 거야. 오스만 투르크는 그 일을 그새 잊었는지, 이번에도 똑같은 짓을 저질렀어. 술탄 아브뒬하미드 2세의 명령을 받은 군대가 마케도니아로 쳐들어가서 사람들을 마구 죽였던 거야.

이 잔인한 짓을 보고 수많은 오스만 투르크 사람들이 역겨워 했어. 그리고 청년 투르크 당에게 드디어 술탄을 제거할 기회가 왔어. 청년 투르크 당이 아브뒬하미드를 제거하려고 반란을 일으켰던 것을 기억하고 있겠지? 당시 그들은 실패했고 외국으로 도망가서 주네브(제네바)나 파리에서 다시 모였어. 그들은 망명*지에서 조국을 구할 계획을 세우고 기회를 노리고 있었어.

이제 아브뒬하미드 2세는 국민뿐만이 아니라 군대의 믿음과 인기마저도 잃어 가고 있었어. 청년 투르크 당은 군대를 설득해서 자기들 편으로 끌어들인 다음 아브뒬하미드에게 헌법을 제정하라고 요구했어. 아브뒬하미드는 바로 자신의 군대마저도 청년 투르크 당의 편이 되어 있는 것을 보자 요구를 들어주지 않을 수 없었어. 그는 의회도 다시 구성해야 했단다. 그러고 나서 그는 외국으로 달아났어.

---

*망명(亡命) : 정치적인 이유 등으로, 제 나라에 있지 못하고 남의 나라로 몸을 피하는 일.

권력을 장악한 청년 투르크 당은 '오스만 투르크 제국 선언'이라는 것을 발표했어. 그들은 이제부터 정부는 '국가 의지의 지배'에 복종할 것이라고 선언했어. 다시 말하면 정부는 모든 것을 국민이 원하는 대로 하겠다는 것이었어. 20세 이상의 모든 오스만 투르크 국민은 투표권을 가지고, 기독교도이건 이슬람 교도이건 모든 오스만 투르크 국민은 누구나 똑같은 권리를 가지게 되었어. 청년 투르크 당은 훨씬 더 원대한 계획들을 가지고 있었어. 그들은 이제까지 늘 제국 정부의 일부였던 이슬

제1차 발칸 전쟁을 표현한 그림

람 법을 없애고, 특정 종교에 바탕을 두지 않은 세속적인 법을 만들려고 했어. 또 그들은 유럽의 여러 나라로 사람을 보내서 농장과 공장을 더 현대적으로 바꾸기 위한 방법을 배우게 했고, 제국의 모든 사람들이 투르크 어를 사용하도록 만들려고 했어. 그들은 이 새로운 '오스만 국가'에서는 기독교도이건 이슬람 교도이건 누구나가 똑같은 법을 따르고, 똑같은 언어를 사용하고, 똑같은 정부를 섬기기를 희망했단다.

그러나 그게 잘되지 않았어.

발칸 반도의 분쟁

대다수의 국민이 기독교도인 마케도니아와 알바니아는 오스만 투르크 제국의 일부가 되는 것을 아직도 원하지 않았어. 이제는 오스만 투르크 제국이 아니라 기독교도와 이슬람 교도가 똑같은 대접을 받는 '오스만 국가'가 되었다고 아무리 설득을 해도 소용이 없었어. 청년 투르크 당은 그들의 정부가 국민이 바라는 바에 충실히 귀를 기울일 것이라고 주장해 왔지만, 이제는 그 귀를 막아 버렸어. 청년 투르크 당은 오스만 국가를 지키기 위해서라면 언제라도 군대를 보내겠다는 쪽으로 태도를 바꾸어 버린 것이야.

발칸 반도 사람들이 보아하니까 청년 투르크 당도 예전의 술탄과 다를 바가 없었어. 청년 투르크 당도 발칸 반도의 나라들이 제국에서 빠져나가는 것을 원하지 않았던 것이지. 그래서 청년 투르크 당이 정권을 잡은 지 불과 4년 만에 발칸 반도의 나라들은 독립을 위해서 싸우기 시작했어. 세르비아와 불가리아와 그리스와 몬테네그로가 연합하고 러시아 정부의 도움을 받아서 마케도니아와 알바니아를 오스만 투르크의 지배에서 해방시키려고 했어. 그들은 오스만 투르크 군과 맞서기 위해서 75만 명의 병사를 모았단다.

전쟁이 터졌어. 1912년에 일어난 이 전쟁을 '제1차 발칸 전쟁First Balkan War'이라고 해. 허약하고 지리멸렬*한 오스만 군대는 불과 두 달이 안 되어서 발칸 반도의 땅을 내주는 수밖에 없다는 것을 깨달아야 했어.

*지리멸렬(支離滅裂) : 갈가리 흩어지고 찢긴 상태.

알바니아가 마침내 독립했어. 독일의 훌륭한 가문 출신의 왕자가 알바니아 정부의 우두머리가 되었고, 유럽의 여러 나라들은 알바니아를 자유 국가로 인정했단다.

후퇴하는 오스만 투르크 군

그러나 마케도니아는 영영 자유를 얻지 못했어. 세르비아와 불가리아와 그리스 사이에서 '제2차 발칸 전쟁'이 터졌어. 서로 동맹국으로서 오스만 투르크와 싸웠던 이 세 나라는 마케도니아를 나누어 가지는 방법을 두고 다투기 시작했어. 1913년에 불가리아는 다른 두 나라보다 마케도니아 땅을 더 많이 차지하려고 바로 얼마 전까지만 해도 동맹국이었던 나라들을 공격했어.

그러나 실패했어. 세르비아와 그리스가 마케도니아 땅을 거의 전부 나누어 가졌고, 불가리아는 고작 한 귀퉁이만을 조금 차지했단다.

이제는 발칸 반도의 모든 나라들이 오스만 투르크로부터 벗어났어. 하지만 그들은 서로 앙숙*이 되었어. 불가리아는 세력을 더 넓히기 위해서 오스트리아와 동맹을 맺기 시작했고, 마케도니아를 나누어 가지는 문제로 불가리아와 다투다가 급기야는 공격을 당했던 세르비아는 불가리아와 불가리아의 새 친구인 오스트리아

---

*앙숙(怏宿) : 원한을 가지고 서로 미워하는 사이.

에 대한 원한을 나날이 키워 갔어.

세르비아가 불가리아와 오스트리아를 얼마나 증오하는지를 1914년 6월 28일에 한 청년이 숨김없이 보여 주게 돼. 그는 오스트리아의 왕위 계승자를 암살한단다. 그래서 또다시 전쟁이 터지게 되는데, 그 전쟁은 제3차 발칸 전쟁이라고 불리고 말 정도의 작은 전쟁이 아니었어. 그 전쟁은 최초의 세계 대전*이 된단다.

---

*세계 대전(世界大戰) : 세계적인 규모로 벌어지는 큰 전쟁. 흔히 20세기 전반기에 있었던 제1차 세계 대전 (1914년~1918년)과 제2차 세계 대전(1939년~1945년)을 이름.

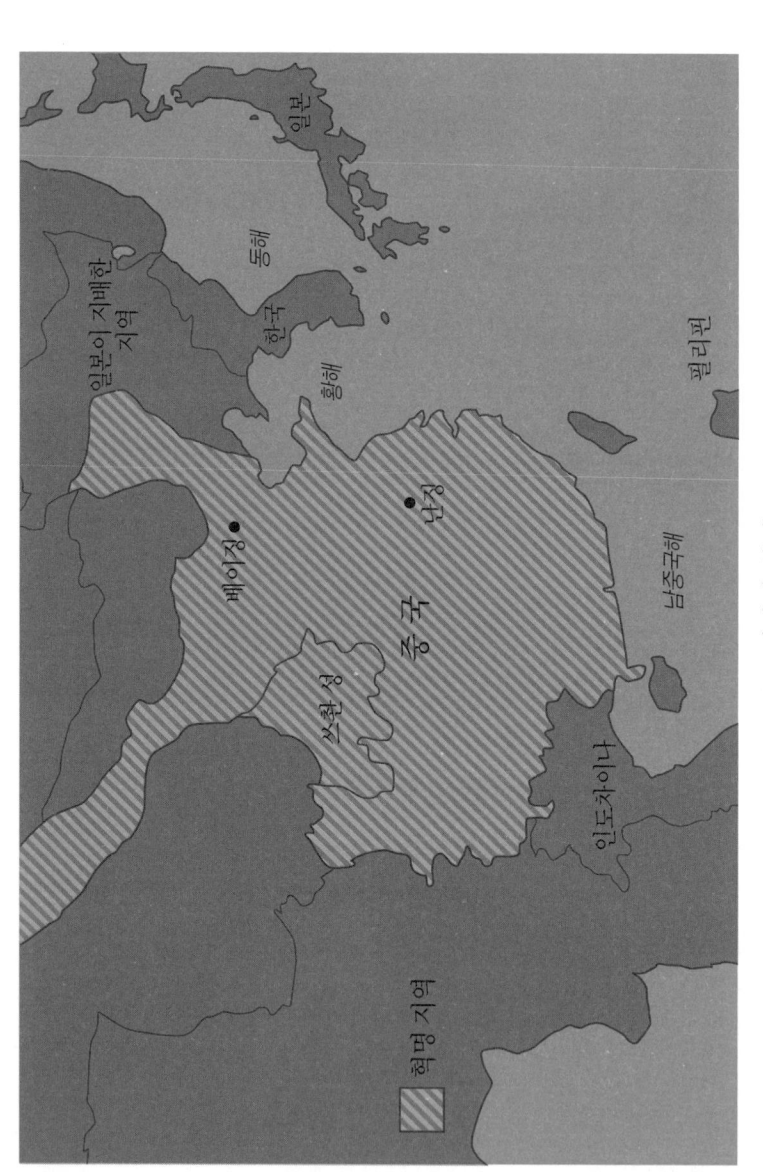

중국에서의 학명

제19장 중국, 베트남, 프랑스

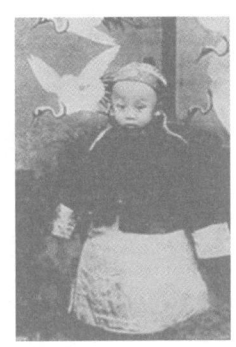

중국의 마지막 황제

중국은 불행으로 가득 차 있었어. 인구가 너무도 빠르게 늘어서 식량이 턱없이 부족했고, 공장과 농기구와 무기는 모두 구식이었어. 중국은 더 이상 스스로를 지킬 힘이 없는데, 외국의 여러 나라들이 중국의 여러 도시들을 서로 차지하려고 싸우고 있었어. 또 아편 중독자의 수가 거의 4천만 명에 이르는 것 같았어.

무엇보다도 더 심각한 것은 청 왕조의 기운이 완전히 쇠진*해 버린 듯싶다는 것이었어. 의화단 운동 이후 청나라 조정은 모든 일을 영국과 프랑스가 시키는 대로만 해야 했어. 러시아와 일본이 중국 땅을 놓고 싸웠을 때는 미국이 끼어들어서 화해하게 해 주었어. 조정의 한 관리는 이렇게 탄식했다는구나. "북쪽에서는 러시아가 우리를 훔쳐보고 있고, 서쪽에서는 영국이 우리를 기웃거리고 있고, 남쪽에서는 프랑스가 우리를 노려보고 있고, 동쪽에서는 일본이 우리를 넘보고 있다. 우리는

---

*쇠진(衰盡) : 기운이나 세력이 쇠하여 다함.

청나라의 마지막 황제 푸이

엄청난 위험에 빠져 있다!"
청나라의 마지막 황제는 이 위험으로부터 나라를 지킬 처지가 못 되었어. 그는 이제 고작 세 살이었단다!
서태후는 1908년에 죽었어. 서태후가 권좌에서 끌어내렸던 황제 광서제도 서태후가 죽기 직전에 죽었어. 당시 궁궐 안에서는, 서태후가 그녀가 선택한 세 살짜리 왕자 푸이[溥儀 부의]를 어느 누구의 반대도 받지 않고 황제 자리에 앉히기 위해서 광서제를 독살했을 것이라는 소문이 떠돌았대.

겨우 세 살인 푸이는 애초부터 중국을 다스릴 수가 없었어. 그는 자금성 안에 있는 그의 궁궐에서 살았어. 높이가 10미터 정도 되는 담이 그를 중국의 다른 모든 보통 사람들과 완전히 떼어 놓았어. 그가 사는 궁궐의 지붕은 황실의 상징인 황금색이었어. 그의 이불과 그릇과 옷도 모두 황금색이었고, 그가 가진 모든 것이 황금색이었단다.

푸이는 일곱 살이 될 때까지 단 한 번도 자기 또래의 다른 아이를 본 적이 없었어. 수십 명의 시종들이, 갑자기 날씨가 차가워지면 입을 옷과 갑자기 배가 고파지면 먹을 음식을 들고, 푸이의 뒤를 따라다녔어. 식사 시간이 되면 여섯 개의 탁자에

25가지 음식이 차려지고, 푸이는 그중에서 먹고 싶은 것을 골라서 먹었어. 또 여러 가지 약을 손에 든 의사들이 항상 그의 뒤를 따라다니면서 그가 재채기를 하거나 기침을 하면 얼른 약을 먹였단다.

푸이는 마치 작은 신(神)처럼 대접 받았고, 청나라의 귀족들이 그를 대신해서 중국을 통치했어. 그러나 바로 얼마 전에 죽은 서태후가 그러했던 것처럼, 그들도 러시아와 일본과 영국이 시키는 대로 모든 것을 해야 했어.

1911년에 마침내 중국 사람들이 외국 세력을 몰아내기 위해서 일어섰어.

중국의 한가운데로부터 멀지 않은 쓰촨성[四川省 사천성]에서 봉기가 시작되었어. 쓰촨성의 관리들은 어느 외국의 소유가 아니라 중국의 소유인 철도를 건설하려고 했어. 쓰촨성의 수많은 상인들이 철도 건설 기금을 내놓았지만, 침목을 놓고 선로를 깔기 시작하고 나니까 벌써부터 돈이 모자라기 시작했어.

그러자 청나라 정부가 철도 공사를 맡겠다고 나섰어.

하지만 그렇게 되면 그 철도는 중국이 소유할 수 없게 된다는 것을 쓰촨성 사람들이 모를 리가 없었어. 철도 공사를 완성하기 위해서 청나라 조정이 또 프랑스와 독일과 영국의 은행가들로부터 돈을 빌리지 않을 수 없을 테고, 그러면 그들이 그 철도의 진짜 주인이 되고 말 테니까.

쓰촨성 관리들은 철도 공사를 정부에게 넘겨주는 것을 거부했어. 그들은 이제부터 청나라 정부나 섭정들의 말에 복종하지 않겠다고 선언했어. 대신에 그들은 새로운 공화국 정부인 '중화 민국(中華民國)'을 세우기로 했어. 베이징에서 남쪽으로 멀리 떨어진 난징[南京 남경]을 새 공화국의 수도로 정하고, 쑨원[孫文 손문]이라는 이름의 정치가를 임시 총통*으로 추대하기로 이미 결정했어.

쑨원은 16년 전인 1895년에 이미 청나라 왕조에 반대하는 봉기를 일으키려 했던 적이 있었어. 하지만 청나라의 통치자를 쫓아내려던 계획이 사전에 발각되는 바람에 그는 목숨을 구하기 위해서 외국으로 피신해야 했단다. 그는 일본으로 갔다가 나중에는 유럽으로 가서 곳곳을 돌아다녔어. 그런 그가 다시 중국으로 돌아와서, 스스로를 '중국 혁명 동맹회中國革命同盟會'(나중에 국민당(國民黨)이 됨)라고 부르는 혁명가 집단의 우두머리가 되었던 것이야.

쓰촨성의 봉기가 중국 전 지역으로 퍼졌어. 청나라의 섭정들은 중국 국민의 의지를 꺾을 수가 없고, 총을 들고 일어선 혁명 세력과 싸워서 이길 수도 없다는 것을 깨달았어. 그래서 그들은 1912년 2월에 나이 어린 황제 푸이를 옥좌에서 내려오게 하겠다고 선언했어. (이 사건을 신해혁명(辛亥革命)이라고 해.)

청 왕조가 드디어 막을 내렸어. 수천 년 이래 처음으로 중국은 황제가 없는 나라가 되었단다.

이제는 쑨원이 중국을 통치했어. 그는 중국 백성에게 이제부터는 황제의 명령에 복종하는 게 아니라 '국민을 위한 세 가지 원칙'에 따라서 살아야 한다고 말했어. 이것을 쑨원의 '삼민주의(三民主義)'라고 해. 첫째 원칙은 '민권(民權)'이야. 중국

---

*총통(總統) : 중화 민국 국가 원수의 칭호.

이, 국민이 투표를 통해서 지도자를 뽑는 민주주의 나라가 된 것이지. 둘째 원칙은 '민생(民生)'이야. 중국의 모든 사람들이 누구나 밥을 벌어먹고 살 수 있도록 일자리를 가져야 한다는 것이야. 셋째 원칙은 '민족(民族)'인데, 이것은 외국인이 아니라 중국인 자신들이 중국을 운영해야 한다는 것이었어.

이제 열여덟 살이 된 푸이는 그의 궁궐에서 계속 살아도 좋다는 허락을 받았어. 어느 영국인 관

중국에 공화국을 세운 쑨원

리가 그에게 영어를 가르쳤어. 영어 공부를 아주 좋아했던 푸이는 영어 이름을 하나 지어 달라고 선생님한테 부탁했대. 선생님이 이제까지 있었던 영국 국왕들의 이름을 죽 적어서 보여 주니까, 푸이는 '헨리Henry'라는 이름을 골랐다는구나. 그때부터 푸이는 헨리 푸이라는 이름으로도 불렸단다.

푸이는 열아홉 살이 되었을 때 자금성을 떠나고 베이징을 떠나고 중국을 떠났어. 그는 톈진[天津 천진]에 있는 일본인 거주지에 가서 살았단다.(푸이가 어떻게 살았는지는 하권 제25장에서 다시 이야기할게.) 그리고 오랜 세월 동안 중국의 보통 사람들에게 철저히 금지되어 있었던 자금성이 이제는 누구나 아무 때고 들어가서 구경할 수 있는 곳이 되었어.

푸이는 쉰네 살이 되어서야 다시 중국으로 돌아왔어. 그를 알아보는 사람도 없고,

그가 한때 어떤 사람이었는지를 아는 사람도 거의 없었어. 그는 그저 관광객에 지나지 않는 행색으로, 옛날에 그가 신처럼 대접을 받으며 살았던 궁궐 자금성을 거닐었단다.

베트남의 애국자 판보이쩌우

중국에서 남쪽으로 내려가면 중국 대륙에서 비어져 나와 바다를 향해 길게 뻗어 내린 반도가 있어. 이 반도의 북쪽 끝은 중국에 닿아 있고, 남쪽 끝은 동인도 제도에 거의 닿아 있어. 그곳에서 서쪽으로 가서 인도양을 건너면 인도의 동쪽 해안에 닿고, 그곳에서 동쪽으로 배를 타고 가면 여러 개의 작은 섬들이 다닥다닥 모여 있는 곳이 나오고, 또 아침마다 동쪽 수평선에서 떠오르는 해를 쳐다보면서 하염없이 가면 미국의 서부 해안에 도착하게 된단다.

이 반도는 중국과 인도에 가깝기 때문에 '인도차이나Indochina'라고 불린단다. 인도는 영국이 차지했고 동인도 제도는 네덜란드가 차지했던 것처럼, 인도차이나는 프랑스가 오래전부터 차지하고 있었어.

제3 공화정 시대인 프랑스는 옛 제국의 영토를 거의 잃은 상태였어. 프랑스는 제3 공화정이 들어서기 오래전에 캐나다에 식민지를 가지고 있었지만, 나중에 영국에게 내주어야 했어. 프랑스는 인도의 곳곳에 건설했던 무역 기지들도 영국의 동인도 회사에게 빼앗겼어.

그러나 인도차이나에서는 그런대로 힘을 유지하고 있었단다.

이 반도의 왼쪽에 있는 (지금은 타이(태국)라고 불리는) 시암 Siam 왕국을 영국과 프랑스가 나누어서 차지하고 있었어. 그러나 지금의 베트남과 라오스와 캄보디아 등이 있는 반도의 오른쪽 지역은 모두 프랑스가 차지하고 있었어.

프랑스는 반도의 동쪽 해안 지대를 길게 뻗어 내린 베트남을

프랑스의 인도차이나 지배

세 개의 식민지로 나누어서 지배했는데, 북쪽 식민지를 '통킹Tonking', 가운데 식민지를 '안남Annam', 남쪽의 식민지를 '코친차이나Cochin China'라고 불렀단다.

베트남은 약 1백여 년 동안 응우옌 왕조[阮王朝 완왕조] 황제들의 지배를 받아 오다가 프랑스의 손으로 넘어갔어. 프랑스는 응우옌 왕조의 황제를 계속 그 자리에 앉혀 두었어. 그러나 베트남 정부의 모든 결정은 황제가 아니라 프랑스 사람들이 내렸단다. 프랑스는 여러 곳에 철도를 건설하고 해안 곳곳에 항구를 건설했어. 베트남의 벼 논과 고무나무 숲과 석탄 광산은 거의 모두 프랑스의 소유가 되었어. 베트남 사람들은 원래는 그들의 것이었던 논과 숲과 광산에서 쥐꼬리만 한 임금을 받고

일해야 했어. 수익의 거의 전부를 프랑스 사람들이 가져가 버렸던 것이야.

몇몇 부유한 베트남 사람들만이 프랑스 지배자들과 한통속이 되어 자신의 농장을 소유할 수 있었단다. 그러나 베트남 사람들은, 부자들까지도 정부의 중요한 직책을 맡을 수는 없었어. 그러니 베트남 사람들이 프랑스가 물러가기를 원했던 것은 지극히 당연한 일이었지.

베트남의 독립을 되찾기 위해서 일어난 최초의 혁명을 이끈 사람은 '판보이쩌우[潘佩珠 반패주]'라고 하는 애국자였어. 1867년에 태어난 그는 프랑스가 그의 나라에서 점점 더 강한 힘을 얻어 가는 것을 지켜보면서 자랐어. 그는 프랑스 점령자들을 증오했어. 그는, 집안이 부유했던 덕분에 학교에 다닐 수 있었고, 어느 때에는 베트남 정부에서 직책을 하나 맡으라는 제의를 받았던 적도 있었어.

베트남을 프랑스에서 독립시키려 한 판보이쩌우

그 제의를 받아들인다면 그는 프랑스 사람들을 위해서 봉사하게 되는 것이었지. 그는 당연히 거절했어.

판보이쩌우는 1904년에 베트남 어로 '두이 탄 호이'라는 이름의 '유신회(維新會)'를 결성했어. 그는 응우옌 가문의 한 왕자를 설득해서 유신회에 끌어들였어. 그러나 그의 활동은 프랑스 사람들한테 발각되었고, 그는 체포당하지 않으려고 일본으로 도망갔어.

망명한 애국자들이 대개 그렇게 행동했듯이, 판보이쩌우도 일본에서 프랑스 지배의 잔학함을 고발하는 기사들을 썼어. 그는 베트남의 동지 애국자들에게 일본으로 와서 그와 힘을 합치자고 권유했어. 그는 외국으로 망명한 베트남의 애국자들이 힘을 합치면 언젠가는 프랑스와 맞서 싸울 수 있게 될 거라고 희망했던 거야.
그러나 일본 사람들이 프랑스의 눈치를 보았어. 프랑스가 일본에게 화를 내는 것을 원하지 않았던 것이지. 그래서 1909년에, 일본 사람들은 판보이쩌우에게 일본을 떠나 달라고 요구했어. 그는 중국으로 갔단다. 중국에서 그는 그의 혁명 단체의 이름을 '비에트 남 광 푹 호이'(베트남 광복회)라고 바꾸었어.
베트남 광복회는 중국에서 프랑스에 항거하기 위한 반란을 여러 번 조직했어. 그러나 남의 나라에 몸을 맡기고 있는 신세인지라 그 일이 여간 어렵지 않았단다.
하여간에, 중국 사람들이 판보이쩌우가 무슨 일을 꾸미고 있는지를 알게 되었어. 그들도 일본 사람들과 마찬가지로 프랑스의 심기를 건드리는 걸 원하지 않았단다. 그래서 1914년에 중국 당국이 판보이쩌우를 체포해서 감옥에 가두었어. 그러나 오래지 않아 중국 사람들은 그를 풀어 주었단다. 그런데 판보이쩌우는 오랜 망명 생활에 지칠 대로 지친 데다 감옥에까지 들어갔다가 나와서 그랬는지, 그만 아주 풀이 죽고 기가 꺾여 버렸어. 그는 어쩌면 베트남 사람들이 프랑스 사람들과 사이좋게 지내는 것이 훨씬 더 나을지도 모른다는 글까지도 썼어! 아마도 그는 지금 베트남 사람들의 능력으로는 프랑스 지배자들을 영영 쫓아낼 수 없을지도 모른다는 절망적인 생각이 들기 시작했던 것인지도 모르지.

우표에 실린 판보이쩌우

그로부터 몇 년 후에 판보이쩌우가 중국 상하이에서 머물고 있었는데, 어느 날 상하이를 방문한 프랑스 관리들의 눈에 띄었어. 관리들은 그를 체포해서 베트남으로 압송*하고, 반역죄로 재판에 넘겨 유죄를 선고했어. 판보이쩌우는 남은 인생을 그의 집에서 프랑스 병사들의 감시를 받으며 살아야 한다는 판결을 받았어. 그는 그 후 15년 동안 '가택 연금'* 상태로 살다가 죽었단다.

판보이쩌우는 실패했어. 그러나 그의 노력 덕분에 다른 베트남 사람들이 프랑스로부터의 독립에 대해서 심각하게 생각하기 시작했어. 판보이쩌우가 뿌린 혁명의 씨앗들은 그냥 말라 죽지 않았어. 언젠가는 싹을 틔우고 꽃을 피우게 되어 있었던 것이야. 판보이쩌우는 바로 지금까지도 베트남의 가장 위대한 애국자들 중 한 사람으로 기억되고 있단다.

---

*압송(押送) : 죄인이나 피의자를 어떤 곳에서 다른 곳으로 호송함.
*가택 연금(家宅軟禁) : 현재 살고 있는 집에 가두어 놓고, 외부와의 접촉을 제한하고 감시하는 법적 조치.

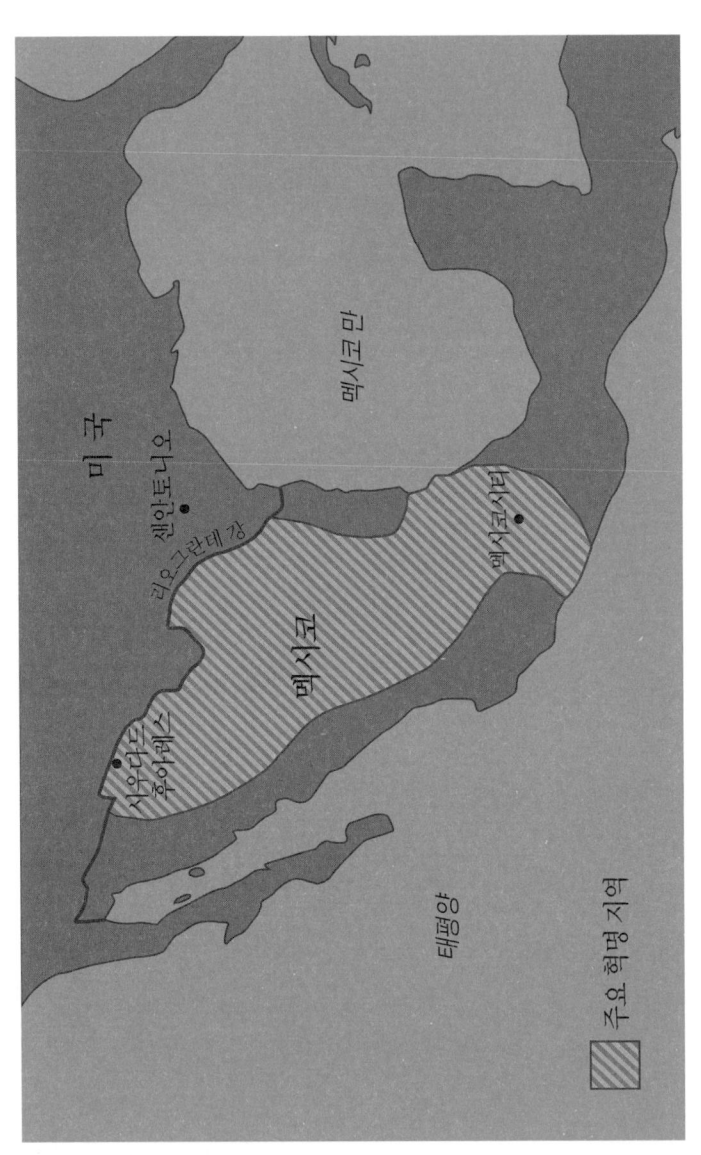

멕시코 혁명

제20장 멕시코 혁명과 제1차 세계 대전

멕시코 혁명

1900년 무렵에 멕시코의 대통령은 포르피리오 디아스Porfirio Díaz라는 사람이었어. 그는 30년 동안이나 대통령 자리에 앉아 있었는데, 그건 정말 이상한 일이었어. 왜냐하면 어느 누구도 딱 4년 동안만 대통령을 하고는 그만두어야 한다고 헌법으로 정해져 있었거든.

지도를 보면 북아메리카와 남아메리카를 다리처럼 이은 땅이 보일 거야. 중앙아메리카라고 불리는 그곳의 대부분을 차지하고 있는 나라가 멕시코란다.

멕시코는 남아메리카와 마찬가지로 스페인의 콘키스타도레스(정복자들)가 와서 정착하기 이전에 여러 원주민 부족들이 살고 있었어. 중앙아메리카를 정복한 스페인은 그곳을 '뉴스페인New Spain'이라고 불렀어. 뉴스페인은 1821년에 스페인으로부터 독립을 선언하고 독자적인 헌법과 국민이 투표로 뽑은 대통령을 가진, 멕시코라는 이름의 나라가 되었단다.

어느 누구도 딱 4년 동안만 대통령을 할 수 있다고 헌법이 정해 놓았는데도 포르

30년 동안 독재를 한
포르피리오 디아스 멕시코 대통령

피리오 디아스는 선거를 할 때마다 대통령으로 선출되고, 또 선출되고, 또 선출되었어. 그래서 30년 동안이나 대통령을 하자 사람들은 그가 다스렸던 시기에 '포르피리아토Porfiriato'라는 이름을 붙여 주었어. 디아스는 자기가 30년 동안이나 대통령을 할 수 있었던 이유는 선거 때마다 그에게 대항할 만한 다른 후보가 나서지 않았기 때문이라고 주장했어. 그게 말이 되는 소리일까? 물론 그건 말도 안 되는 소리였어. 딱 4년 동안만 대통령을 하고 그만두어야 한다고 헌법으로 정해져 있는데 그가 어떻게 번번이 출마*했을 것이며, 또 멕시코의 다른 정치가들은 어째서 그것을 보고만 있었던 것일까?

그게 다 이유가 있었단다. 디아스에게 붙어서 영달*을 누리고 사는 사람들이 선거 때가 되면, 대통령 후보로 출마하려는 사람들을 찾아간 거야. 가서 말을 몇 마디 하기만 하면 그들이 그만 포기를 해 버렸던 것이야.

그런 말도 안 되는 일이 30년 동안이나 계속되자, 디아스와 그의 정부에 대해서 강한 불만을 가진 사람들이 날이 갈수록 많아졌어. 나라를 어떻게 운영할 것인지에

---

*출마(出馬) : (선거 따위에서) 후보자로 나서거나 후보를 내세움.
*영달(榮達) : 높은 자리에 오르고 귀하게 됨.

관한 중요한 문제들을 디아스와 그의 하수인*들, 또 그야말로 한 줌도 안 되는 극소수의 부자들이 결정했어. 디아스는 또 중앙아메리카의 원주민들에게 너무도 잔인한 짓을 했어. 원주민들이 농사짓던 땅을 빼앗아서 친구들과 외국인들에게 팔아먹고, 자기들의 땅에서 버림받은 원주민들을 모아서 담배 농장에서 노예로 일하게 했어. 원주민이 아닌 가난한 멕시코 사람들도 비참하기는 마찬가지였어. 그들은 제각기 토지를 가지고 열심히 농사를 지었지만 먹고살기가 늘 너무도 힘이 들었단다. 어느 때에는 무시무시한 대기근이 멕시코 전 지역을 휩쓸어서 수만 명이 굶어 죽었어.

한편 대규모의 현대적인 농장을 가진 부자들은 인공 관개 시설을 설치해서 논밭에 물을 대고 해마다 풍성한 수확을 거두어들여 외국에 내다 팔았어. 멕시코의 농산물은 외국에서 인기가 상당히 좋았단다. 부자들은 가난한 멕시코 사람들이 굶어 죽거나 말거나 전혀 관심이 없는 것 같았고, 날이 갈수록 유럽 사람들을 닮아 갔어. 부자들은 너나없이 자식들을 유럽으로 유학을 보내고, 옷도 유럽 사람들처럼 입고, 말도 유럽 사람들처럼 했어. 부자들이 얼마나 유럽을 흠모했는지, 멕시코의 공식 언어인 스페인 어를 버리고 프랑스 어를 쓰는 사람들까지 있었단다.

바로 얼마 전에 오스만 투르크 제국과 이탈리아 등 유럽의 여러 나라에서 그랬던 것처럼, 멕시코에서도 정권에 반대하는 사람들이 모여서 항거하기 시작했어. 그

---

*하수인(下手人) : 남의 밑에서 졸개 노릇을 하는 사람.

멕시코 혁명 349

들은 멕시코에서 너무나 오랫동안 디아스 대통령에게 대항할 후보자가 나서지 않았다는 점을 지적했어. 디아스가 선거 때마다 번번이 당선될 수 있었던 것은 다른 후보가 없었기 때문이었다는 것이었지! 멕시코는 오직 한 가지 임무만 해내는 대통령이 필요했어. 모든 멕시코 사람이 제대로 교육을 받고, 제대로 먹고, 생계를 꾸려 가기에 부족하지 않을 만큼의 벌이를 할 수 있도록 만들어 주는 임무였지.

1910년에 디아스 대통령은 다른 후보가 대통령 선거에 출마하는 것을 허락했어. 그 후보는 프란시스코 마데로Francisco Madero라는 사람이었는데, 부잣집 아들로 태어나서 엄청나게 많은 재산을 가지고 있었어. 그는 커다란 농장을 가진 부자인데도 노동자들을 아주 잘 대해 주었어. 살 만한 집에서 살고, 먹을 만한 음식을 먹고, 마실 만한 맑은 물을 마실 수 있게 해 주었지. 그는 자기의 주치의를 보내서 병든 노동자들을 돌봐 주기도 했고, 그의 농장에서 일하는 사람들의 자식들을 위해서 자기 돈으로 학교를 지어 주기도 했단다. 마데로는 멕시코가 독재 국가가 아니라 진짜 민주주의 국가가 되기를 원했어.

마데로는 가난한 사람들의 사랑과 존경을 받았고, 인기가 나날이 높아졌어. 디아스는, 마데로를 그대로 두었다가는 선거에서 자기가 지고 말 것 같자 마데로를 체포해서 감옥에 가두어 버렸어.

멕시코를 민주주의 국가로 만들고자 한
프란시스코 마데로

선거일이 되자, 디아스의 하수인들은 멕시코가 다시 한 번 디아스를 대통령으로 선택했다고 선언했단다.

그 가짜 선거가 있은 바로 다음 날 마데로는 감옥에서 탈출했어. 그는 철도 노동자로 변장해서 기차를 타고 국경을 넘어 미국으로 피신했단다. 그는 텍사스 주 샌안토니오에서 디아스 대통령의 정부와 맞서 싸울 혁명가 단체를 만들었어. 그는 막대한 재산으로 무기를 사서 멕시코의 반란군 병사들에게 보냈단다.

반란군 병사들 중에서 이름을 날린 사람으로 도로테오 아랑고Doroteo Arango라는 사람이 있었어. 그는 멕시코 북부 지방에서 소 도둑질로 먹고사느라고 늘 어딘가에 몸을 숨겨야 했던 사람이었어. 그런데 그가 이제는 반란군의 전사가 되어서 '판초 빌라Pancho Villa' (프란시스코 비야라고도 함)라는 별명을 얻었단다. 판초 빌라는 3백 명 정도의 병사로 군대를 만들었어. 그들은 음식과 물자를 도둑질하면서 근근이 목숨을 이어 가다가 어느 때부터 정부군을 공격하기 시작했어. 다른 혁명 지도자들이 그 부대에 합세했어. 멕시코 전 지역에서 반란군이 정부군을 공격하고, 마을을 점령하고, 정부 관리들

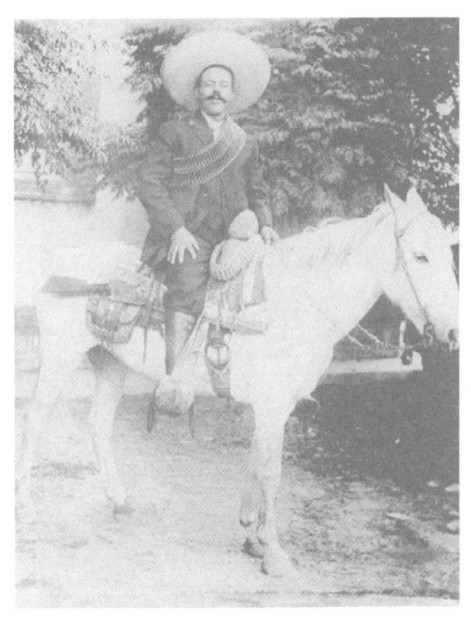

멕시코 혁명군 전사 도로테오 아랑고

멕시코 혁명 351

을 내쫓았어. '멕시코 혁명Mexican Revolution'이 최고조에 이르러 가고 있었던 거야.

디아스는 자기가 이제는 그리 오래 권력을 붙들고 있지 못하리라는 것을 알아차렸어. 나이가 여든 살이나 되는 그는 치아 농양*을 비롯한 몇 가지 질병으로 심하게 앓고 있었고, 침대에서 거의 일어나지도 못할 지경이었단다.

멕시코 혁명이 시작된 지 1년이 아직 안 된 5월의 어느 날 한밤중에, 디아스는 측근들에게 에워싸인 채 뒤뚱거리며 천천히 어둠 속을 걸어가고 있었어. 그는 시우다드 후아레스 시의 교외에서 반란군의 대표자들과 만나기로 한 약속에 가는 길이었어. 둥글게 원을 그리고 선 자동차들의 불빛이 협상 테이블을 비추고 있었어.

마데로와 멕시코 혁명을 표현한 판화

디아스는 떨리는 손으로 권력을 포기하겠다고 약속하는 합의서에 천천히 서명했어. 그리고 측근들의 부축을 받으며 돌아갔단다. 바로 그 다음 날, 디아스는 멕시코를 떠나 프랑스로 갔어. 그는 그곳에서 4년을 더 살다가 죽었단다.

마데로가 군중의 환호를 받으며 멕시코시티Mexico City를 행진했어. 그 승리의 행진을 지켜본 어느 미국 외교관의 아내는 이렇게 썼어. "멀리서 그리고 가까이에서

352 제20장 멕시코 혁명과 제1차 세계 대전

수많은 사람들이 몰려왔다. 온갖 탈것들을 타고 오고, 혹은 걸어서도 왔다. 그를 보려고, 그의 목소리를 들으려고, 혹은 가까이 다가가 그의 옷자락에 손이라도 한 번 대어 보려고…… 마침내 자신들이 구원을 받았다고 믿는 수많은 사람들이 한 자리에 모여 있는 광경을 지켜볼 때 내 심정이 참으로 기묘했다. 사람들은 마치 예루살렘에 들어오는 '메시아'*를 보는 듯이 그를 우러러보았다. …… 그들이 예루살렘 사람과 다른 것은 '호산나'*라고 외치지 않았다는 것뿐이었다."

멕시코 사람들은 마데로가 민주주의와 평화와 번영을 안겨 줄 것이라고 기대했어. 그러나 안타깝게도 마데로의 앞을 가로막는 커다란 난관이 나타났어. 디아스를 쫓아내기 위해서 싸웠던 혁명 지도자들이 멕시코가 어떤 식으로 개혁되어야 하는가에 대해서 서로 다른 생각들을 가지고 있었던 거야. 자유 선거를 원하는 사람들도 있었고, 외국인이 소유한 토지를 빼앗아서 국민에게 되돌려 주기를 원하는 사람들도 있었어. 부자들은, 마데로가 대통령이 되는 것을 도왔던 사람들까지도, 한꺼번에 너무 많은 변화가 일어나는 것을 원하지 않았단다.

2년 동안, 마데로는 이 서로 다른 세력들을 한데 합치려고 갖은 애를 썼지만, 결국 실패하고 말았단다. 다시 한 번 반란이 일어났어. 이번에는 자신들의 손으로 권좌에 오르게 했던 바로 그 사람에게 대항하는 반란이었어! 마데로는 한때 그의 동지

---

*농양(膿瘍) : 세균의 침입으로 신체의 조직 속에 고름이 괴는 증세.
*메시아(Messiah) : 기독교에서, '예수 그리스도'를 구세주로서 이르는 말.
*호산나(hosanna) : 신을 찬미하는 외침으로, '구하옵나니 이제 구원하옵소서'라는 뜻의 헤브라이 어.

마데로(오른쪽에서 두 번째)와 혁명 지도자들

들이었던 혁명가들과 싸우기 위해서 군대를 보내야 했단다.

1913년 2월에 반란군이 멕시코시티로 쳐들어가서 정부의 무기고(무기를 보관하는 창고)에 본부를 차렸어. 마데로의 군대가 그들을 포위했어. 열흘 동안 양측이 총격전을 벌였어. 포탄이 날아다니고 집과 가게가 불탔어. 거리를 오가는 사람들은 언제 어디서 빗나간 총알을 맞을지 모를 지경이었고, 그래서 사람들은 너무도 무서워서 집 밖으로 나갈 엄두도 내지 못했어. 사람들은 집 안에 갇혀 있다가 먹을 것이 떨어지자, 굶어 죽지 않으려고 기르던 고양이까지 잡아먹어야 했단다.

멕시코 사람들은 그 지옥 같은 날들을 '비극의 열흘La Decena Tragica'이라고 부른단다.

마침내 반란군이 마데로 대통령의 집무실에 들어가서 그를 끌어내었어. 그들은 대통령을 감금하고, 도시를 완전히 장악했어. 반란군의 지도자는 빅토리아노 우에르타Victoriano Huerta라는 이름의 장군이었는데, 그가 멕시코시티의 통치권을 장악했어.

우에르타와 그의 측근들은 마데로의 목숨을 안전하게 지켜 주겠다고 약속했어. 그러나 어느 날 한밤중에 우에르타의 장교들이 마데로를 살해했단다. 하지만 우에르타는, 마데로가 탈출을 하려다가 발각되는 바람에 총격전이 벌어졌는데, 그 와중에서 그만 총에 맞아 죽었다고 발표했어.

이제 멕시코는 우에르타가 다스리게 되었어. 그런데 그는 포르피리오 디아스는 저리 가라고 할 만큼 지독한 독재자가 되었어! 하지만 우에르타는 권력

멕시코를 다시 독재로 다스린
빅토리아노 우에르타

을 그리 오래 지키지 못했단다. 디아스와 맞서 싸웠던 반란군 지도자 판초 빌라가 이제는 우에르타와 싸웠어. 우에르타는 채 1년도 못 버티고 외국으로 달아났어. 그 후 13년 동안 멕시코에서는 내전과 암살과 투쟁과 반란이 끊이지 않았어. 멕시코 혁명은 폭군 대통령을 제거하기는 했지만, 멕시코에 평화를 가져다 주지는 못했던 것이야.

제1차 세계 대전

멕시코 사람들이 자기들끼리 서로 싸우고 있을 때, 바야흐로 세계의 거의 절반에 걸친 엄청난 전쟁이 일어나려 하고 있었어. 이 전쟁은 규모가 너무도 엄청나게 커서 한동안 유럽 사람들은 '그레이트 워Great War(大戰)'라고만 불렀단다. 오늘날 우리가 '제1차 세계 대전World War I'이라고 부르는 전쟁이 바로 그 전쟁이란다.

이 전쟁은 발칸 반도에서 시작되었어. 발칸 반도의 여러 나라들이 오스만 투르크의 지배에서 벗어나려고 싸우던 때에 불가리아가 세르비아를 공격했다는 것은 기억하고 있겠지? 불가리아와 세르비아와 그리스가 마케도니아를 나누어 가지려고 했고, 불가리아 사람들이 그들에게 돌아온 땅이 너무 적다고 불만을 품고 세르비아를 공격했지. 그때부터 세르비아와 불가리아는 서로 적이 되었고, 불가리아는 오스트리아와 동맹을 맺기 시작했어. (오스트리아는 '오스트리아-헝가리 제국'이라고도 불리는데, 이것은 오스트리아가 실제로는 한 사람의 오스트리아 통치자 아래 통합된, 오스트리아와 헝가리 두 나라의 연합국이기 때문이야.)

오스트리아가 불가리아의 친구라면, 세르비아는 오스트리아의 적이 되는 것이지. 그런데 세르비아 사람들은 오스트리아에 대해서 또 다른 불만을 가지고 있었단다. 오스트리아는 보스니아라는 작은 나라를 점령해서 오스트리아-헝가리 제국의 일부로 만들었어. 그런데 보스니아 땅에 사는 사람은 세르비아 땅에 사는 사람과 같은 민족이었어. 둘 다 슬라브 민족Slavic이었지. 세르비아 사람들은, 슬라브 민족은 하나로 뭉쳐서 살아야 하며 오스트리아 사람들의 지배를 받아서는 절대 안 된다고 생각했어.

1914년 6월 28일에 가브릴로 프린치프Gavrilo Princip라는 이름의 세르비아 청소년이 보스니아의 사라예보Sarajevo에서 오스트리아의 왕위 계승자인 프란츠 페르디난트Franz Ferdinand 대공을 암살한 사건이 발생했어.

이 사건이 인류에게 대재앙을 안겨 주었단다.

열아홉 살을 넘지 않은 십대 청소년 일곱 명이 페르디난트 대공이 타고 가는 차에 폭탄을 던지기로 모의를 했어. 그런데 폭탄을 던지는 임무를 맡은 청년이 실수를 했어! 대공이 탄 차의 꽁무니에 폭탄이 떨어졌던 거야. 경찰이 대공의 행차를 구경하려고 모여든 사람들 사이로 쑤시고 들어가서 폭탄을 던진 청년을 붙들었어. 청년이 청산가리* 캡슐을 삼켜서 자결하려고 했지만, 캡슐을

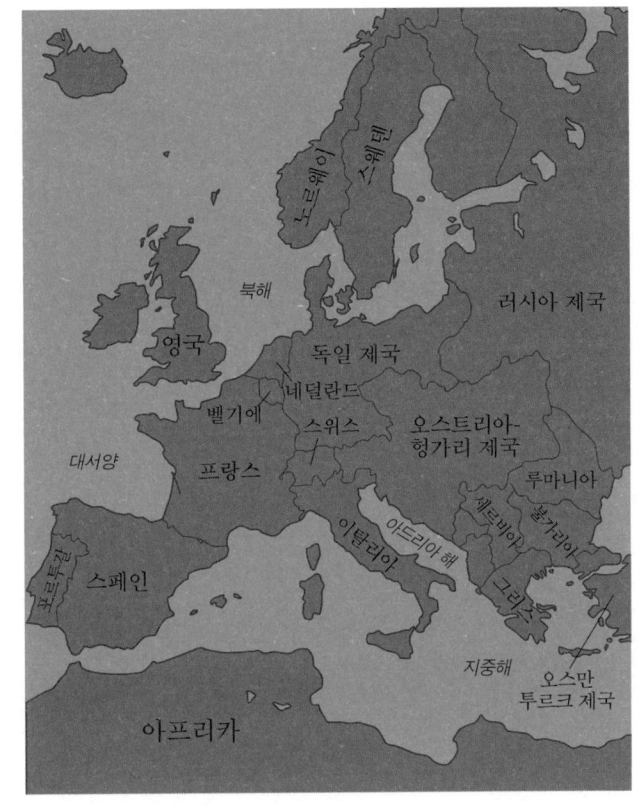

제1차 세계 대전 때의 유럽

입에 제대로 넣지를 못해서 허둥대다가 붙들렸어. 그는 체포된 뒤 곧바로 감옥으로 끌려갔단다.

나머지 여섯 명은 달아났어. 한참을 달아나던 열아홉 살의 세르비아 청년 가브릴

---

*청산가리(青酸加里) : 독성이 매우 강한 무색의 결정으로, 전기 도금이나 농약을 만드는 데 쓰임. 시안화칼륨이라고도 함.

자동차에 오르는 페르디난트 대공 부부

로 프린치프는 커피를 한 잔 마시며 정신을 가다듬으려고 커피숍에 들어갔어. 커피를 다 마시고 다시 거리로 나와서 주위를 두리번거리고 있는데, 자동차 한 대가 다가오고 있었어. 그런데 가만히 보니까 오스트리아의 대공이 탄 바로 그 차였어. 프린치프는 이게 도대체 웬 행운인지를 생각할 겨를도 없이 권총을 꺼내서 자동차를 향해 쏘았는데…… 대공과 그의 아내가 죽어 버렸어.

오스트리아의 지도자들은 세르비아 정부가 이 암살을 사전에 치밀하게 계획한 게 틀림없다고 주장했단다. 세르비아의 지도자들은 절대 그렇지 않다고 부인했지만 아무 소용이 없었어. 1914년 7월 28일에 오스트리아-헝가리 정부가 세르비아에게 선전 포고를 했어.

다른 두 나라가 즉시 끼어들었어. 세르비아의 동맹국인 러시아가 군대를 보내서 오스트리아를 공격했어. 그러자 오스트리아의 동맹국인 독일이 러시아에게 선전 포고를 했지. 그리고 이틀 후에 독일은 프랑스에게도 선전 포고를 하고 프랑스 국경을 공격하기 시작했어.

독일이 발칸 반도의 여러 나라들과 무슨 억하심정*이 있었던 것일까?

억하심정은 없었어. 단지 유럽의 대다수의 나라들이 이미 오래전부터 서로 싸우지를 못해서 좀이 쑤시는 지경이었다는 게 원인이었어. 수십 년 동안 그들은 국경 문제를 놓고 다투고, 군대의 크기를 놓고 다투고, 아시아와 아프리카의 식민지를 놓고 싸웠어. 오스트리아 황태자를 죽인 그 총알은 흔히 '제1차 세계 대전을 일으킨 총알'이라고 불리지만, 그 전쟁의

체포된 가브릴로 프린치프

진짜 원인은 오스트리아 황태자의 암살이 아니었던 것이야.

트로이의 왕자 파리스가 그리스의 헬레네라는 여자를 사모한 나머지 그녀를 남편에게서 빼앗은 사건 때문에 트로이 전쟁이 터졌다는 이야기를 기억하고 있겠지? 그리스 사람들이 트로이 사람들에게 복수를 하려고 그 전쟁을 일으켰던 거야. 그러나 헬레네가 납치된 사건은 핑계일 뿐이었어. 오래전부터 서로를 증오해 왔던 트로이 사람들과 그리스 사람들이, 옳다구나, 드디어 때가 왔구나, 하고 생각했던 것이지. 헬레네는 '1천 척의 배를 바다에 띄운 얼굴'이라고 묘사되었지만, '제1차 세계 대전을 일으킨 총알'과 마찬가지로 그녀는 전쟁을 시작하기 위한 알량한 핑계일 뿐이었던 거야.

독일군은 프랑스로 진격하기 위해서 먼저 벨기에를 공격했어. 하지만 벨기에는

---

*억하심정(抑何心情): '무슨 생각으로 그러는지 그 심정을 알 수 없음'을 이르는 말.

그 이전에 오스트리아와 세르비아의 분쟁에 개입하지 않겠다고 선언한 상태였어. 그런데 독일은 그 '중립' 선언을 무시해 버렸던 것이야. 그러자 영국 사람들이 불안해지기 시작했어. 제18장에서 독일이 석유를 연료로 사용하는 군함을 만든다는 사실을 알고는 영국 사람들이 바짝 긴장을 했었다는 이야기를 기억하겠지? 그래서 영국 사람들은 만약 독일을 그대로 내버려 둔다면 머지않아 독일군이 유럽 전체를 장악해 버릴지도 모른다는 두려움을 느끼지 않을 수 없었던 것이란다.

1914년 8월 4일에 영국이 독일에게 선전 포고를 했어. 이제야말로 진짜 전쟁이 시작된 것이야.

오래지 않아서 유럽이 온통 전쟁터가 되었어. 오스트리아-헝가리 제국, 불가리아, 독일, 그리고 나중에 끼어든 오스만 투르크의 '동맹군Central Powers'과 영국, 프랑스, 러시아, 중국, 그리스, 일본, 세르비아, 중립을 선언했다가 무시당한 벨기에를 포함한 다른 여러 나라들의 '연합군Allied Forces'이 대판 맞붙은 거야.

이 전쟁이 그렇게 오래갈 줄은 아무도 예상하지 못했단다. 동맹국의 네 나라가 세계의 나머지 나라들이 다 합쳐서 덤벼도 이기지 못할 만큼 강했기 때문이야. 그러나 간단하지가 않았어. 전투가 그칠 줄을 몰랐고, 저 멀리 오스트레일리아와 남아프리카도 전쟁에 끼어들 준비가 되어 있었어. 캐나다도 영국군을 거들려고 군대를 보냈어. 그 전쟁에 끼어들지 않으려 했던 강대국은 미국을 비롯해서 고작 몇 나라뿐이었단다.

독일의 막강한 최신식 군함들이 영국 근처의 바다를 휘젓고 다니면서 영국의 여객선들과 상선들을 무차별 공격했어. 1915년 5월 7일에 독일의 잠수함이 '루시타니아Lusitania'라는 이름의 영국 여객선에 어뢰를 한 발 쏘았어. 어뢰를 맞은 그 배는 거꾸로 뒤집어지면서 가라앉았는데, 거의 1천2백 명의 승객이 바다에 빠져 죽었단다.

독일 잠수함이 공격한 루시타니아 호

전 세계가 격분했어. 루시타니아 호는 군함이 아니라 여객선이었으니까. 독일이 전쟁의 규칙을 완전히 무시하는 짓을 저질렀던 것이야. 축구나 야구나 농구 같은 경기에만 규칙이 있는 게 아니라, 전쟁에서도 해도 되는 행동과 해서는 안 되는 행동을 정해 놓은 규칙이 있는 것이란다. 독일 잠수함이 영국 군함에게 어뢰를 쏘는 것은 아무도 뭐라고 할 수 없지만, 민간인(관리나 군인이 아닌 보통 사람)이 탄 여객선에 어뢰를 쏜 것은, 말하자면, 축구에서 상대 팀 선수를 때려눕혀 버리고 골을 넣는 것과 조금도 다를 게 없는 짓이었던 거야.

미국 정부가 특히 화가 났어. 바다에 빠져 죽은 승객들 중에서 미국 사람이 1백 명도 넘었거든! 미국 사람들은 이제는 미국이 그 전쟁을 그냥 보고만 있어서는 안 된다고 생각하기 시작했어.

전쟁은 1916년 겨울에 이르러서도 끝날 기미가 보이지 않았어. 그러자 영국은 아주 놀라운 새로운 법률을 하나 제정했단다. 영국 정부가 영국의 모든 젊은이들에

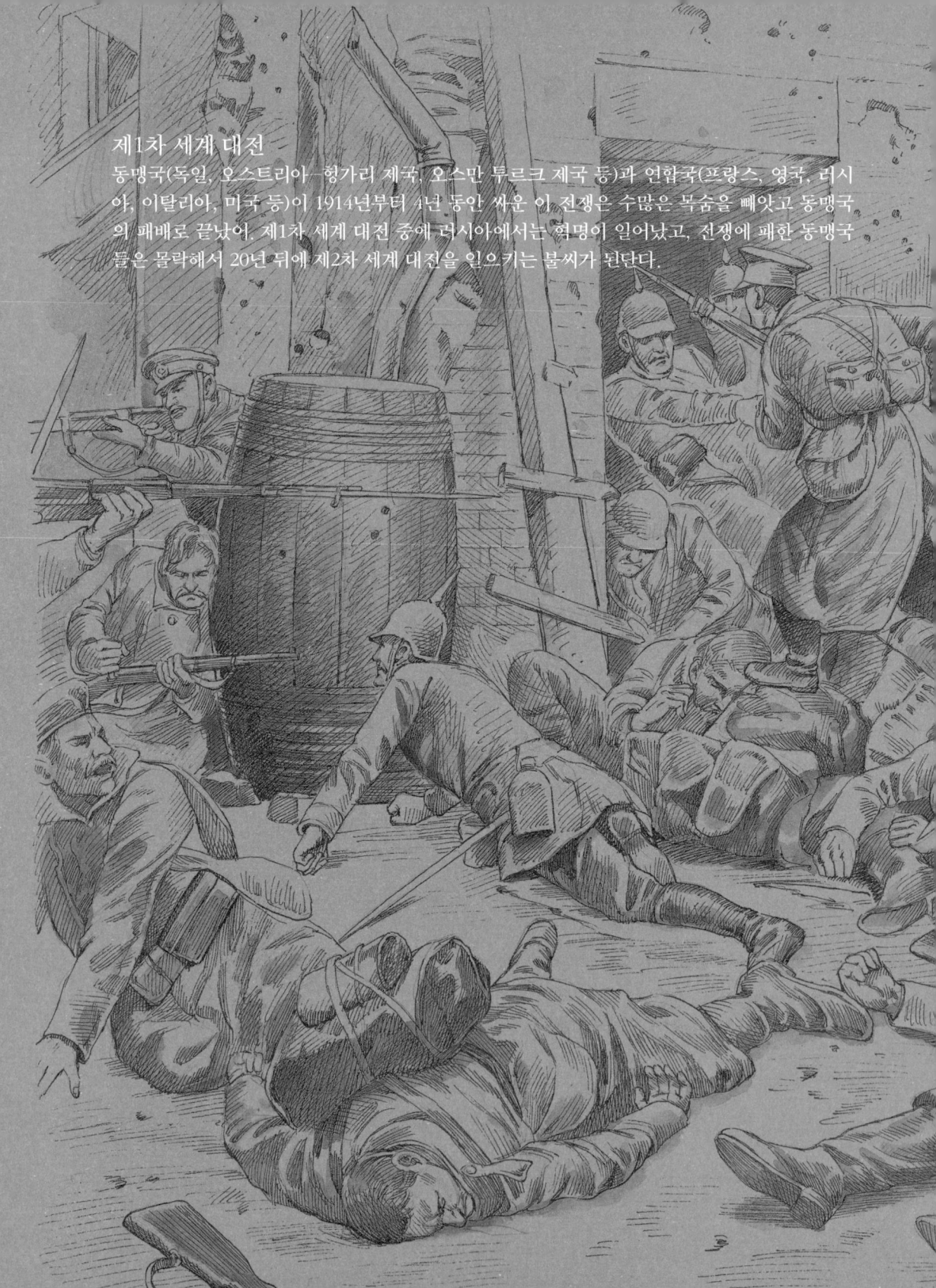

제1차 세계 대전

동맹국(독일, 오스트리아-헝가리 제국, 오스만 투르크 제국 등)과 연합국(프랑스, 영국, 러시아, 이탈리아, 미국 등)이 1914년부터 4년 동안 싸운 이 전쟁은 수많은 목숨을 빼앗고 동맹국의 패배로 끝났어. 제1차 세계 대전 중에 러시아에서는 혁명이 일어났고, 전쟁에 패한 동맹국들은 몰락해서 20년 뒤에 제2차 세계 대전을 일으키는 불씨가 된단다.

게, 본인이 원하건 원하지 않건 간에, 군대에 입대시켜 전쟁터에 나가라고 명령할 수 있다는 법이었어. 이것을 '징병(徵兵)'이라고 한단다. 영국은 이제까지는 단 한 번도 젊은이를 강제로 전쟁터에 내보냈던 적이 없었단다.

국가의 부름을 받은 젊은이들이 용감하게 나섰어. 그러나 전쟁은 매우 위험하고, 소모적이고, 잔혹한 것이야. 전선에서 영국군 병사들은 이런 노래를 불렀다고 해.

참호 속에 들어가는 건 정말 싫어,
포탄이 터지고 파편이 튀는 소리에 귀가 찢어져.
아, 난 죽고 싶지 않아, 난 집에 가고 싶어.

징병 제도는 훨씬 더 많은 젊은이가 전쟁터로 나가게 된다는 뜻이었단다. 남자들이 빠져나간 자리를 여자들이 대신 채웠어. 1918년에 이르러서 거의 1백 만 명의 영국 여자들이 무기 공장에서 일을 했단다. 어느 무기 공장에서 크레인*을 운전했던 로티 위긴스라는 열일곱 살 아가씨는 새로운 일터에서의 길고 힘든 노동의 실상을 묘사하는 글을 썼어. "우리는 월요일에서 토요일까지 매일 12시간을 일했고, 토요일 저녁 6시부터 일요일 오후 2시까지 18시간을 일해야 했고, 그리고 월요일 아침 6시부터는 다시 정상대로 12시간의 근무를 시작했다."

---

*크레인(crane) : 무거운 물건을 들어 올리거나 옮기는 기계. 기중기라고도 함.

한편 프랑스와 영국의 수많은 젊은이들이 전선으로 가서 싸우다가 죽었어. 프랑스의 베르됭의 한 요새에서는 다섯 달 동안 계속된 전투에서 30만 명의 독일 젊은이와 30만 명이 넘는 프랑스 젊은이가 죽었단다. '솜므 방어전'이라고 불리는, 솜므 강 근처에서 벌어진 전투에서는 40만 명의 영국 젊은이가 독일군의 진격을 막으려고 싸우다가 죽었어. 제1차 세계 대전에서 영국은 거의 한 세대 전부를 전쟁터에서 잃었다는 말도 한단다. 살아남은 사람은 보통 심한 부상을 입었거나, 너무도 끔찍했던 전쟁터의 기억에서 헤어나지를 못했단다.
그러나 연합군은 굴복하지 않았어.
대전이 터진 지 3년이 지났을 때 독일은 전쟁을 끝내 버리려고 한 가지 묘안을 냈어. 미국을 독일 편으로 전쟁에 끌어들인다면 완강하게 저항하는 연합군을 한 번에 무너뜨릴 수 있을 것이라고 생각했던 거야. 그래서 독일군 장교들이 멕시코에

솜므 전투 전과 전투 후 살아남은 영국 장교들

나가 있는 독일 관리에게 암호로 쓴 비밀 전보문을 보냈는데, 미국으로 건너가서 워싱턴의 관리들과 협상을 하라는 내용이었어. 미국이 독일 편에 들어와서 싸워 준다면, 멕시코에서 독일이 차지하고 있는 땅을 크게 뚝 잘라서 내주겠다는 제의를 하려 했던 것이었지.

그런데 독일 사람들이 미국하고 협상을 하기 전에, 영국의 암호 해독가들이 그 전보문을 입수해서 해독했단다. 그리고 미국의 신문들에 그 내용이 보도되자, 미국의 모든 곳에서 모든 사람들이 읽게 되었어. 미국을 전쟁에 끌어들이려는 독일의 흉계가 알려지자 영국 사람들과 미국 사람들 모두가 격분했단다.

1917년 4월 6일, 미국이 독일에게 선전 포고를 했어. 이제는 미국 병사들이 영국과 캐나다와 프랑스와 기타 여러 나라의 병사들과 함께 독일과 그 동맹국들에 맞서 싸우게 되었어.

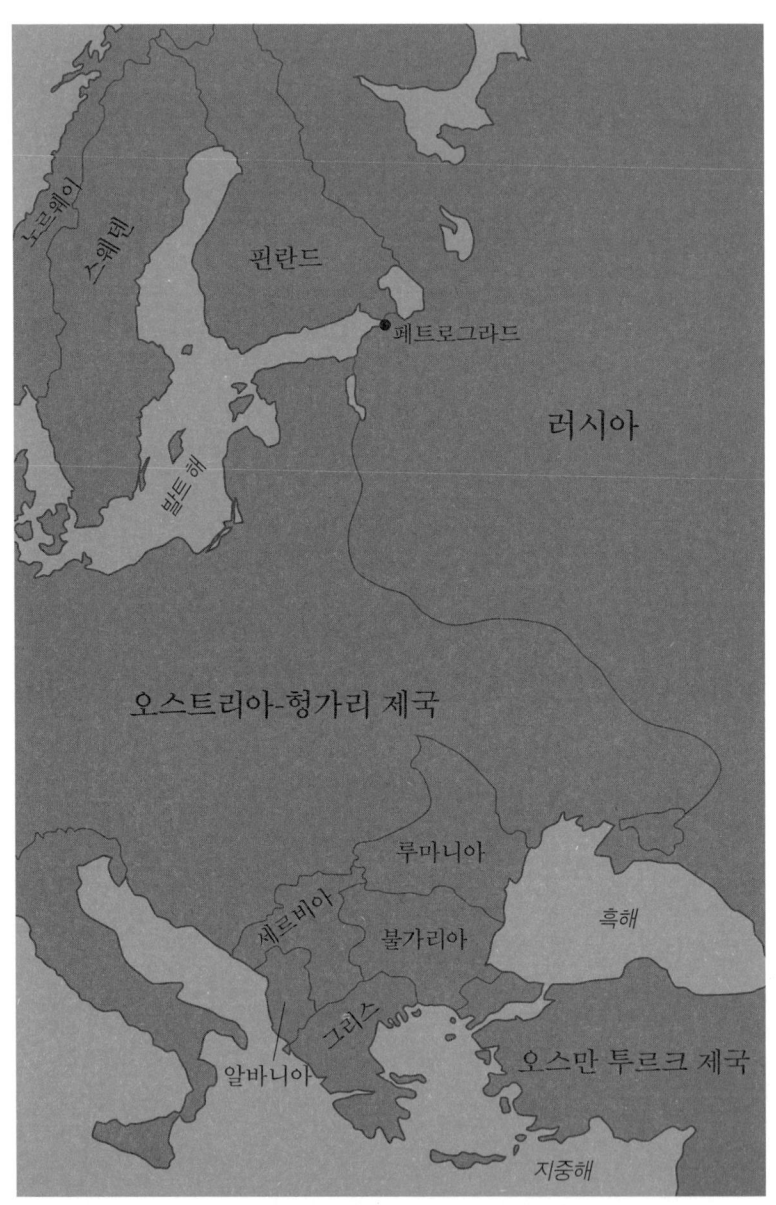

러시아 혁명

제21장 러시아 혁명과 대전의 종결

러시아 혁명

미국이 연합군에 합세한 바로 그해에 러시아에서는 장차 세계의 판도를 바꾸는 데까지 이르게 되는 거대한 혁명이 일어났단다.

러시아 사람들은 세계 대전이 시작되기 이전에도 거의 모두가 불행한 삶을 살았어. 러시아는 인구의 대다수가 농민인 나라야. 그런데 농민의 삶이 참으로 고단하기 짝이 없었어. 농민이 농사를 짓는 토지는 농민의 소유가 아니었고, 러시아의 귀족은 마음껏 권력을 휘두르며 농민을 부려 먹었어. 농민들은 늘 허리가 휘어지도록 일을 하면서도 그저 굶어 죽지 않을 만큼만 얻어 먹으며 목숨을 이었던 거야.

한편, 로마노프 왕가의 사람들은 대다수의 국민과 전혀 딴판으로 살고 있었어. 니콜라이 2세와 그의 아내 알렉산드라와 그들의 다섯 명의 자식들은 시종들이 우글거리는 거대한

초라한 러시아 농가의 모습

궁궐에서 언제나 입맛에 맞는 최고의 음식만을 먹으며 살았어. 궁궐에는 금칠을 한 대리석 기둥들이 천장을 떠받친 거대한 연회장이 있고, 그 연회장의 바닥은 너무도 매끄럽고 반질반질해서 음식을 나르는 시종들은 미끄러지지 않으려고 특별히 만든 실내화를 신어야 했어. 다섯 명의 자식들은 모두 따뜻하고 포근한 침실을 하나씩 가지고 있었고, 선반과 상자에 온갖 장난감이 그득한 엄청나게 넓은 놀이방이 있었어. 또 니콜라이 2세는 개인 도서관을 두 개나 가지고 있었단다. 도대체 몇 권이나 되는지 알 수 없는 그의 책들은 모두가 손으로 만든 가죽 천으로 표지를 쌌고, 금이나 은으로 만든 자물쇠가 채워져 있었어. 그의 책들을 모두 합쳐서 돈으로 계산하면 시골 한 마을의 모든 사람들이 꼬박 한 해 동안 번 액수보다 더 많았다고 해. 그는 두 명의 사서를 고용해서 그 책들을 관리했단다.

니콜라이 2세와 가족

러시아 사람들은, 추위에 떨고 굶주림에 지친 수많은 백성들에 비해 로마노프 왕가가 너무도 사치스럽게 산다는 사실에 분노했어. 로마노프 왕가가 국민의 인기를 잃은 이유가 또 하나 있었어. 그들이 라스푸틴 Rasputin이라는 이름의 괴이하고 수상쩍은 수도승을 거의 끼고 살다시피 한다는 게 바로 그 이유였지.

거기에는 그럴 만한 이유가 있었단다. 니콜라이와 알렉산드라의 하나뿐인 아들 알렉세이가 혈우병이라는 유전병을 앓고 있었던 거야. 네가 살갗이 긁히거나 베이면 피가 잠깐만 나다가 멎어 버릴 거야. 공기 속으로 나온 피가 굳어지기 때문에 더 이상 나오지 못하게 되는 것이지. 그런데 알렉세이의 피는 굳어지지가 않았어. 그래서 살갗이 긁히거나 베여서 피가 흐르기 시작하면 그치질 않는 거야. 그는 아주 작은 상처 때문에도 목숨을 잃을 수 있는 것이지. 러시아 왕가에서는 이 무서운 질병을 가지고 태어난 남자가 여럿이었대. (혈우병은 남자에게만 나타난단다.)

니콜라이와 알렉산드라는 아들 걱정에 병이 날 지경이었어. 그런데 라스푸틴이라는 사람이 나타나서 자기가 알렉세이의 병을 고치는 비술*을 안다고 주장했어. 그래서 아들이 언제 죽을지 모른다는 불안이 병이 되어 버린 알렉세이의 부모가 그를 궁궐로 불러들였던 것이지.

라스푸틴은 수도승인데도 술을 펑펑 마시고, 떠들썩한 잔치를 자주 벌이고, 돈을 물 쓰듯이 쓰면서 흥청망청 살았어. 러시아 사람들은 그를 미워하기도 하고 두려워하기도 했어. 그리고 차르와 그의 아내가 알렉세이의 병에 대해서 왕실 이외의 사람들에게는 절대로 말을 하지 않았기 때문에, 그 괴이하고 수상쩍은 수도승 라스푸틴을 궁궐로 끌어들인 이유를 러시아 사람들이 알 리가 없었어. 라스푸틴이

---

*비술(秘術) : 남에게 알려지지 않은 비밀의 술법.

러시아 귀족 여자들과 함께 있는 라스푸틴

차르에게 주술을 걸어서 홀렸다고 수군거리는 사람들도 있었단다.

마침내 라스푸틴을 미워하던 세 명의 귀족이 그를 없애기로 결심했어. 세 귀족은 라스푸틴을 파티에 초대해서 독이 든 포도주와 사탕을 먹였어. 그러나 그에게는 독약이 통하지 않는 것 같았어. 그러자 귀족 중 한 명이 권총을 뽑아서 그를 쏘았어. 그런데도 라스푸틴은 죽지 않았어. 그는 벌떡 일어나서 바깥으로 달아났단다. 세 귀족이 쫓아가면서 권총을 쏘았지만, 그는 죽지 않았어. 그래서 마지막으로 귀족들은 라스푸틴을 번쩍 집어 들어서 강에 던졌어. 강물에 가라앉은 라스푸틴은 이번에는 정말로 죽었는지 다시 떠오르지 않았단다.

라스푸틴이 없어지고 난 뒤에도 니콜라이는 백성의 인기를 되찾지 못했어. 제1차 세계 대전이 터졌을 때는 사태가 더욱 나빠졌어. 니콜라이는 전쟁이 터지자마자 러시아 군대를 투입했어. 당시 러시아는 거대한 군대를 보유하고 있었단다. 1914년에 러시아 군의 병력은 650만 명이었어. 그러나 그 군대는 전쟁을 치를 준비가 거의 되어 있지 않았단다. 우선 소총만 해도 채 5백 만 자루가 못 되었어. 그러니까 2백 만 명가량의 병사들이 빈손으로 전쟁터에 나갔던 거야. 그들은 먼저 쓰러진 병사들의 소총을 주워서 전투를 치러야 했어.

처음에 러시아 군을 지휘했던 사령관은 차르의 사촌인 니콜라이 대공이었어. 그런데 전쟁 첫해에 2백 만 명의 러시아 병사가 전사했고, 얼어 죽거나 굶어 죽은 병사의 숫자도 몇 백만 명이나 되었어. 최전선(적과 맞서고 있는 맨 앞의 전선)까지 가는 길에는 강추위가 휩쓰는 넓은 벌판이 가로막고 있어서 식량을 운반하기가 너무도 어려웠기 때문이었지. 1년이 지났을 때 니콜라이 2세는 니콜라이 대공을 물러나게 하고는 자신이 직접 군대를 지휘하겠다고 나섰어. 그러나 그건 엄청난 실수였어. 그는 군

니콜라이 대공

대를 지휘하는 방법도 몰랐고 전략을 세울 줄도 몰랐어. 그는 러시아 군의 총사령관으로서, 엄청난 재앙을 가져올 결정들을 잇달아 내렸단다. 날이 갈수록 더 많은 병사들이 죽어 가고, 병사들이 죽어 갈 때마다 니콜라이에 대한 원한이 깊어 갔어. 수많은 병사들의 죽음이 순전히 니콜라이의 탓이라고 생각하는 사람이 거의 대부분일 지경이었대.

그뿐이 아니었어. 전선에서뿐만이 아니라 러시아 전 지역에서 하루가 다르게 식량이 바닥나고 있었어. 1917년 3월 8일에 한 무리의 아낙네들과 어린아이들이 빵을 배급받으려고 하루 종일 줄을 서 있었어. 이윽고 그들의 차례가 되었는데, 빵이 다 떨어졌다는 거야. 하루 종일 줄을 서서 기다리던 사람들이 격분했어. 그들

러시아 혁명

1917년, 빵을 배급받기 위해 줄을 선 러시아 사람들

은 "빵을 다오! 차르는 물러나라!"라고 외치기 시작했어.

빵 한 조각을 받으려고 하루 종일 줄을 서 있었던 사람들뿐만 아니라 다른 수많은 러시아 사람들이 니콜라이 2세가 권좌에서 물러날 것을 요구했어. 마침내 니콜라이 2세는 백성의 믿음을 영영 잃어버렸다는 것을 깨닫지 않을 수 없었어. 그래서 그는 차르의 자리에서 물러나, 여러 곳에 있는 그의 별장들 중에서 가족이 제일 좋아하는 곳에 가서 살았어. 그리고 이제부터는 차르 대신에 '임시 정부Provisional Government'가 러시아를 다스리게 되었단다.

이 임시 정부의 지도자는 알렉산드르 케렌스키Aleksandr Kerensky라는 이름의 변호사였어. 그는 니콜라이 2세가 국민의 믿음을 어느 정도까지나 잃었는지를 잘 알고 있었어. 그래서 그는 니콜라이 2세 가족을 저 멀리 시베리아로 보냈어. 분노한 사람들이 그들의 별장으로 몰려가서 모조리 죽여 버리는 사태가 벌어질지도 모를 지경이었기 때문이야.

케렌스키는 러시아를 좀 더 살기 좋은 나라로 만들기 위해서 여러 가지 법을 고치기 시작했어. 그러나 그는 제1차 세계 대전에 참가하느라 전쟁터에 나가 있는 군대를 불러들이지는 않겠다고 결정했어. 그는 군대를 불러들이기는커녕 연합군

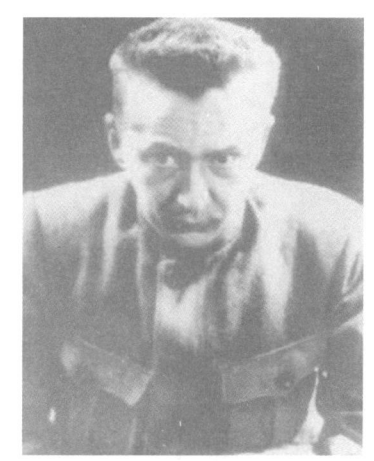

임시 정부의 지도자
알렉산드르 케렌스키

과의 새로운 전투를 시작하라는 명령을 내려 보냈단다. 러시아 병사들은 이미 지칠 대로 지치고 분노할 대로 분노해 있었고, 부대를 이탈해서 집으로 돌아가 버린 병사의 수가 이미 2백 만 명에나 이르고 있었단다. 총을 든 채 집으로 돌아간 그 병사들이 부유한 지주들을 죽이고 토지를 빼앗는 사태가 곳곳에서 벌어졌지만, 케렌스키와 그의 임시 정부는 그 사태를 막을 방도가 없었어.

이제는 새로운 정부가 러시아를 장악해야 할 때가 되었어.

새롭게 러시아를 장악한 정치 지도자들의 집단을 '볼셰비키Bolsheviki'라고 부른단다. 볼셰비키의 지도자는 블라디미르 일리치 레닌Vladimir Il'ich Lenin이라는 사람이었어. 레닌은 농민들이 부자들이 가진 땅을 차지할 권리를 가지고 있다고 믿었어. 부자들은 거의 전부가 가난한 사람들을 죽도록 부려 먹고 돈을 번 사람들

러시아 혁명　375

블라디미르 일리치 레닌

이라고 생각했기 때문이었지. 그는 러시아의 토지가 극소수의 부자들이 아니라 러시아 국민 전체의 재산이 되는 것을 원했어.

가난한 사람들과 수백만 명의 노동자들이 레닌의 생각을 크게 환영했어. 수많은 가난한 사람들과 노동자들은 고단한 삶에 대한 불만뿐만이 아니라, 제1차 세계 대전에서 발을 빼지 않기로 한 정부의 결정에 대해서도 강한 불만을 품고 있었기 때문이야. 그래서 레닌은 그 어느 때보다도 더 많은 사람들을 그의 편으로 끌어들일 수 있었단다.

1917년 10월 24일에 레닌과 그를 따르는 사람들이 마침내 행동을 개시했어. 2천5백 명 이상의 분노한 농민들과 노동자들과 병사들이 러시아의 정부 건물이 있는 상트페테르부르크로 몰려갔어. 노동자들이 '겨울 궁전'으로 쏟아져 들어가서 정부의 사무실들을 점령했어. 케렌스키의 추종자들이 체포되었고, 케렌스키는 재빨리 도망쳤어.

이 '10월 혁명October Revolution'으로 레닌과 볼셰비키가 권력을 잡았어. 레닌은 볼셰비키 당을 '공산당Communist Party'으로 이름을 바꾸자고 제의했어. 공산당이란 공동의 이익을 위해서 일하는 당이라는 뜻이야. 기독교가 거짓이고 엉터리라고 믿는 공산당 당원들은 기독교 성자들의 이름을 딴 러시아의 여러 도시들의 이름을 바꾸었어. 그래서 상트페테르부르크(성 베드로의 도시)는 '페트로그라드Petrograd'가 되었단다. 레닌과 공산당 당원들은 즉시 독일과 평화 조약을 체결해 버렸어. 드디어 러시아가 전쟁에서 벗어난 것이야.

하지만 두 가지 문제가 남아 있었어. 하나는 차르였던 니콜라이와 그의 일가가 아직 러시아 땅에서 살고 있다는 것이었고, 다른 하나는 러시아 사람들이 아직도 가난을 면하지 못하고 있다는 것이었어.

겨울 궁전으로 몰려가는 러시아 사람들

레닌은 차르의 문제를 먼저 해결했어. 그는 니콜라이 2세와 그 일가를 페트로그라드로부터 서쪽으로 아득히 멀리 떨어진 예카테린부르크 시의 어느 저택에 가두고 엄중히 감시하라고 명령했어. 그런 다음에 레닌은, 그들 모두를 죽이라는 명령을 감시병들에게 보냈단다. 혹시라도 로마노프 일가 중의 어느 누군가가 다시 러시아의 통치권을 주장하고 나서는 일을 미리 방지하려 했던 것이지.

1918년 7월 16일에 감시병들이 로마노프 일가에게 모두들 옷을 차려입고 지하실로 내려가라고 명령했어. 그들이 지하실에 모이자 열두 명의 병사들이 총을 쏘아서 모두를 죽였단다. 그리고 시체를 20킬로미터 정도 떨어진 컴컴한 숲 속으로 운반해서 묻었어. 1613년 이래 러시아를 통치했던 로마노프 왕조는 이제 단 한 명도

블라디미르 일리치 레닌
레닌은 교육자인 아버지와 의사의 딸인 어머니 사이에서 태어났어. 레닌은 러시아의 주인은 차르와 귀족, 부자들이 아니라, 농민과 노동자와 병사들이라고 생각했어. 그는 그들을 이끌고 1917년에 '10월 혁명'을 성공시켰단다.

남지 않고 완전히 사라져 버렸어. 그리고 레닌과 공산당이 러시아를 통치하게 되었어.

레닌은 러시아의 빈곤 문제를 전혀 새로운 방식으로 풀어 보려고 했어. 토지를 부자들이 몽땅 차지하는 경우가 다시는 없도록 하기 위해서 전국의 모든 토지는 이제부터 정부의 소유가 될 것이라고 결정했어. 그리고 정부는 그 토지를 국민 모두가 공평하게 사용할 것이라고 했어. 또 회사와 공장도 어떤 개인이 다른 개인을 고용해서 운영하는 게 아니라 국가가 소유하고 운영하게 되었

지구에서 자본가와 왕을
쓸어 내고 있는 레닌

어. 전기 회사나 수도 회사뿐만이 아니라 병원, 학교, 채소 가게, 서점, 심지어는 거리의 간이 음식점까지도.

이 새로운 삶의 방식을 '공산주의(communism)' 라고 해. 공산주의는 힘을 가진 극소수의 개인이 아니라 정부가 러시아의 나라 살림을 도맡는 것을 확실하게 하기 위한 수단이었단다. 하지만 그 정부 안에 있는 사람들은 누구지? 레닌과 그를 따르는 사람들이잖아? 그런데 그들이 바로 힘을 가진 극소수의 개인이 아닐까?

제1차 세계 대전의 종결

러시아는 제1차 세계 대전에서 발을 뺐어. 바로 그 무렵에 미국은 영국과 연합군

편에 가세했어. 미국 대통령 우드로 윌슨Woodrow Wilson은 처음에는 미국이 세계 대전에서 중립을 지켜야 한다고 믿었던 사람이야. 그러나 그는 생각을 바꾸었어. 이제 그는 미국이 독일과 싸워야 할 의무가 있다고 확신하고 있었어. 카이저(황제)가 통치하는 독일이 유럽을 장악하게 된다면 유럽의 민주주의 국가 사람들은 스스로의 손으로 지도자를 뽑을 권리를 잃게 될 것이기 때문이었어. 윌슨은 '이 세계가 민주주의를 하기에 안전한 곳으로 남아 있도록 하기 위해서' 전쟁에 참전한다고 선언했단다.

미국 병사들이 연합군에 합세하기 위해서 유럽으로 건너갔어. 이 미국 병사들을 '도우보이(doughboy)'들이라고 부르는데, 이 별명이 도대체 어디에서 유래되었는지는 아무도 모른단다. 밀가루와 쌀가루를 비무려서 모닥불에 익혀 먹는 병사들의 음식에다가 빗댄 것인 듯도 싶고, 또 '얼간이'를 뜻하는 '도우헤드(dough-head)'라는 옛말에서 온 것인 듯도 싶을 뿐이지.

우드로 윌슨 미국 대통령

그러나 '도우보이'는 미국 병사들에 대한 별명으로 쓰일 때에는 전혀 그들을 멸시하는 뜻이 아니야. 미국 사람들은 독일의 위협과 맞서 싸우는 영국과 프랑스를 도우러 유럽으로 건너간 그들의 병사를 아주 자랑스럽게 여겼단다. 그리고 영국에서 그랬던 것처럼 미국에서도 전쟁터로 떠난 남자들의 빈자리를 채우기 위해서 여자들이 나섰어. 해군과 해병대에 들어간 여자들도 있었단다. 여자들은 전투에 직접 참가하는 것은 허락되지 않았기 때문에 간호사, 서기, 전화 교환원, 전기 기사, 사진 기자 등의 일을 했고, 어뢰를 조립하기도 하고 위장 기술과 장비를 고안하기도 했어.

미국군은 전쟁에 뛰어든 지 넉 달 후에 동맹군과의 첫 전투에서 승리를 거두었어. 그리고 연합군은 5월과 6월, 7월에 전쟁의 흐름을 판가름하는 세 번의 중요한 전투에서 잇달아 승리했단다.

4년 동안의 지루한 전투로 지쳐 있던 연합군에 미국군이 가세하자 전쟁 상황은 동맹군이 불리해지는 쪽으로 급격히 기울었어. 1918년 11월 11일에 독일이 마침내 항복을 선언했어. 독일 제2 제국의 힘이 완전히 무너져 버렸고, 정전*이 선포되었다는 기쁜 소식이 전선의 병사들에게 전해졌어.

제1차 세계 대전 때 최전선에서 싸웠다는 토머스 고웬록이라는 미국 병사는 독일이 항복했다는 소식이 전선까지 전해진 그 순간의 병사들의 반응을 다음과 같이 기록했단다. "1918년 11월 11일에는 전 세계의 모든 곳에서 수많은 사람들이 환호성을 지르고, 거리로 뛰쳐나가 춤을 추고, 샴페인을 마시고, 만세를 불렀으리라. …… 그러나 전선에서는 환호성 같은 것은 없었다. 병사들은…… 아직도 저 언덕 뒤의 어느 곳에서 적의 대포들이 그들을 노리고 있지나 않은지, 그들의 목숨을 무

---

*정전(停戰) : 서로 싸우던 두 나라가 합의에 따라, 한때 어떤 지역 또는 전 지역에 걸쳐 전투 행위를 그치는 일.

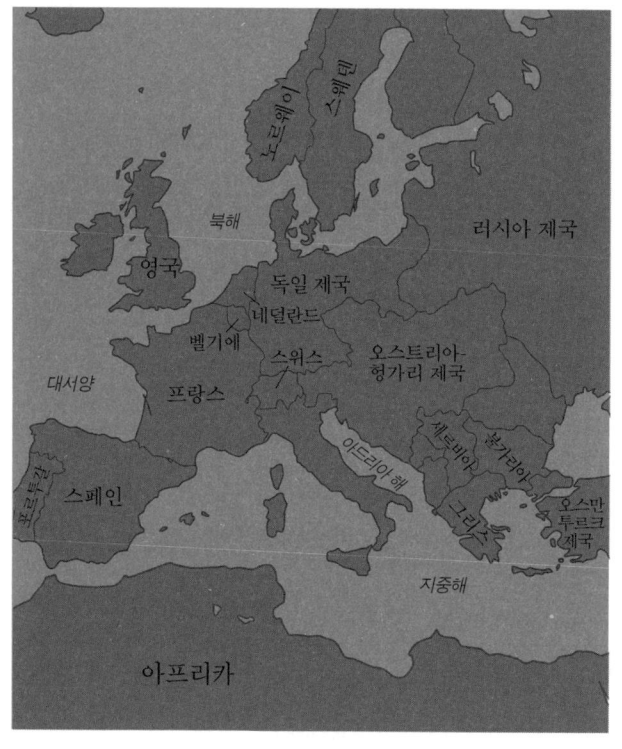

제1차 세계 대전 때의 유럽

더기로 앗아 가려고 또 어디에서인가 적의 폭격기들이 날아오지나 않는지를 살필 따름이었다. 그들은 숨소리조차 마음껏 내지 못했다. 그들은 불안하고 초조했다. 곧 터져 버릴 것처럼 신경이 곤두선 채, 치명적인 위험 앞에 목숨을 내놓은 채, 오로지 전쟁과 적만을 생각하며 여러 달을 지내 오다가 갑자기 그 모든 것에서 풀려 났을 때…… 그것은 고뇌였다. 신경이 완전히 쇠약해져 버린 병사들이 있었다. 좀 더 안정되어 있는 병사들은 이제는 곧 집으로 돌아가서 사랑하는 사람들을 품에 안게 되리라는 희망을 갖기 시작하기도 했다. 죽은 전우(동료 군인)들의 무덤에 아무렇게나 만들어서 세운 작은 십자가들 외에는 아무것도 생각하지 못하는 병사들도 있었다. …… 이제부터는 어떻게 될 것인가? 아무도 그 답을 몰랐고, 모르더라도 상관하지 않았다. 그들의 마음은 평화가 안겨 준 충격으로 완전히 마비되어 버렸다."

마침내 평화가 왔어. 그러나 1천만 명의 병사가 죽었고, 또 1천만 명의 민간인이 죽은 다음의 평화일 뿐이었어. 프랑스와 영국과 독일에서는 형제나 남편이나 아버지를 잃지 않은 집이 거의 없었단다.

여성 참정권론자

그러나 영국과 미국에서는 그 전쟁으로 인해서 한 가지 좋은 일이 일어나기도 했어. 역사상 처음으로 여성이 투표권*을 가지게 되었다는 것이야.

영국과 미국 여성들은 벌써 여러 해 전부터 투표권을 요구해 왔어. 여성의 투표권을 요구하며 거리를 행진하고, 공개 연설을 하고, 시위하는 여자들을 '여성 참정권론자(suffragette)'라고 해. 마술사 보모 메리 포핀스가 개구쟁이 아이들을 돌보면서 벌어지는 일들을 그린 뮤지컬 영화 〈메리 포핀스Mary Poppins〉를 보면, 뱅크스 부인이 여자들도 당연히 투표권을 가져야 한다고 주장하면서 몸에 깃발을 두르고 노래를 부르며 행진하는 장면이 나온단다.

　　우리는 페티코트*를 입은 용감한 병사들,
　　여성의 투표권을 위해 싸우는 십자군 전사들이지……

*투표권(投票權) : 선거 또는 어떤 일을 의결할 때 투표를 할 수 있는 권리.
*페티코트(petticoat) : 스커트의 모양을 다듬기 위해 허리 아래에 받쳐 입는 속치마.

우리의 딸의 딸들이 우리를 존경하리라,
"잘했어요, 선배님들!" 외치며
감사의 노래를 부르리라.

제1차 세계 대전이 끝난 후에는 여성에게도 투표권을 허용하는 것이 지극히 당연한 일이 된 것 같았어. 남자들이 전쟁터로 나간 뒤에는 여자가 남자의 일을 도맡아서 했고, 그것도 남자 못지않게 훌륭히 해내었거든. 그런데 남자만 투표를 하고 여자는 그 권리를 가지지 못할 이유가 도대체 뭐지?

1918년에 영국은 '선거법 개정법Reform Act'이라는 새로운 법을 만들었어. 전쟁에서 승리하는 데 여자도 남자와 똑같이 기여했으므로 30세 이상의 모든 여자는 이제부터 투표권을 갖는다는 내용이었지. (영국은 1928년에 이 법을 다시 개정해서 21세 이상의 모든 여성에게 투표권을 주기로 했단다.)

미국에서는 여성에게 투표권을 주기 위해서 헌법을 수정해야 했어. 그래서 1918년에 미국 의회는 여성의 참정권*을 보장하기 위해서 헌법을 개정하는 작업을 시작하기로 의결했어. 그리고 마침내 의회에서 헌법 수정안을 투표로써 결정할 시간이 임박했을 때였어. 뉴욕 주 출신의 프레더릭 힉스 상원 의원은 아내의 병상을 떠나질 못하고 있었단다. 아내가 곧 숨을 거둘 것 같았기 때문이었어. 그러자 아

---

*참정권(參政權) : 국민이 나랏일에 직접·간접적으로 참여하는 권리.

내가 남편에게 말했대. 걱정 말고 어서 가서 투표를 하라고. 그래서 힉스 의원은 의회로 달려갔다는구나.

의회에서 헌법 수정안에 대한 최종 투표가 있던 날, '여성 참정권론자'들이 구름처럼 상원 의사당에 몰려와서 투표 결과를 기다리고 있었어. 이윽고 한 상원 의원이 자리에서 일어나서 수정안이 통과되었다고 발표한 순간 '귀가 터질 것 같은 함성과 갈채'가 터졌다고 〈뉴욕 타임스〉가 보도했단다. 이제 미국과 영국에서는 여성도, 제1차 세계 대전이 끝난 뒤의 세계의 모습을 결정하기 위한 여러 가지 법률을 정하는 과정에서 제각기 자신들의 의견을 표시할 수 있게 된 것이야.

〈5권 현대 편 하권으로 계속〉

연 표

1830년	프랑스에서 7월 혁명이 일어남. [제7장]
1831년	카르보나리가 오스트리아의 지배에 항거하는 반란을 일으킴. [제4장]
1837년	빅토리아 여왕이 영국을 다스리기 시작함.
1841년	브라질의 페드루 2세가 나라를 직접 다스리기 시작함. [제12장]
1845년	아일랜드에서 감자 대기근이 시작됨. [제12장]
1846년	아이오와 준주가 주가 됨. [제16장]
1848년	청년 이탈리아 당이 오스트리아에 대항함. [제4장]
	프랑스 공화정에서 샤를 루이 나폴레옹 보나파르트가 대통령으로 선출됨. [제7장]
	칼 마르크스가 《공산당 선언》을 발표함.
1851년	오스트레일리아에서 골드 러시가 일어남. [제11장]
	영국의 수정 궁궐에서 만국 산업 박람회가 열림. [제1장]
1852년	해리엇 비처 스토가 지은 《톰 아저씨의 오두막집》이 출판됨.
1853년	매튜 페리 제독이 일본의 항구를 열기 위해 일본에 도착함. [제2장]
1853년~1856년	크림 전쟁이 일어남. [제2장]
1855년	도스트 무하마드 칸이 영국과 조약을 맺음. [제3장]

연표

1856년	크림 전쟁이 끝나고 파리 조약이 체결됨. [제2장]
1856년~1860년	제2차 아편 전쟁이 일어남.
1857년~1858년	세포이 항쟁이 일어남. [제1장]
1857년	데이비드 리빙스턴이 《남아프리카 전도 여행기》를 출판함. [제3장]
1859년	찰스 다윈이 《종의 기원》을 발표함.
1860년	태평천국군이 상하이로 진격함. [제4장]
1861년	비토리오 에마누엘레 2세가 이탈리아의 국왕이 됨. [제4장]
1861년~1865년	미국에서 남북 전쟁이 일어남. [제5장]
1862년	프란시스코 솔라노 로페스가 파라과이의 권좌에 앉음. [제6장]
1863년	도스트 무하마드 칸이 아프가니스탄에서 외국 침략자들을 몰아냄. [제3장]
1864년	청 왕조가 난징을 되찾음. [제4장]
1864년	프로이센과 오스트리아가 합세해서 덴마크를 공격함. [제7장]
1864년~1870년	3국 동맹 전쟁이 일어남. [제6장]
1865년	존 윌크스 부스가 대통령 에이브러햄 링컨을 암살함. [제5장]
1867년	캐나다 자치령이 만들어짐. [제6장]
	북독일 연방이 조직됨. [제7장]

1868년	일본에서 천황이 나라를 지배하는 시대가 다시 열림. [제8장]
1868년~1912년	메이지 유신으로 무쓰히토 천황이 일본을 다스림. [제8장]
1869년	미국을 동서로 가로지르는 철도가 완성됨. [제8장]
	수에즈 운하가 개통됨. [제10장]
1870년	프랑스에 제3 공화정이 들어섬. [제7장]
1870년~1871년	프로이센-프랑스 전쟁이 일어남. [제7장]
1871년~1918년	독일 제2 제국이 세워짐. [제7장]
1873년~1903년	아체 전쟁이 일어남. [제9장]
1876년	불가리아가 오스만 투르크에 대항해서 혁명을 일으킴. [제9장]
	오스만 투르크 제국의 아브뒬라지즈가 죽음. [제9장]
	리틀빅혼 전투 [제16장]
	알렉산더 그레이엄 벨이 자석식 전화기의 특허를 받음.
1877년~1978년	러시아 투르크 전쟁이 일어남. [제9장]
1878년~1980년	제2차 아프간 전쟁이 일어남.
1879년	줄루 족과 영국군 사이에 전쟁이 일어남.
	토머스 에디슨이 오래 사용할 수 있는 전구를 발명함. [제8장]
	남아메리카에서 태평양 전쟁이 일어남. [제10장]

1880년	네드 켈리가 경찰에게 체포됨. [제11장]
1880년~1881년	제1차 보어 전쟁이 일어남. [제12장]
1881년	러시아의 알렉산드르 2세가 암살됨. [제14장]
1883년	미국이 세계를 24개의 시간대로 나눔. [제8장]
1884년	베를린 회의가 열림. [제11장]
1886년	아일랜드 자치 법안에 대해 투표를 함. [제12장]
1889년	브라질의 페드루 2세가 브라질을 떠나고 공화국이 선언됨. [제13장]
	메넬리크 2세가 에티오피아의 황제가 됨. [제14장]
1894년	아르메니아가 오스만 투르크 제국에 대항하여 반란을 일으킴. [제13장]
	니콜라이 2세가 러시아의 차르가 됨. [제14장]
1894년~1895년	청일 전쟁이 일어남. [제15장]
1895년	영국 총독 세실 로즈가 아프리카에 식민지를 만들고 로디지아라고 이름 붙임. [제12장]
	오스만 투르크 제국에서 청년 투르크 당이 조직됨. [제13장]
1896년	이탈리아가 에티오피아의 독립을 인정함. [제14장]
1898년	미국 스페인 전쟁이 일어남. [제15장]
1899년~1902년	제2차 보어 전쟁이 일어남. [제12장]

1900년	중국에서 의화단 운동이 일어남. [제17장]
1901년	오스트레일리아 공화국이 세워짐. [제11장]
1903년	마케도니아 사람들이 오스만 투르크로부터 독립을 선언함. [제18장]
	라이트 형제가 만든 동력 비행기가 비행에 성공함.
1904년	베트남의 판보이쩌우가 유신회를 결성함. [제19장]
1904년~1905년	러일 전쟁이 일어남. [제17장]
1906년	페르시아에서 자유를 위한 반란 이후 국가 평의회가 나라를 다스리게 됨. [제18장]
1908년	중국의 서태후가 죽음. [제19장]
1909년	베트남의 판보이쩌우가 일본을 떠나 중국으로 감. [제19장]
1910년	멕시코 혁명이 일어남. [제20장]
1912년	청 왕조가 막을 내림. [제19장]
	타이타닉 호가 침몰함.
	애리조나 준주가 주가 됨. [제16장]
	제1차 발칸 전쟁이 일어남. [제18장]
1913년	제2차 발칸 전쟁이 일어남. [제18장]
1914년	제1차 세계 대전이 일어남. [제18장, 제20장]
	러시아가 제1차 세계 대전에 참전함. [제20장]
1915년	독일 잠수함이 영국의 여객선 루시타니아 호를 격침시킴. [제20장]

1916년	러시아의 라스푸틴이 죽음. [제21장]
1917년	미국이 제1차 세계 대전에 참전함. [제20장, 제21장]
	케렌스키가 러시아의 임시 정부의 지도자가 됨. [제21장]
	러시아에서 10월 혁명이 일어남. [제21장]
	볼셰비키 당이 공산당으로 이름을 바꿈. [제21장]
1918년	러시아의 로마노프 일가가 죽음을 당함. [제21장]
	독일이 연합국에게 항복함. [제21장]
	제1차 세계 대전이 종결됨. [제21장]
	영국이 여성에게도 투표권을 주기로 함. [제21장]
	미국 의회가 여성에게도 투표권을 주기로 의결함. [제21장]

찾아보기

● ㄱ ●

가브릴로 프린치프 356~359

가택 연금 344

감자 기근 205~214

감자 마름병 206~212

강림 교회 46

게릴라전
    남아프리카의 게릴라전 222~223
    멕시코 혁명 때의 게릴라전 351~354
    미국의 서부 확장 때의 게릴라전 281~284
    아체 왕국의 게릴라전 158~160

게티즈버그 전투 95

〈경기병대의 돌진〉(시) 48~49

고종 260~264

곡물법 209

공사관 300

공산당(→공산주의)

공산주의(러시아) 375~379

광서제 298~299

국민당 338

찾아보기

국제 아프리카 협회 197
권법가 296
그레이트 게임 51~58
그레이트 워(→제1차 세계 대전)

● ㄴ ●

나폴레옹 보나파르트 124
나폴레옹 3세(→샤를 루이 나폴레옹 보나파르트)
나폴레옹 3세의 턱수염 131
나폴레옹 1세(황제)(→나폴레옹 보나파르트)
남부 연합(아메리카 연합) 90~102
남북 전쟁 89~102
남아메리카
    3국 동맹 전쟁 105~113
    태평양 전쟁 171~177
《남아프리카 전도 여행기》 63
남아프리카
    다이아몬드 광산 218~219
    마페킹 214~222
    보어 전쟁 220~224
    아프리카너 216~224
    케이프 식민지 216~224
남아프리카 연방 223~224

네덜란드 동인도 회사 155~158
네덜란드
    아체 왕국과의 전쟁 156~161
네덜란드령 동인도 제도 155~161
네드 켈리 187~194
노예 제도
    남북 전쟁과 노예 제도 89~102
    남아프리카의 노예 제도 216~217
    노예 해방 선언 94
    데이비드 리빙스턴과 노예 제도 61~62
    수정 헌법 13조 101
    페드루 2세와 노예 제도 229~232
노예 해방 선언 94
〈뉴욕 모닝 저널〉 267~270
〈뉴욕 월드〉 267~270
〈뉴욕 타임스〉 385
〈뉴욕 헤럴드〉 64
니콜라이 1세
    오스만 투르크 제국과 니콜라이 1세 161~164
    크림 전쟁 44~46
니콜라이 2세 248~249, 305~307, 369~370, 373~375
    라스푸틴과 니콜라이 2세 370~372
    러시아 혁명과 니콜라이 2세 369~379

니콜라이 대공 373

● ㄷ ●

다나킬 평원 250
다롄 항 305~312
다이묘 148~149
《당신의 기억 속에 영원히》 265
대영 제국(→영국)
더럼 백작 118
데스 밸리 172
데이비드 리빙스턴 59~66, 194
도고 헤이하치로 309
도로테오 아랑고(판초 빌라) 351~355
도스트 무하마드 칸 51~58
도우보이 380
도쿠가와 막부 35, 148~150
도쿠가와 요시노부 148~149
독일 연방(→제2 제국)
독일(제1차 세계 대전) 358~366, 379~381
동맹군의 뜻 360
동아프리카 대지구대 250
동인도 회사 26~33
동학 농민 운동 262

두라니 52
뒤부아, W. E. B., 201~202
드비어스 연합 광산 218

● ㄹ ●

라스푸틴 370~372
라이베리아 249, 254
러시아
    공산당 375~379
    그레이트 게임 51~58
    다롄 항과 러시아 305~306
    러시아 혁명 369~379
    러시아의 유대 인 246
    러시아의 철도 305~306
    알렉산드르 3세의 횡포 244~248
    오스만 투르크 제국과 러시아 161~164
    일본과의 관계 305~312
    임시 정부 374~376
    제1차 세계 대전 360, 372~375, 377
    중국과 러시아 302~306
    크림 전쟁 42~49
    페르시아와 러시아 315~323
러일 전쟁 305~312

찾아보기

러프 라이더 270~271
레오폴드 2세 195~196
로디지아 200~202, 220
로마노프 왕조 243, 369, 370, 377
로버트 모펏 60
로버트 베이든 포웰 215~221
로버트 에드워드 리 94~95
로버트 필 209~210
로티 위긴스 364
루시타니아 호(배) 361
루이 조셉 파피노 115~118
루이 필리프 45~46, 127~128
리골레토(오페라) 180
리소르지멘토 72~78
리엔필드 소총 29~31
리틀빅혼 전투 281~282

● ㅁ ●

마퀴스 드 라파예트 127
마페킹(남아프리카) 214~222
만국 산업 박람회 17~25
매튜 페리 38~42
메넬리크 2세 251~256

메리 안틴 246

〈메리 포핀스〉 383

메이지 왕정 복고 147~153

메인 호(배) 269~270

멕시코 혁명 347~355

모자파르 옷 딘 샤 316~319

모하마드 알리 샤 319~320

무라드 5세 167

무역로(데이비드 리빙스턴과 무역로) 63~64

무하마드 알리 177~178

미겔 그라우 175~176

미국 스페인 전쟁 270~274

미국

    남북 전쟁 89~102

    미국 스페인 전쟁 264~274

    서부로의 확장 277~285

    일본과 미국 37~42

    제1차 세계 대전 379~382

    중국과 미국 302~304

    철도 143~144

    페르시아와 미국 322~323

    필리핀과 미국 271~274

    흑선 37

미르와이즈 호토키 칸 51~52

민씨 왕후 260~264

밀라드 필모어 38

● ㅂ ●

바텐버그의 알렉산드르 326~327

바하두르 샤 2세 25~31

발라클라바 전투 48

발칸 반도 323~325, 327, 330, 331

발칸 전쟁 330~331

발칸 제국(諸國) 324

배상제회 82

버팔로 279, 284

버팔로 빌 코디 284

베레니깅 평화 조약 223~224

베를린 회의 199~202

베이징 85, 297, 299, 300, 302, 305, 337, 339

베트남 340~344

베트남 광복회 343

베트남 유신회 342

보어 인(→아프리카너)

보어 전쟁 220~224

보이 스카우트의 효시 221

보호 구역 281

보호령 23, 249, 254

볼리비아(칠레와 볼리비아) 171~177

볼셰비키(→러시아 공산당)

볼투르노 전투 78

봉건제 151

부시레인저 189~190

부청멸양 296, 300

북독일 연방 135

불가리아

    오스만 투스크 제국과 불가리아 164~166

    제1차 세계 대전 356

붉은 아브뒬하미드 239

브라질

    노예 제도 229~232

    3국 동맹 전쟁 105~113

    황제 227~233

브리티시 페트롤리움 323

블라디미르 일리치 레닌 375~379

비그늘 172~173

비극의 열흘 354

비토리오 에마누엘레 2세 76~78, 89

빅토리아 여왕 16~25, 32, 45, 46, 121, 131, 137, 254

찾아보기

　　　루이 필리프와 빅토리아 여왕 45~46
　　　캐나다와 빅토리아 여왕 121
　　　크림 전쟁 42~49
빅토리아노 우에르타 354~355
빅홀 218
빌헬름 1세 134~138
빌헬름 2세 138~139

● ㅅ ●

사무라이 41~42, 36, 148, 150~152, 307, 309
4월 봉기 165
사이고 다카모리 152
사이드 파샤 178~179
3국 동맹(→3국 동맹 전쟁 참고) 108
3국 동맹 전쟁 105~113
삼민주의 338~339
상캐나다 114~12
샌드포드 플레밍 144
샤를 루이 나폴레옹 보나파르트 129~132
샤를 10세 124
서부로의 확장 277~285
서태후 298~304, 336~337
석유(페르시아의 석유) 317~323

401

선거법 개정법 384

섬터 요새 90

성 엘리야 날의 봉기 327~328

세르비아(제1차 세계 대전) 356~360

세바스토폴 47

세실 로즈 24, 202, 220

세이난 전쟁 152

세포이

    그레이트 게임과 세포이 58

    세포이의 항쟁 25~33

세포이의 항쟁 25~33

솜므 방어전 365

쇼군 35~36, 40, 147~149, 151, 259

수마트라(아체 왕국) 156~161

수에즈 운하 178~180

수정 궁궐(크리스털 팰리스) 19~25

수정 헌법 13조 101

스크램블 199~200, 216

스페인의 식민 정책 264~274

시간대 143~145

시민 국왕(→루이 필리프)

시어도어 루스벨트(미국 스페인 전쟁과 루스벨트) 270~271

시칠리아 섬 77~78

10월 혁명 376~379

신해 혁명 338

쑨원 338~339

쓰촨성 337~338

● ○ ●

아두와 전투 255

아르메니아(봉기) 236~239

아르헨티나

    3국 동맹 전쟁 105~113

    크리올 106~107

아메리카 원주민 280~284

아브뒬라지즈 164~166

아브뒬하미드 2세 167~169, 234~240, 328

아이다(오페라) 180

아일랜드

    감자 기근 205~214

    자치 법안 213~214

아일랜드의 대기근 205~214

아체 왕국

    네덜란드의 침략 156~161

아체(→아체 왕국)

아타카마 사막 172~176

아편 80
아프가니스탄
    그레이트 게임 51~58
아프간 전쟁 54
아프리카
    데이비드 리빙스턴과 아프리카 59~66
    유럽의 지배 194~202
아프리카너 216~224
아프리카의 사자 256
알렉산드라 로마노프 371
알렉산드르 2세 49, 243~244
알렉산드르 3세 244~248
알렉산드르 케렌스키 374~375
알렉세이 로마노프 371
애국자 협회 116
앤드류 카네기 290~292
앨버트 공 18~21, 45
양키 두들 41
에도 37, 149
에밀리오 아기날도 271~274
에이브러햄 링컨
    남북 전쟁 89~96
    암살 96~102

찾아보기

여성 참정권론자 383~384
연방군 93
연합군의 뜻 360
영광의 3일간 125
영국
    그레이트 게임 51~58
    네덜란드와 영국 155~157
    만국 산업 박람회 17~25
    세포이의 항쟁 25~33
    영국에서 석유의 중요성 155~157
    이집트와 영국 177~185
    제1차 세계 대전 360~366, 379, 385
    크림 전쟁 42~49
    태평천국 운동 80~86
    페르시아와 영국 315~322
영국령 북아메리카 조례 120
영국의 식민 정책
    남아프리카 216~224
    아일랜드 205~214
    오스트레일리아 189
    이집트 184~185
    인도 32~33
    캐나다 114~121

영국-페르시아 석유 회사 320~323
오렌지 자유 주 217~224
오리건 트레일 175
오스만 투르크 제국
    러시아와 오스만 투르크 제국 161~164
    무라드 5세 167
    발칸 반도 323~325, 327, 330, 331
    불가리아와 오스만 투르크 제국 164~166
    아르메니아 236~239
    아브뒬라지즈 164~166
    아브뒬하미드 2세 167~169, 234~240, 328
    오스만 투르크 제국 선언 329
오스트레일리아(영국의 식민 정책) 189
오스트레일리아 연방 194
오스트리아
    이탈리아와 오스트리아 69~70
    제1차 세계 대전 356
오스트리아-헝가리 제국 356
오토 폰 비스마르크 133~139
요한네스 4세 251~253
우드로 윌슨 380
우루과이(3국 동맹 전쟁) 102~113
우아스카르 호(배) 175

윈스턴 처칠 321, 322

윌리엄 글래드스턴 212~213

윌리엄 녹스 다시 317, 320

윌리엄 랜돌프 허스트 267~269

윌리엄 리용 매켄지 116~118

윌리엄 태프트 322

유대 인(러시아의 유대 인) 246

유럽의 병자 161~169, 234~239

유레카 다이아몬드 219

율리시즈 심프슨 그랜트 94~95

응우옌 왕조 341~342

의화단의 뜻 296

의화단 운동 295~305

의화단 운동 때의 선교사 297~300

이부 페르부 160

이스마일 파샤 179~185

이슬람 교도 29~30, 43, 168, 236, 239, 329, 330

이집트

    수에즈 운하 177~185

    영국의 식민 정책 184~185

이탈리아

    에티오피아와 이탈리아 250~256

    오스트리아와 이탈리아 69~70

    이탈리아의 통일 69~78
    청년 이탈리아 당 72~78
    카르보나리 70~71
인도(세포이의 항쟁) 25~33
인도네시아 제도 155
인도차이나 340
인도 총독 32
인디펜덴시아 호(배) 175
일본
    러시아와 일본 305
    러일 전쟁 305~312
    메이지 왕정 복고 147~153
    미국과 일본 37~42
    사무라이 41~42, 36, 148, 150~152, 307, 309
    중국과 일본 302~303
    흑선 37

● ㅈ ●

자금성 300~303, 336, 339, 340
자선 사업가 291
자치 법안(아일랜드) 212~214
자한기르 26
재건설 시기 101

저널리즘(쿠바 위기와 저널리즘) 267~270

전구의 발명 145~147

전족 304

제1 제국(→신성 로마 제국)

제1차 세계 대전 355~366
    도우보이 380
    제1차 세계 대전의 끝 379~381

제2 제국 136~139

제로니모 282~283

조셉 퓰리처 267~269

조지 암스트롱 커스터 282

조지프 팩스턴 19

존 미첼 209

존 워너메이커 146

존 윌크스 부스 98~100

존 파커 98

주네브(제네바) 240, 328

주세페 가리발디 73~78, 107, 165

주세페 마치니 71~73

주세페 베르디 180

주식 289

주주 289

중국

중국
- 국민당 338
- 다롄 항 305~312
- 러시아와 중국
- 미국과 중국
- 쓰촨성 337~338
- 아편 무역 80
- 영국과의 관계 79~87
- 의화단 운동 295~305
- 일본과 중국 302~303
- 중국에서의 스크램블 263
- 철도 337
- 청 왕조 79~87, 260, 304, 335, 338
- 청일 전쟁 262~264
- 태평천국 운동 79~87

중국 혁명 동맹회 338

중화 민국 337~338

집단 수용소(남아프리카) 223

징병 151~152, 364

● ㅊ ●

철도
- 러시아의 철도 305~306

찾아보기

   미국의 철도 141~143

   중국의 철도 337

철혈 재상 134

청 왕조 79~87, 260, 304, 335, 338

청년 이탈리아 당 72~78

청년 투르크 당 240, 328~330

   발칸 전쟁과 청년 투르크 당 328~332

청일 전쟁 262~264

칠레

   볼리비아와 칠레 171~177

   페루와 칠레 174~177

7월 혁명 125

● ㅋ ●

카네기의 철강 회사 290

카르보나리 70~71

카를로스 안토니오 로페스 105~106

카불(아프가니스탄) 53~57

칸다하르 52, 58

캐나다

   독립을 위한 싸움 114~121

   빅토리아 여왕과 캐나다 121

   애국자 협회 116

캐나다 연합 의회 119
캐나다 자치령 120~121
캘커타 26
케디브 179~180
케이프 식민지 216~224
케이프타운 60~61, 216
콘스탄티노플 43~44
쿠바(미국 신문에 실린 쿠바) 267~270
크레이지 호스 281~282
크리올 106~107
크림 반도 48
크림 전쟁 42~49

● ㅌ ●

타우피크 185
태평양 전쟁 171~177
태평천국 운동 79~87
태평천국의 뜻 83
토다 40~41
토머스 고웬록 381
토머스 바빙턴 매콜리 25
토머스 에디슨 145~146
투르크가 씌운 멍에 165

투자자 288~289

트란스발 217~224

트로이 전쟁 359

트조엣 엔작 디엔 158~160

● ㅍ ●

파라과이 105~113

파라과이 전쟁 108

파리 조약 49, 271

판보이쩌우 342~344

판초 빌라(→도로테오 아랑고)

팔레르모 78

팔레스타인(크림 전쟁) 43, 44, 46

페드루 1세 227~228

페드루 2세 228~233

페루(칠레와의 관계) 171~177

페르시아

    국가 평의회 318~319

    그레이트 게임 51~58

    러시아와 페르시아 322~323

    미국과 페르시아 322~323

    영국과 페르시아 315~322

페트로그라드 376~377

페트로파블로프스크 함(배) 310

펑톈 전투 311

포드 극장 98

포르피리오 디아스 347~352

푸이(황제) 304, 336~340

퓰리처 상 267

프란스시코 솔라노 로페스 105~113

프란시스코 마데로 350~355

프란츠 페르디난트 356~358

프랑스
    영광의 3일간 125
    이탈리아 혁명과 프랑스 75~77
    제1 공화정 127~129
    제1 제정 124
    제1차 세계 대전 355~366, 379~385
    제2 공화정 129~130
    제2 제정 130~132
    제3 공화정 132
    크림 전쟁 44~46
    프로이센과 프랑스 131~132

프랑스의 식민 정책(베트남) 340~344

프레더릭 힉스 384

프로몬토리 서미트 141~144, 147

찾아보기

프로이센
    제2 제국 136~139
    프랑스와 프로이센 131~132
프로이센의 빌헬름 134~135
프로이센의 프리드리히 137~138
필리핀 264~274

● ㅎ ●

하이드 파크 20
하캐나다 114~121
하캐나다 국민 의회 115
한국
    동학 농민 운동 262
    청일 전쟁 259~264
헨리 8세 205
헨리 모턴 스탠리 64~65, 197
혈우병 371
호세 리잘 264~266
홍수전 81~87
화승총 111~112
흑선(검은 배) 37
홍선 대원군 260~261
힌두 교도(이슬람 교도와 힌두 교도) 29~30